경제학 입문
돈의 작동원리

하워드 야루스 Howard Yaruss

이상복 옮김

UNDERSTANDABLE
ECONOMICS

박영사

역자서문

　나는 학부에서 경제학을 전공했다. 경제학은 심리학처럼 사람들 사이의 상호작용과 그 상호작용이 현실 세계에 어떤 영향을 주는지를 이해하기 위해 노력해야 하는 것이 필요한 사회과학이다. 경제학은 돈이 구입하는 상품과 서비스뿐만 아니라 돈과 관계되는 상호작용에 초점을 맞추고 있다. 그 상호작용을 설명하기 위해 많은 경제학 교과서는 데이터와 수학적 도구를 이용하고 있다.

　내가 경제학을 공부하면서 만난 것은 현실과 거의 관련이 없어 보이는 가정, 그래프, 공식, 전문 용어였다. 이것은 현실 경제를 이해하는 것을 어렵게 했다. 수많은 책을 샅샅이 찾아 봤지만, 대부분의 책은 똑같이 건조하고 기술적인 접근방식을 취하여 경제학에 대한 관심을 빠르게 감소시켰다.

　대부분의 사람들은 경제학을 전공하지 않기 때문에, 이 책을 읽는 것이 경제를 움직이는 요인을 이해하려는 첫 번째 시도일 수 있다. 세상에서 무슨 일이 일어나고 있는지를 이해하는 열쇠는 세상에서 일어나고 있는 일에 초점을 맞추는 것이다. 이 책은 그래프나 방정식이 아닌 사례를 들어 현실 경제를 간단한 방식으로 분석한다.

　이 책은 직접적이고 실용적인 방법으로 경제의 수수께끼를 풀어주고 있다. 이 책은 필요한 배경 정보를 제공하고 현실 세계에서 일어나는 일에 대해 논의하므로 경제 이슈를 통해 스스로 생각하고 결론을 도출해 낼 수 있게 해준다. 이 책은 내가 궁금해 하던 의문에 답을 제시해 주었다.

복잡다단해지는 현실 경제를 이해하고 실용적으로 응용할 수 있는 지혜를 독자들에게 전달하고자 이 책을 번역하게 되었다. 방대한 경제학 분야에서 핵심적인 내용을 간추린 이 책을 통해 독자들은 경제학의 중심이 되는 〈돈〉의 진수를 만나볼 수 있다.

경제학 비전공 초보자의 관점에서 조언과 논평을 해 준 이지형 군과 김태영 변호사, 경제학 전공자 입장에서 조언과 논평을 해 준 이가형 군과 양계원 변호사에게 감사드린다. 적시에 출간이 되도록 애써 준 박영사의 김선민 이사와 출판계의 어려움에도 출판을 맡아 준 박영사 안종만 회장님과 안상준 대표님께 감사의 말씀을 드린다.

2023년 2월
이상복

저자서문

만약 당신이 그것을 쉽게 설명할 수 없다면, 당신은 그것을 충분히 잘 이해
하지 못하고 있는 것이다.　　　　　－알베르트 아인슈타인(Albert Einstein)

많은 경제학자들은 경제학을 과학적인 학문으로 인정하는 것을 주저하지만
경제학은 그것을 이해하기 위하여 전문지식과 특별한 도구를 요구하는 과학적인
분야가 아니다. 당신이 살아 있는 세포에서 무엇이 일어나고 있는지를 이해하기
위해서는 유기화학을 이해해야 하고, 현미경과 다른 장비를 이용해야 하지만, 경
제학은 그렇지 않다. 또한 경제학은 천체 물리학과도 다르다. 왜냐하면 천체 물리
학을 이해하기 위해서는 우주에서의 에너지들 사이의 상호관계를 이해할 필요가
있고, 블랙홀의 특성을 이해하기 위하여 성능이 우수한 천체 망원경을 이용해야
하기 때문이다.

경제학은 심리학처럼 사람들 사이의 상호작용과 그 상호작용이 우리 주위의
세계에 어떤 영향을 주는지를 이해하기 위해 노력해야 하는 것이 필요한 사회과
학이다. 경제학은 돈(화폐)이 구입하는 상품, 서비스, 자원뿐만 아니라 돈과 관계
되는 그 상호작용에 초점을 맞추고 있다. 그 상호작용을 정확히 알아내기 위하여

경제학자들은 데이터와 수학적 도구를 이용하고 있다. 그러나 여러분이 현실 세계를 주의 깊게 관찰하고 상식적으로 생각해 본다면, 그 상호작용들 사이의 기본적인 관계는 명확해질 것이다. 이 책의 목표는 여러분이 현실 세계를 관찰하는 것을 도와줄 것이다.

나는 당신에게 무엇을 어떻게 생각해야 하는지를 말하지 않을 것이다 ─ 그것은 저자, 전문가, 영향력이 큰 사람들, 그리고 트위터 유명인사들로 이미 부족함이 없다. 나의 목표는 직접적이고 실용적이며 재미있는 방법으로 우리 경제의 수수께끼를 푸는 것이다. 나는 당신이 경제 이슈들을 통해 생각하고 당신 자신의 결론을 도출해 낼 수 있기를 바라는 것이다. 우리가 도출해낸 모든 결론이 동일하지 않을 것이다. 그러나 우리의 목표는, 우리가 도출해낸 결론들이 모두 "현실 세계가 실제로 어떻게 작동하는지"에 근거할 것이고, "어떠한 정책이 우리의 경제 복지를 의미 있게 증진시킬 수 있는지"에 관한 통찰력을 제공하는 것이다.

나는 당신이 다음과 같은 질문에 의문을 가질 것을 확신하고 있다:

• 왜 경제적 불평등은 급증하는가, 우리는 경제적 불평등에 관해 무엇을 할 수 있는가?
• 자본주의가 양산해내고 있는 많은 문제들을 해결할 자본주의의 대안은 있는가?
• 우리 지갑 속의 "작은 녹색 전표(green slips of paper)"와 비트코인(Bitcoin)은 왜 가치가 있는가?
• 대체 통화는 달러의 대안이 될 수 있는가?
• 부자들을 위한 조세 감면은 일자리를 창출하는가, 아니면 더 많은 불평등을 만들어내는가?
• 자유무역의 결과 일부 사람들이 일자리를 잃더라도, 왜 많은 사람들은 자유무역은 좋은 것이라고 믿고 있는가?
• 우리는 기업의 행동에 어떻게 영향을 미칠 수 있는가?

- 경기가 정기적으로 침체되는 이유는 무엇이며 어떻게 하면 정상 궤도로 되돌릴 수 있는가?
- 연방준비제도(Fed: Federal Reserve System)는 무엇이며 우리에게 어떤 영향을 미치는가?
- 국가부채가 너무 커서 향후 정부 지출을 제한해야 하는가?
- 어떤 정책이 경제성장에 도움이 되는가?

이 책은 필요한 배경 정보를 제공하고 현실 세계에서 일어나는 일에 대해 논의하므로 이러한 질문에 통찰력과 확신을 가지고 답변할 수 있다.

대부분의 미국인은 경제학 과정을 수강하지 않기 때문에, 이것이 우리 경제를 움직이는 요인을 이해하려는 첫 번째 시도일 수 있다. 경제학 과정을 수강한 분들은 아마 현실과 거의 관련이 없어 보이는 당혹스러운 전문 용어, 공식, 그래프 및 가정에 직면하여 이러한 문제에 대한 이해가 제한적일 것이다. 이 주제에 관한 대부분의 책은 똑같이 건조하고 기술적인 접근 방식을 취하여 가장 단호한 독자를 제외한 모든 독자의 관심을 빠르게 약화시킨다.

나는 경제학을 공부하고 그 주제에 관한 수많은 과정과 수많은 책을 샅샅이 뒤진 단호한 사람 중 한 명이었기 때문에 이것을 알고 있다. 내가 왜 그렇게 결심했을까? 나는 자주 재정적 어려움에 직면하는 브루클린(Brooklyn)의 한 가정에서 자랐다. 나는 10대 초반에 일을 시작했고, 젊은 성인으로서 식료품점에서 아버지를 돕는 데 많은 시간을 보냈다. 나는 교육, 안전, 물질적 복지, 그리고 기회의 엄청난 격차를 고통스럽게 인식하게 되었다. 나는 이러한 불평등으로 인해 일부 사람들이 냉소적이거나 체념하거나 무관심하게 되는 것을 보았다 ─ 반면 다른 사람들은 그것을 극복하기로 결심한다. 나는 그들에게 매료되었다. 내가 보다 공정하고 생산적인 사회에서 살고 싶다면, 먼저 사회가 어떻게 작동하는지를 이해해야 한다고 느꼈다. 나는 여러분도 마찬가지라고 믿는다.

나는 당신이 우리가 직면한 문제에 대해 다른 사람에게 의존하지 않고 나아갈 방향을 위해 더 나은 해결책을 찾을 수 있기를 바란다. 나는 당신이 어떤 정치인이 우리 경제를 성장시키고 더 많은 기회를 제공할 정책을 제안하고 있는지를 평가할 수 있기를 바란다. 나는 당신이 경제시스템에 대한 이해가 가져다주는 자신감을 가지고 해결책을 옹호할 수 있기를 바란다. 나는 당신이 소셜미디어 반향실(echo chambers)에서 널리 퍼진 부정확한 비판에 대해 이러한 솔루션을 방어할 수 있는 권리가 있다고 느끼기를 바란다.

이러한 이해의 필요성은 그 어느 때보다 지금 더 중요하다. 우리 경제시스템이 실패하고 있다는 믿음은 사상 최고 수준이며 그럴 만한 이유가 있다. 소득은 정체되고 중산층 일자리는 사라지고 경제는 더 느리게 성장하며 생산된 미미한 이득은 거의 독점적으로 부유한 사람들에게 돌아가고 있다. "월가를 점령하라(Occupy Wall Street)"로부터 도널드 트럼프(Donald Trump)의 당선에 이르기까지 이러한 경제적 변화에 대한 다양한 반응이 있었다. 이 모든 반응의 공통점은 무엇인가? 그들은 대부분의 미국인의 삶에 의미 있고 긍정적인 변화를 가져오지 못했다.

이 책은 그것을 바꾸려 한다. 나는 우리 중 더 많은 사람이 경제가 어떻게 작동하는지를 잘 이해함으로써 무장한다면, 우리가 직면한 문제에 대한 보다 건설적인 해결책이 구현될 것이며, 마침내 평균적인 사람을 위해 경제가 개선되는 것을 보게 될 것이라고 믿는다. 당신의 목표가 세상을 바꾸는 것이든 공직 후보자를 더 잘 평가하는 것이든 단순히 더 나은 정보를 얻는 것이든, 나는 이 책이 무엇이 가능한지를 평가하는 데 도움이 되고 우리나라를 더 공평하고 생산적으로 만드는 데 영감을 주기를 바란다.

사람들이 종종 정확하게 말하듯이 민주주의는 구경꾼 스포츠가 아니다. 그것의 건강은 당신과 같이 견문이 넓은 사람들의 참여에 달려 있다.

목 차

PART II

개 인

PART III

기 업

경기 순환

PART V

정 부

PART I

경제시스템

자본주의

무엇을 만들고, 누가 무엇을 얻는가?

> 자본주의의 본질적인 악덕은 축복의 불평등한 분배이다. 사회주의의 고유
> 한 미덕은 불행을 평등하게 나누는 것이다.
>
> — 윈스턴 처칠(Winston Churchill)

자본주의, 사회주의, 기타 "주의(ISMS)", 그리고 현실

헬렌 켈러(Helen Keller), 아돌프 히틀러(Adolph Hitler), 오스카 와일드(Oscar Wilde), 조셉 스탈린(Joseph Stalin), 넬슨 만델라(Nelson Mandela)의 공통점은 무엇인가? 그들은 모두 스스로를 "사회주의자(socialists)"라고 불렀다. 한편 모든 관습을 깨고 현 상태에서 급격하게 탈피한 도널드 트럼프(Donald Trump) 전 대통령은 "보수주의자(conservative)"로 불린다; 진실을 고수하지 않는 언론을 비난하는 사

람들을 "자유주의자(liberal)"라고 한다; 그리고 정치인과 친하게 지내며 생계를 유지하는 아첨꾼을 "자본주의자(capitalists)"라고 한다. 경제 및 정치 시스템을 설명하는 데 사용되는 많은 주요 용어는 의미를 잃었음이 분명하다. "자본주의자(capitalists)"와 "사회주의자(socialist)"와 같은 꼬리표(label)는 시간이 지남에 따라 너무 왜곡되고 정치화되어 누군가의 세계관에 대한 간결하고 정확한 요약보다 모욕으로 더 자주 사용된다. 따라서 그것들은 우리의 경제시스템을 공정하고 객관적으로 바라보고 그것이 실제로 어떻게 작동하는지에 대한 통찰력을 얻는 데 특별히 유용하지 않다.

경제를 이해하기 시작하려면 가장 근본적인 경제적 문제부터 시작해야 한다: 누가 무엇을 얻는가? 그리고 누가 무엇을 하는가? 오늘날 할당해야 할 물건(예: 자동차, 전화, 대학교육, 경제학 서적)과 해야 할 일(예: 자동차 제작, 전화 조립, 교육 및 경제학 책 쓰기)이 너무 많아 셀 수 없이 많은 결정을 내려야 한다. 우리는 어떻게 이러한 결정을 내릴 수 있는가?

한편 이러한 결정은 정부가 집단적으로 내릴 수 있다. 이 시나리오에서 정부는 모든 것을 소유하고 모든 결정을 내린다. 정부는 생산할 식량의 양(및 생산자)과 채굴할 석탄의 양(및 채굴자)을 결정한다. 정부는 누가 해안가의 저택을 얻고 누가 공장 근처의 비좁은 아파트에 갇히게 되는지를 결정한다. 카를 마르크스(Karl Marx)는 이 집단주의 체제에 대해 썼는데, 이것은 종종 "능력에 따라 각자에게서, 필요에 따라 각자에게"로 요약된다. 이 시스템은 교과서에서 정의하는 "공산주의(communism)"나 "마르크스주의(Marxism)"와 유사하다.

반면에 이러한 결정은 개별적으로 내려질 수 있다. 이 시나리오에서는 모든 것이 개인 소유이다. 각자는 시간과 자원을 사용하여 원하는 것은 무엇이든 자유롭게 할 수 있다. 당신이 시간을 가지고 무엇을 선택하느냐에 따라 구매할 수 있는 금액이 크게 영향을 미치고 그 반대도 마찬가지이기 때문에, 분명히 이러한 결정은 서로 연결되어 있다. 그러나 정부는 이러한 결정에 전혀 역할을 하지 않거나 역할을 하더라도 매우 제한적인 역할만 한다. 이 시스템의 극단적 버전에서는 정부도 존재하지 않는다. 이러한 시스템의 덜 극단적인 버전에서, 정부는 당신의 행동이 환경을 오염시키거나 위험한 제품을 만들거나 또는 의학적 지식 없이 의료 행위를 하기로 결정하는 등 직접적인 해를 끼치는 경우 개입할 수 있는 권한이 제한적이다. 이 시스템은 교과서에 정의된 "자유지상주의(libertarianism)"와 "자유방임(laissez-faire)"과 유사하다.

당신은 현실 세계에 실제로 존재하는 모든 경제시스템은 이 양극단 사이의 스펙트럼을 따라 어딘가에 위치한다고 생각할 수 있다. 즉 결정이 집단적으로 내려지는 곳(왼쪽)과 결정이 개별적으로 내려지는 곳(오른쪽)을 생각할 수 있다. 그렇다면 "자본주의(capitalism)"는 어떤 경제시스템인가?

자본주의의 교과서적 정의는 기업(생산수단)이 정부에 의해 집단적으로가 아니라 개인에 의해 소유되고 관리되는 경제시스템이다. 미국과 대부분의 서구 국가들은 종종 자본주의라고 불리지만, 그들의 기업이 진정으로 사적으로 "소유되고 관리되는" 것에 훨씬 못 미치기 때문에 이 정의를 충족하지 못한다. 이 국가들은 제품이 어떻게, 무엇을, 어디서, 누구에 의해 생산되는지 규제한다; 소득세 제도를 통해 모든 사업의 파트너 역할을 한다; 교육에서 주택, 음식에 이르기까지 다양한 상품과 서비스를 직접 생산하고 제공한다; 기업이 경쟁업체와 합병하거나 인수할 수 있는지 여부를 결정한다; 직원을 대우하고 지급하는 방법을 통제한다. 기업에 대한 완전히 자유롭고 제한 없는 사적 통제를 허용하고 "자본주의"의 교과서적 정의를 완전히 충족하는 시스템은 소비자가 사기를 당하지 않도록 보호하고, 환경이 피해를 입지 않도록 보호하며, 노동자가 착취당하지 않도록 보호할 수 있는 능력이 부족하다. 자본주의는 현실 세계에서는 성공할 수 없다.

반대로 북한을 포함한 모든 "공산주의(communist)" 국가에는 사기업이 있으므로 어느 정도 자본주의의 정의에 부합한다. 특히 공산주의 중국에는 셀 수 없이 많은 기업가가 있으며, 그 중 일부는 성공적인 사업을 구축하여 억만장자가 되었다.

모든 국가에 적어도 어떤 형태의 민간기업이 있는 이유는 무엇인가? 정부가 모든 생산물을 소유하고 통제한다면, 정부는 각 사람에게 필요한 것이 무엇인지, 어떻게 모든 것을 생산할 것인지, 그리고 그 생산물에 대한 각 사람의 기여도를 파악해야 할 것이다. 또한 일을 위해 무엇을 하든 하지 않든 간에 모든 사람의 "필요(needs)"가 충족되는 시스템에서 각 사람이 그것을 가능하게 하는 데 필요한 모든 작업을 수행하도록 동기를 부여하는 것은 적어도 어려울 것이다. 그러한 시스템에서 정부 통제의 수준과 모든 사람이 정부가 필요로 하는 일을 하도록 하는 윤리적 및 논리적 문제는 상상할 수 없다. 그것은 정부와 집단행동의 역할이 없는 시스템만큼이나 실행 불가능할 것이다.

따라서 오늘날 현실 세계에 있는 것은 하이브리드 시스템이다. 한편으로 대다수 국가의 기업은 정부가 소유하거나 통제하는 경우가 거의 없다. 반면에 법률 시스템과 정부의 무수한 규칙, 제한 및 인센티브는 기업이 생산하는 제품과 생산 방식에 큰 영향을 미친다.

마찬가지로 정부는 개인에게 경제에서 자신의 역할이 무엇인지를 말하지 않는다. 그럼에도 불구하고 대부분의 사람들에게는 무제한의 선택권이 없다. 교육의 질과 고등 교육 비용의 큰 차이는 확실히 많은 사람들의 선택을 제한하고 경제적 기회에 막대한 피해를 준다. 또한 화초재배가, 인테리어 디자이너, 관 판매원, 미용실 샴푸하는 사람(salon shampooers)과 같은 개별 주(state)의 면허 요건도 선택을 제한한다(종종 대중을 보호하는 것보다 특정 직업에 종사하는 사람들을 경쟁으로부터 보호하는 데 더 초점을 맞추는 것처럼 보인다). 고용주 편향, 재배치의 어려움, 고용주 수 감소에 더해, 경제에서 각 사람의 역할이 진정으로 자유로운 선택의 결과라는 이상과는 거리가 멀어 보인다.

실용적인 문제로서 "자본주의"라는 용어는 일반적으로 사용되며 이 책에서는 오늘날 미국과 대부분의 국가에 실제로 존재하는 이러한 하이브리드 경제시스템을 단순히 지칭하기 위해 사용된다. 일부 경제적 결정은 정부가 집단적으로 내린다; 일부 경제적 결정은 개인이 개별적으로 내린다; 많은 결과는 개인과 정부 간의 상호작용에서 비롯된다. "사회주의"는 일반적으로 더 많은 규제와 집단적 통제가 있는 시스템을 의미하고, "보수주의"는 일반적으로 더 적은 규제와 집단적 통제가 있는 시스템을 의미한다.

우리는 이 철학적 논의를 계속하고 "사회주의", "보수주의", "자유지상주의", "공산주의", "마르크스주의" 및 기타 모든 "주의"라는 용어와 함께 "자본주의"라는 용어의 의미에 더 깊이 들어갈 수 있지만, 하지 않을 것이다. 이러한 각 용어에는 너무 많은 가정, 연관성 및 선입견이 포함되어 있어 이러한 용어에 초점을 맞추면 현실 세계가 어떻게 작동하는지, 어떤 특정한 문제가 존재하는지, 그러한 문제를 어떻게 해결할 수 있는지를 이해하려는 우리의 목표를 실제로 방해할 수 있다.

사람들이 "자본주의"에 대해 의견이나 불만을 표현할 때 나는 그들이 이론적 모델로 존재하는 어떤 시스템이 아니라 오늘날 세상에 실제로 존재하는 경제시스템에 대해 언급하고 있다고 생각한다. 따라서 사람들이 우리 경제시스템에 대해 제기하는 모든 문제를 해결하기 위해 우리는 먼저 정부 조치를 통한 집단 통제와 사적 선택을 통한 개인 통제 사이의 올바른 균형을 찾아야 한다. 그 균형은 어떤 특정한 이데올로기적 틀에 맞는 것이 아니라 무엇이 최선의 결과를 낳을 것인지에 달려 있어야 한다.

수백 년의 시행착오를 거쳐 오늘날의 혼합 경제 시스템이 탄생했다. 그러나 최근에 더 많은 사람들이 이 시스템이 만들어내는 결과에 대해 우려를 표명하고 있다. 중산층은 경제적 압박을 받고 경제는 더 느리게 성장하는 반면 부유층은 그 어느 때보다 더 좋아지고 있다. 우리는 최선의 방향으로 가고 있지 않다. 그러나 우리가 어디로 향하고 있는지를 평가하기 전에, 우리가 어디에서 왔는지에 대한 관점이 필요하다.

경제성장과 산업혁명

기업에 대한 정부 개입을 제한하는 주장은 기업이 자연스럽게 사람들이 가장 원하는 것을 생산하려고 한다는 것이다. 왜 그럴까? 그것이 기업에게 가장 큰 매출을 올릴 것이고, 따라서 가장 큰 이익을 얻을 것이기 때문이다. 이것은 현대 경제학의 창시자 중 한 사람인 아담 스미스(Adam Smith)가 1776년에 다음과 같이 썼을 때 이야기한 것이다. "우리가 저녁 식사를 기대하는 것은 푸줏간 주인, 양조업자, 제빵업자의 자비심 때문이 아니라 그들 자신의 이익에 대한 배려 때문이다." 아담 스미스는 이익을 얻기 위한 인센티브가 가장 원하는 상품과 서비스를 제공하기 위해 정부 관리보다 더 효과적으로 각 기업을 지시하는 "보이지 않는 손(invisible hand)"으로 귀결된다고 믿었다.

1700년대 후반 영국에서 이 과정은 증기 동력 및 기타 혁신의 출현으로 기계화된 공장 생산이 훨씬 덜 효율적인 수작업 생산을 대체할 수 있게 되었기 때문에 본격화되었다. 이 "산업혁명(Industrial Revolution)"은 대부분의 상품이 제조되는 방식을 변화시켰다. 많은 사람들이 자신의 사업을 시작할 수 있는 자유로 인해 이러한 혁신이 널리 퍼졌다. 이러한 발전을 활용하는 데 더딘 산업은 다른 산업에 큰 사업 기회를 제공할 것이다. 기업가들은 새롭고 보다 효율적인 경영을 시작하고 낡은 생산 방식을 고수하던 경쟁자들을 폐업시켰다. 더 효율적인 생산자가 덜 효율적인 생산자를 몰아내는 이 과정을 종종 "창조적 파괴(creative destruction)"라고 한다.

아담 스미스는 수작업에 의한 개별 생산에서 오늘날 우리가 공장에서 조립 라인 생산이라고 부르는 것으로의 전환에 대한 고전적인 예를 들었다. 그는 노동자 1명이 하루에 핀 1개를 생산하는 데 어려움을 겪지만, 핀 제조를 여러 작업으로 나눈 공장의 노동자 10명은 하루에 약 48,000개의 핀을 생산할 수 있음에 관하여 썼다. 나는 그가 제시한 수치가 정확한지는 확신하지 못하지만 분업, 전문화 및 대량 생산이 생산량을 급격하게 증가시킬 수 있다는 그의 요점에 대해서는 확신한다.

산업화 이야기에서 종종 간과되는 것은 산업혁명 이전에 대다수의 사람들이 극도로 가난했다는 것이다. 특히 지난 200년 이전의 거의 모든 인류 역사에서 대부분의 사람들은 재산이 거의 없었고, 수명이 훨씬 더 짧고 건강하지 못한 삶을 살았으며, 종종 굶주리거나 더 나쁜 상황에 직면했다. 산업혁명 이전에는 생산 방식이 거의 개선되지 않았기 때문이다. 예를 들어 고대 로마에서 신발이 어떻게 만들어졌는지, 천년 후 중세 유럽에서 신발이 어떻게 만들어졌는지, 산업혁명 직전 르네상스 시대에 신발이 어떻게 만들어졌는지를 보면, 당신은 큰 변화를 보지 못할 것이다. 거의 모든 다른 작업자와 마찬가지로 구두 수선공은 거의 모든 인류 역사에서 동일한 재료와 동일한 방식으로 동일한 도구를 사용했다. 각각의 구두 수선공과 각각의 다른 노동자들이 생산할 수 있는 양은 거의 변하지 않았기 때문에 한 사람이 더 많이 생산하려면 다른 사람은 더 적게 생산해야 했다. 경제는 본질적으로 제로섬 게임이었다.

산업혁명은 그 모든 것을 변화시켰다. 산업혁명은 산업화된 경제로 하여금 산업혁명 시기 이전에는 상상할 수도 없었던 비율로 제품을 생산할 수 있도록 끊임없이 생산 효율성 향상에 기여했다. 그럼에도 불구하고 산업혁명 초기 공장에서의 생활은 비참했다. 그것은 심한 처벌을 받거나 노예가 되지 않은 사람들이 겪은 최악의 상황이었을 것이다. 근무 시간은 과도했고, 환경은 더럽고 안전하지 않았으며, 임금도 열악했으며, 그리고 오늘날 미국과 다른 선진국의 노동자들은 상상할 수 없고 참을 수 없을 것이다. 초기 공장에서의 노동은 사람들에게 훨씬 더 높은 소득과 식량 안전을 제공했을지 모르지만 종종 비참하고 짧은 삶을 대가로 치르게 되었다.

산업혁명이 한창이던 1800년대 중반에 카를 마르크스는 산업화로 인한 상황에 대해 절망했다. 그는 공장주들["자본주의자(capitalists)"]이 노동자들에게 가한 불행이 결국 "프롤레타리아 혁명(proletarian revolution)"을 일으키고 정부가 모든 기업을 인수할 것이라고 예측했다. 그의 혁명은 아직 일어나지 않았고 정부가 모든 기업을 인수하는 것은 장래에도 일어날 것 같지 않다. 왜 그럴까?

노동자 1인당 생산량이 급증함에 따라 점점 더 많은 제품이 시장에 쏟아져 나와 가격이 하락했다. 아담 스미스의 산업화 이전 핀 제작자가 핀을 만드는 데 하루 종일 걸렸을 때 핀은 귀하고 비쌌다. 핀 제작자들 중 10명이 한 공장에 모여 하루 48,000개를 생산하기 시작하자마자, 핀이 너무 많아서 사람들이 모두 사게 하려면 가격이 폭락해야 했다. 이 폭락한 가격은 특히 수확이 좋은 해에 폭락한 옥수수 가격과는 다르다. 핀 및 기타 모든 종류의 제품 생산 비용은 영구적으로 급락했으며 산업혁명 이전의 더 높은 가격은 과거의 일이 되었다.

공장 소유주가 소비자를 속이고 이전의 더 높은 가격에 가까운 가격을 청구하려고 하면 진취적인 새로운 공장 소유주에게 고객을 잃게 되었다. 자본주의는 제품 생산자가 공장 생산으로 인한 막대한 비용 절감의 일부를 소비자와 공유하도록 보장했다. 제품 생산자들이 그렇게 하지 않으면 그들의 새로운 경쟁자가 그렇게 하게 될 것이었다.

더 낮은 가격과 더 많은 생산량은 평균적인 사람이 결국 훨씬 더 많은 제품을 구매하고 더 높은 생활 수준을 즐길 수 있다는 것을 의미했다. 달라스 연방준비은행(Federal Reserve Bank of Dallas)은 평균적인 미국 노동자가 다양한 기본 제품을 구매하기 위해 일해야 하는 시간을 계산함으로써 사람들이 얼마나 더 부유해졌는지에 대한 훌륭한 지표를 제공했다. 1919년(미국이 아직 산업화 과정에 있던 시기)부터 1997년까지 노동자가 수행해야 하는 유급 노동의 분 단위 비용은 우유 0.5갤런의 경우 39분에서 7분으로, 갈은 쇠고기 1파운드의 경우 30분에서 6분으로, 필수 식품 12개 샘플의 경우 9.5시간에서 1.6시간으로 감소했다.

생산성 향상(즉 작업자 1인당 생산량 증가)은 모든 사람이 더 많은 것을 가질 수 있게 했을 뿐만 아니라 계속해서 증가하는 다양한 제품을 이용할 수 있는 기회를 제공했다. 기술 향상으로 인해 새로운 제품과 산업이 폭발적으로 증가했다. 통신에서 자동차, 전기 제품에 이르기까지 산업혁명 이전에는 상상할 수 없었던 것들이었다. 이들 중 많은 것들은 차례로 생산성을 더욱 향상시켰다.

자본주의가 상품 가격을 내리게 한 것처럼 결국에는 임금도 인상시켰다. 경제가 성장하는 동안 사업주가 낮은 임금을 유지하려고 하면 노동자는 다른 곳에서 일자리를 찾을 수 있었다. 사업주 전체가 임금 인상을 느리게 하며 노동자를 희생시키면서 추잡한 이익을 얻었다면, 시장은 추잡한 것은 아니지만 여전히 좋은 이익을 얻으면서 더 높은 임금을 제공함으로써 경쟁 사업을 시작하고 노동자를 유치할 수 있는 열성적인 기업가들로 가득했다.

노동자들이 다른 곳으로 도망쳐 더 높은 임금을 받을 수 있게 되자 헨리 포드(Henry Ford)는 20세기 초에 자동차 회사 직원들의 임금을 2배로 인상했다. 그는 자신의 사업이 높은 이직률을 경험하고 있으며 훈련 비용이 매우 많이 드는 직원을 잃고 있음을 알아차렸다. 많은 사람들은 포드가 노동자들이 자동차를 살 수 있도록 임금을 인상하여 이익을 증가시켰다고 잘못 생각한다. 그 결론은 좋게 들리지만 간단한 산술은 그것이 틀렸다는 것을 증명한다. 포드가 직원들에게 추가로 지급한 임금은 포드 신차뿐만 아니라 다양한 상품과 서비스에 쓰일 것이 확실했다. 게다가 신차에 지불하는 가격의 상당 부분이 자동차 제조 비용으로 사용되기 때문에, 이러한 고임금 노동자들이 포드 자동차에 지출한 돈의 일부만이 포드의 이익이 되었다. 이 이야기의 교훈은 무엇인가? 역사상 가장 크고 강력한 기업가 중한 명인 헨리 포드조차도 임금 인상에 대한 시장 압력에 굴복했다는 것이다.

물론 이것은 모든 경우에 사실인 것은 아니었다. 가장 눈에 띄는 예는, 노예가 된 사람들은 적어도 남북전쟁 이전과 이후에 더 나은 기회를 추구할 자유가 없었다. 지난 섹션에서 논의한 것처럼 오늘날에도 대부분의 사람들은 자신의 삶에서 하는 일에 대해 무제한적인 선택권이 없다. 그럼에도 불구하고 사람들이 자신의 운명을 선택할 수 있는 자유는 시간이 지남에 따라 크게 증가했으며, 앞으로 갈 길이 많이 남았지만 개인의 기회를 크게 확대하고 그것이 가능하게 하는 경제성장의 혜택을 받았다.

오늘날 미국에서 평범한 직업을 가진 사람은 더 다양하고 질 높은 음식을 즐기고, 더 다양한 오락을 즐길 수 있으며, 건강하게 더 오래 살고, 일반적으로 산업 시대 이전에 가장 특권을 누리는 사람들보다 훨씬 더 나은 삶을 영위할 수 있다. 나는 뉴저지 턴파이크(New Jersey Turnpike)[1]를 따라 점심을 먹으러 들르는 동안 지난 몇백 년 동안 삶이 얼마나 개선되었는지 생각했다. 나는 15달러에 따뜻한 음식, 샐러드, 치즈, 과일, 케이크, 가장 중요한 소프트 아이스크림이 포함된 뷔페에서 원하는 만큼 먹을 수 있었다. 현대의 농업, 운송 및 냉동이 이 모든 것을 가능하게 했다. 산업혁명 이전에는 가장 부유한 사람에게도 상상할 수 없는 잔치가 우리 대부분에게는 매우 평범한 일이 되었다.

값싼 상품, 높은 임금, 다양한 신제품으로 인해 사람들은 이전보다 더 나은 삶을 살 수 있을 것으로 기대하게 되었다. 일반적으로 그들은 옳았다. 대부분의 사람들은 더 이상 다음 식사(그 식사는 냉장고에 있다)에 대해 걱정할 필요가 없었고, 그 대신 자신의 삶, 사회 및 근무 조건을 개선하는 데 관심을 돌릴 수 있었다. 미국 노동자의 주당 노동 시간은 1900년 58.5시간에서 2020년 34시간으로 줄었다. 노동자들이 노동조합을 결성하기 시작했고, 이는 임금인상과 노동조건 개선에 중요한 역할을 했다. 또한 그들은 직장 생활을 개선하도록 정부에 압력을 가할 시간과 자원이 있었다. 아동 노동을 금지하고, 최저임금을 의무화하며, 안전한 근무 조건을 요구하는 법률들이 모두 뒤따라 제정되었다.

거듭되는 번영으로 인해 선순환이 더 많이 이루어졌다. 공교육, 더 나은 위생 조건, 수많은 공공복지 개선이 이루어졌고 경제를 훨씬 더 생산적으로 만들었다. 사람들은 마침내 소득의 일부를 저축할 수 있게 되었고, 이를 통해 사업에 대한 추가 투자와 혁신, 그리고 자녀교육 수준을 높일 수 있는 자금을 제공할 수 있게 되었다. 사람들이 더 생산적으로 투자하게 되면서 그들은 자신의 삶을 개선했을 뿐

---

1 뉴저지 턴파이크는 뉴저지의 유료 도로이다. 이 도로는 주 북동부의 델라웨어 메모리얼 브리지 근처에서 뉴욕시 근처 주 북부의 조지 워싱턴 다리 근처까지 이어진다. 도로의 북쪽 부분은 95번 주간 고속도로의 일부이다(역자 주).

만 아니라 사회 전체를 개선했다.

사람들은 흔히 농업혁명(이로 인해 우리나라가 소농이 지배하는 국가에서 2% 미만의 노동자가 농장에 고용된 국가로 바뀌었다)과 기술혁명(거의 모든 것에 첨단 기술을 도입한)을 마치 산업혁명과 별개인 것처럼 말한다. 그렇지는 않다. 초점이 공산품에서 식품, 정보 및 서비스로 이동했을 수 있지만, 그것은 200년 전에 시작된 생산을 근본적으로 증가시키기 위해 생산을 다시 생각하는 과정의 연속이다.

언젠가 우리 경제의 생산량이 성장의 한계에 도달할지 여부는 불확실하다. 확실한 것은 산업혁명이 시작된 이후 경제가 평균적으로 성장했다는 것이다. 얼마나 많이 성장했는가? 지난 70년 동안 우리나라의 총 상품과 서비스(즉 물건) 생산량[2]은 매년 1인당 약 2%씩 증가했다. 2%가 별 것 아닌 것처럼 들릴 수도 있지만 이는 평균적인 미국인이 즐기는 것이 35년마다 2배로 증가했다는 것을 의미한다. 이러한 생산 증가와 그 대부분이 널리 공유되는 방식은 마르크스와 그의 동시대 사람들에게 상당한 충격을 주었을 것이며, 아마 경제와 기업의 정부 인수에 대한 여론의 지지가 급증할 것이라는 예측을 재고하게 되었을 것이다.

그럼에도 불구하고 최근 갤럽 여론 조사에 따르면 자본주의에 대해 긍정적인 견해를 가진 미국인의 비율이 꾸준히 감소하고 있는 것으로 나타났다. 2018년에는 미국인의 56%만이 자본주의에 대해 긍정적인 시각을 가지고 있었다. 18세에서 29세 사이에서는 그 수치가 45%로 떨어졌다. 2020년 주요 여론 조사에 따르면 응답자의 대다수는 현재의 자본주의가 세상에 득보다 실이 더 많다고 믿고 있었다. 다른 여론조사에서도 비슷한 결과가 나왔다. 자본주의에 대한 이러한 증가하는 환멸은 역설적으로 수십 년 동안 미국에서 눈부신 경제성장을 이룩하고 소련과 동유럽에서 보다 중앙집권적으로 계획된 "사회주의" 경제가 붕괴한 후에 발생한다. 그렇다면 이러한 변화의 원인은 무엇인가? 다음 장에서는 그 질문에 답하려고 한다.

---

2 이것은 국내총생산(GDP)이며 제4장에서 자세히 설명한다.

02

변화하는 경제

왜 일부 사람들은 우리 경제시스템에 대한 믿음을 잃고 있는가?

부자와 가난한 자 사이의 불균형은 모든 공화국에서 가장 오래되고 가장 치명적인 질병이다.　　　– 고대 그리스 철학자 플루타르코스(Plutarch)

자본주의는 어떻게 변하고 있는가?

경제시스템이 아무리 좋아도 단점과 실망감, 개선의 여지는 항상 있기 마련이다. 어떤 책도 그들 모두를 다룰 수는 없다. 나의 목표는 사람들이 우리 자신의 경제시스템에 대한 믿음을 잃고 그 합법성에 의문을 갖게 만드는 매우 중요한 비판을 식별하는 것이다.

경제학은 상품과 서비스의 생산과 분배를 연구한다. 따라서 모든 경제시스템은 다음과 같은 대답을 하도록 설계되었다: (1) 제품이 어떻게 만들어지는가, (2)

어떤 제품이 만들어지는가, (3) 누가 무엇을 얻는가. 우리 시스템이 이 세 가지 질문에 답하는 방식이 문제를 일으키기 시작했다.

제품이 어떻게 만들어지는가

모든 국가에는 생산과정에서 노동자를 보호하고 환경에 대한 피해를 제한하며 소비자가 사기를 당하거나 상해를 입지 않도록 방지하는 규칙과 같이 제품이 만들어지는 방법에 관한 최소한의 규칙이 있다. 또한 모든 국가는 일반적으로 농업에 대한 가격 지원 및 태양열 발전 보조금과 같은 특정 제품의 생산을 장려하고 탄소세 또는 대부분의 아편유사제(opioids) 금지와 같은 특정 기타 제품을 억제하거나 금지하는 규칙을 가지고 있다.

경제를 고속도로로 생각한다면 생산에 대한 일부 규제의 필요성은 분명하다. 몇 가지 간단한 규칙으로 자동차는 한 장소에서 다른 장소로 효율적으로 이동할 수 있다. 그러나 속도 제한이 없는 고속도로에서 음주 운전자가 왼쪽에 있고 10세 운전자가 오른쪽에 있다고 상상해 보라. 이제 당신 주변에 있는 자동차의 절반이 당신이 가고 있는 방향과 반대 방향으로 가고 있다고 상상해 보라. 악몽 같은가? 규칙이 없으면 고속도로는 작동할 수 없다. 마찬가지로 당신이 구입한 모든 것이 당신에게 해를 끼치거나 환경에 영향을 미치거나 예상대로 작동하는지에 의심이 간다면 경제도 기능할 수 없다.

제품을 만드는 방법에 대한 규칙이 너무 관대한가? 많은 사람들이 그렇다고 생각한다. 이 규칙이 너무 엄격한가? 많은 사람들이 그렇다고 생각한다. 답은 정치적 과정을 통해 드러난다.

분명한 질문은 다음과 같다: 우리의 정치 과정이 대부분의 미국인들의 바람을 공정하게 대변하는가? 대답은 다음과 같다: 돈은 우리 정치에서 큰 목소리를 내고 있으며, 현재의 추세는 그것을 더욱 증폭시키고 있다. 제8장에서 논의하겠지만, 미국 대법원은 기업에서 정치인에게 무제한의 현금이 흘러갈 수 있는 길을 열어

로비 절차를 강화했다. 그 결과 자동차 회사들은 연비 기준을 낮추었고, 영리 대학은 더 많은 정부 지원을 받았고, 농부들은 더 많은 보조금을 받았으며, 모든 미국 기업은 막대한 세금 감면을 받았다.

우리는 단순히 기업이 자신들에게 이익이 되는 규칙 옹호를 중단하기를 기대해야 하는가? 그런 일이 일어날 징후가 없기 때문에(표시가 된 적도 없다) 분명히 아니다. 사실 많은 기업 경영진은 자신의 옹호가 이기심보다는 더 큰 선(더 생산적인 경제와 같은)에 의해 동기가 부여된다고 확신하고 있으며, 따라서 자신의 의제를 더욱 공격적으로 홍보하도록 대담해진다.

이러한 경영진은 어떤 정책과 절차를 채택할지, 어떻게 시행할지 여부를 결정하는 정부규제 기관에 직접 접근할 수 있다. 회사 경영진은 규제 당국과 자주 만날 뿐만 아니라 그들과 함께 식사를 하고 골프를 치며 막대한 비용으로 가능한 모든 종류의 기타 활동을 즐긴다. 반면 대중의 의견은 일반적으로 하급 직원의 책상에 도착하는 의견, 불만 및 편지로 제한된다.

나는 규제가 심한 대기업의 전 법률 고문으로 일했던 개인적인 경험을 통해 많은 규제 당국이 기업 경영진과 자주 대화를 나누는 사람을 동일시하기 시작한다고 말할 수 있다. 규제 당국은 기업 경영진(그리고 경영진이 지지하는 정치인들)을 일반 대중이 아닌 그들의 지지자로 보게 된다. 규제 당국은 자신의 급여를 지급하는 납세자와 같은 평범한 사람과의 접촉의 질이나 양은 거의 동일하지 않다. 규제기관과 피규제기관 간의 이러한 친밀한 관계는 규제기관이 경력 후반에 정부를 떠난 후 훨씬 더 많은 보상을 받는 새로운 일자리로 전환될 가능성이 있어 규제기관이 기업의 이익을 훨씬 더 많이 수용하게 만든다. 그들은 내일 일하고 싶은 회사에 도움이 되는 결정을 오늘 내릴 수 있다. "규제 포획(regulatory capture)"은 규제자가 보호해야 하는 국민보다 규제하는 대상을 더 많이 동일시하는 너무 흔한 현상의 이름이다.

우리가 기업이 제품 제조 방식에 대한 우리의 우려에 더 잘 대응할 수 있도록 하는 규제 시스템을 진정으로 원한다면, 우리는 특정 이익 단체가 언젠가 우리를 위해 결정하기를 바라기보다는 우리 자신의 이익을 위해 행동해야 한다. 우리는 환경에 미치는 영향을 줄이고 저임금 노동자에게 생활임금에 가까운 급여를 지급하거나, 또는 고객을 대할 때 더 높은 기준을 준수하는 등 기업의 구체적인 목표를 밝히는 정치인을 지원해야 한다.

문제는 자본주의 자체에 있는 것이 아니다. 기업의 유해한 행동은 사람들이 기업이 기능하고 노동자를 대우하는 방식에 대한 요구를 주장할 수 없거나 주장하지 않는 모든 시스템에 존재한다. 특히 시장이 더 자유로운 국가(즉 미국과 같이 기업에 대한 정부의 통제가 적은 국가)는 정부의 통제가 더 많은 국가(예: 중국)보다 소비자와 노동자에게 피해로부터 더 많은 보호를 제공하는 경우가 많다. 이는 경제, 시장, 언론 및 대부분의 다른 것들에 대한 정부의 통제가 많은 국가에서 사람들이 자신의 요구를 덜 주장하기 때문일 수 있다. 우리 경제시스템에서 사람들이 어떻게 더 효과적으로 자신을 주장하고 기업에 영향을 미칠 수 있는지에 대한 질문은 제8장에서 논의될 것이다.

어떤 제품이 만들어지는가

당신이나 나는 오늘날의 경제에서 사고 팔리는 많은 것들이 낭비적이고 무의미하다고 생각할 수 있다. 그러나 그러한 모든 상품과 서비스는 기꺼이 구매되기 때문에 우리는 각각이 누군가에게 적어도 그 가격만큼 큰 가치가 있음을 안다. 그렇지 않다면 처음부터 구매하지 않았을 것이다.[1]

예를 들어 롤스로이스 팬텀 세단(Rolls-Royce Phantom Sedan)에 대해 50만 달러를 지불하는 사람들(나 자신은 포함되지 않음)이 있다. 왜일까? 차를 소유함으로써 얻을 수 있는 만족감(그리고 아마 다른 사람들이 차를 소유한 것에 대한 반응을 보고)이 그

---

1 이것은 적어도 이론상으로는 정부 구매에 대해서도 마찬가지이다. 우리 정부 대표들은 상품 구매를 승인하고 그들이 지불하는 금액이 우리가 받는 가치를 초과한다고 생각되면, 아마 우리는 그 상품에 대해 투표를 할 것이다.

들에게 가치 있는 가격이 되기 때문이다. 무슨 문제가 있는가?

한편으로 우리는 다른 사람이 피해를 입지 않는 한 개인의 자유, 표현, 자유로운 선택을 중시하는(혹은 중시한다고 말하는) 사회에 살고 있기 때문에, 그러한 자동차의 "취향"에 근거한 구매에 대해 반대하는 것이 정당할까? 그리고 우리가 사람들이 물건을 사는 것을 막기 위해 그러한 반대를 허용했다면, 롤스로이스 팬텀 세단(Rolls-Royce Phantom Sedan) 구매자는 나의 토요타 코롤라(Toyota Corolla)(또는 내 자전거 공유 멤버십)에 반대할 수 있다.

반면 생산되는 것은 사람들이 구매하는 것이기 때문에 심각한 소득 불평등은 일부 사람들의 변덕이 충족되는 반면 다른 사람들의 중요한 필요는 충족되지 않는다는 것을 의미한다. 이것은 증가하는 소득 불평등으로 인해 발생하는 문제 중 하나일 뿐이며, 이는 다음 몇 섹션의 주제이자 이 책에서 반복되는 주제이다.

누가 무엇을 얻는가

오늘날 거의 모든 시스템에서 누군가가 받는 돈은 자신이나 배우자, 부모 또는 기타 관대한 사람이 벌거나 벌어들인 돈의 양에 따라 결정된다. 그리고 많은 사람들은 누군가가 자신의 노력과 능력에 따라 얼마를 버는지를 본다. 더 열심히 일하고 더 똑똑할수록 더 많은 돈을 벌 것으로 기대된다.

노력과 똑똑함 이외에 적절한 시기에 적절한 장소에 있거나 좋은 학교가 있는 바람직한 동네에 사는 기능적인 가정(functional family)[2]에서 태어나는 것과 같은 많은 요소들은, 대부분의 사람들이 인정하고 싶은 것보다 소득을 결정하는 데 더 큰 역할을 한다. 그럼에도 불구하고 대부분의 사람들은 불평등한 소득을 얻는 것이 도덕적으로나 객관적으로 정당화되기 때문이 아니라, 단순히 사람들이 더 생산적이 되도록 강력한 인센티브를 제공하기 때문에 불평등한 소득을 얻는다는 사

---

2 기능적 가정은 두 명의 성인(남편과 아내)이 가정의 중심에 서서 같은 방향으로 함께 이끌고 책임지는 가정이다. 또한 모든 구성원이 어려움에 직면했을 때 관계를 개선하기 위해 협력하는 가정으로 정의할 수도 있다(역자 주).

실을 받아들인다. 모든 사람이 동일한 급여(또는 비슷한 급여)를 받는다면 출근할 의욕이 없을 것이고 출근해야 하는 경우에도 일단 일을 하고 싶은 동기가 생기지 않을 것이라고 생각한다. 모두가 평등할 것이지만 생산되는 것이 많지 않기 때문에 모두 똑같이 가난할 것이다.

근면이 더 높은 소득으로 보상된다면 더 열심히 일하고 더 생산적이 될 인센티브가 있으며 결과적으로 모든 사람을 위해 더 많은 생산량이 돌아가게 된다. 산업혁명과 그에 따른 생산량 및 평균 생활 수준의 큰 향상은 종종 경제적 인센티브가 효과가 있다는 증거로 간주된다. 그러나 최근에는 그것이 사실이 아닌 것 같다. 왜 그런 생각이 들까? 어느 시점에 우리가 현재 겪고 있는 소득 불평등 증가는 경제 생산량을 늘리기보다는 축소하기 시작하기 때문이다. 어떻게 그렇게 될 수 있을까?

소득이 더 평등할수록 지출 경향은 더 규칙적이고 일관성이 있다. 각각 연간 60,000달러를 버는 1,000가구는 소득의 거의 전부를 (많은 것을 저축하기보다는) 지출할 가능성이 높으며 비슷한 방식으로 지출할 가능성도 있다. 그들은 소득을 주택, 음식, 교통, 의복, 공과금 및 기타 기본 지출 사이에 거의 같은 방식으로 나눌 것이다. 이 가계들은 총소득 6,000만 달러의 거의 전부를 지출하게 되므로, 거의 6,000만 달러의 상품과 서비스가 생산되어 모든 상품과 서비스를 생산하는 데 필요한 많은 사람들에게 기회와 일자리를 창출한다. 또한 다소 유사하고 예측 가능한 지출 습관을 통해 보다 우수하고 쉽고 효율적인 생산 계획을 세울 수 있다.

반면에 6,000만 달러의 소득이 1,000가구에 매우 불균등하게 분배되면 총지출이 감소하고 발생하는 지출이 더 불규칙해지는 경향이 있다. 왜 그럴까? 고소득자는 저소득자보다 수입의 적은 부분을 지출한다(즉 더 많이 저축한다). 따라서 더 적은 소득이 지출로 인해 경제에 다시 유입되고 생산량이 줄어들며 다른 사람들을 위해 창출되는 일자리와 기회도 줄어든다.

또한 고소득자의 지출 패턴은 훨씬 예측하기 어려운 경향이 있다. 한 가구가 다른 가구보다 50배 더 번다고 해도 식료품, 자동차, 이발에 50배 더 많이 쓰지는 않는다. 추가 수입으로 무엇을 하는지는 누구나 짐작할 수 있다. 10년에 한 번씩 요트를 구입하거나, 광범위한 성형 수술을 받거나, 300만 달러 생일 파티를 열거나(래퍼 P. Diddy Combs가 보도한 것처럼), 또는 대부분의 다른 예술가들이 머리 위의 지붕을 유지하기 위해 고군분투하는 동안 한 아티스트는(Beeple[3]) 디지털 파일에 6,900만 달러를 지불하는 데 사용할 수 있다.

이웃보다(또는 모든 이웃을 합친 것보다) 더 많이 벌 수 있는 기회는 일반적으로 사람들이 더 열심히 일하고 생산성을 높이도록 인센티브를 부여한다. 그러나 어느 시점에 그 인센티브는 사라진다. 마크 저커버그(Mark Zuckerberg), 빌 게이츠(Bill Gates) 또는 제프 베조스(Jeff Bezos)가 세금이 훨씬 더 많았다면 페이스북(Facebook), 마이크로소프트(Microsoft), 또는 아마존(Amazon)에 신경 쓰지 않았을까? 아마 아닐 것이다. 내 의심은 그들이 프로젝트에 너무 집착한 나머지 잠재적 세율에 대해 생각하지 않았다는 것이다. 그리고 이 세 사람이 각자 자신의 이익에 대한 세금이 너무 많을까 두려워 창업을 하지 않기로 했다고 해도, 소셜 미디어 회사, 소프트웨어 제공업체, 또는 온라인 소매업체를 설립하는 데 관심이 있는 다른 유능한 사람이 없었을까? 다시 말하지만 아마 아닐 것이다.

심각한 불평등은 모든 사람의 경제적 파이(즉 상품과 서비스의 총량)를 축소시킨다. 그러한 경제에서 "승자"조차도 그들이 할 수 있는 만큼 많이 이기지 못하고 있다 – 경제적 파이에서 그들의 몫은 늘어나고 있지만 전체 파이는 크지 않다. 나머지 우리들에게는 그 영향이 훨씬 더 나쁘다. 우리 중 많은 사람들이 경제적으로 잘 지내고 있지만(역사적 기준에 따르면 우리는), 사람들은 주변을 둘러보고 주관적으로 상황을 판단한다. 따라서 엄청난 소득 격차는 분노의 불길을 부채질할 가능성이 있어 사람들로 하여금 우리 경제시스템이 불공평하다고 느끼게 만들고 경제

---

3 Beeple(1981 ~): 현재 NFT(대체불가능 토큰, Non–Fungible Token) 마켓에서 가장 핫한 작가이다. 그의 본명은 Mike Joseph Winkelmann(마이크 조셉 윙켈먼)이다. Beeple은 미국의 디지털 아티스트이자 그래픽 디자이너 및 애니메이터이다. 그는 대중문화 인물을 참고하고 다양한 매체를 사용하여 정치적, 사회적 논평이 들어있는 코믹하고 환상적인 작품을 만들고 있다(역자 주).

시스템에 대한 믿음을 약화시킨다.

이것은 사람들의 경제적 상황이 그들이 무엇을 하느냐보다 우연히 어떤 가정에서 태어나느냐에 따라 점점 더 결정되기 때문에 특히 그렇다. 미국에서는 모든 부의 약 60%가 상속된다. 즉 미국 부의 대부분과 그에 수반되는 많은 혜택이 그것을 얻기 위해 아무것도 하지 않은 사람들에게 귀속된다. 또한 모든 가족을 소득 수준에 따라 다섯 그룹으로 나누면, 브루킹스 연구소(Brookings Institution)는 최저 소득 그룹의 부모에게서 태어난 아이가 최고 소득 그룹으로 이동할 확률보다 동일한 최저 소득 그룹에 남아 있을 가능성이 약 11배 더 높다는 사실을 발견했다 (43% 대 4%). 반면에 최고 소득 그룹에서 태어난 아이는 최저 소득 그룹으로 이동할 가능성보다 최고 소득 그룹에 남을 가능성이 5배 더 높다(40% 대 8%). 부유한 가정에서 태어난 아이들이 태어날 때부터 더 똑똑하고 부지런하게 태어나지 않는 한, 이는 우리나라가 모든 아이들에게 동등한 기회를 제공하지 않는다는 강력한 증거이다.

또한 아이가 태어난 가족의 인종도 심각한 불평등을 초래할 수 있다. 노예 제도는 1860년대에 끝났고 법적 분리는 1960년대에 끝났지만 오늘날에도 여전히 피해를 주고 있다. 입법부가 일부 법률을 개정했다고 해서 편견이 바뀌는 것은 아니다. 법을 위반한 사실을 밝히는 것이 종종 매우 어렵기 때문에 법이 개정된 후에도 차별은 크게 줄어들지 않을 수도 있다. 또한 편견의 역할은 미묘할 수 있지만 식별하고 해결하기가 너무 어렵기 때문에 피해자에게 소외 효과를 줄 수 있다.

여러 세대에 걸친 불평등의 유산은 오늘날 쉽게 드러난다. 지역사회는 여전히 매우 분리되어 있으며 수명에서 소득에 이르기까지 삶의 결과는 인종에 따라 크게 다르다. 지난 수십 년 동안 진전이 있었지만, 한 통계는 우리가 얼마나 더 가야 하는지를 보여주고 있다: 2019년에 흑인 가족의 중간 순자산은 24,100달러인 반면 백인 가족의 중간 순자산은 188,200달러였다.

민권법(civil rights laws)을 제정하고 법적 차별을 종식시키는 것이 어려운 만큼,

실제로 그러한 법률에 구현된 이상에 따라 생활하는 것은 더 어려울 것이다. 교육 및 저소득 지역에 대한 투자는 이 과정에서 필수적인 부분이다. 이 과정에서 더 어려운 부분은 미국인들이 공정성을 증진하고 불평등을 줄이는 것이 경제시스템에 대한 믿음을 강화하고 더 많은 사람들이 더 생산적이게 하며 파이를 키워 모든 사람에게 혜택을 준다는 것을 깨닫게 하는 것이다.

우리 모두가 함께 있지 않다는 생각이 커져 사회를 분열시키고 우리 국가의 안정과 안녕에 점점 더 위협이 되고 있다. 상류층에 자원이 집중되어 부유한 사람들이 모든 종류의 개인 서비스를 제공하는 부유한 지역에서 자신을 더욱 고립시킬 수 있게 되면서 상황은 더욱 악화되었다. 또한 그들의 더 큰 자원은 정치 체제에 더 큰 영향력을 행사할 수 있게 하여 최상위에 있는 사람들에게 훨씬 더 많은 이점을 제공하여 나쁜 상황을 더 악화시킨다.

나는 이 책을 읽는 모든 독자들이 이미 코로나바이러스 전염병이 시작된 이후로 가속화되고 있는 우리나라의 경제적 분열을 잘 알고 있다고 생각한다. 상위 1%의 소득 증가가 어떻게 급증했는지, 직원 평균 급여의 몇 배인 CEO 급여가 어떻게 사상 최고 수준인지, 그리고 일반 노동자의 소득이 어떻게 생활비를 간신히 능가하는지를 보여주는 통계가 부족하지 않다. 이러한 추세는 명백하지만 그 원인은 명백하지 않을 수 있다. 따라서 그것이 우리가 다음에 논의할 내용이다.

왜 우리 경제시스템은 더 큰 불평등을 만들고 있는가?

승자독식 경제

100년 전으로 돌아가 가수와 음악가의 소득을 생각해 보자. 당시는 레코드, 카세트 테이프, CD, iTunes 및 YouTube는 존재하지 않았다. 그 대신 사람들은 극장이나 뮤직홀의 라이브 공연에서 음악을 들었다. 음악을 듣고 싶다면 그것이 유일한 선택이었다. 그 결과 거의 모든 도시의 많은 사람들이 가수나 음악가로 생계를 꾸릴 수 있었다. 결국 같은 음악가가 동시에 여러 장소에서 공연할 수는 없었다. 어떤 공연자들은 다른 공연자들보다 더 나았고, 아마 그들은 좀 더 나은 삶을 살았을 것이다. 그러나 무대담당자, 안내원, 티켓 판매원 등과 함께 이러한 방식으로 고용된 많은 사람들은 자신과 가족 전체를 자신의 수입으로 부양할 수 있었다.

그 이후 무슨 일이 일어났는가? 이들 공연자를 위한 시장과 그들의 공연과 관련된 일자리는 심각하게 감소되었다. 소수의 스타 공연자들이 국제 음악 비즈니스를 장악하고 있다. 한편 뮤직홀은 사라지고 그들과 함께 했던 지역 일자리도 사라졌다. 엔터테인먼트에 지출된 금액은 수년 동안 감소하지 않았다. 지출이 점점 더 소수의 스타 공연자들에게 돌아가는 일이 일어났다.

가구 제조사도 마찬가지이다. 초기 미국 가구 컬렉션이 있는 박물관에 가면 대부분의 주요 도시에서 만들어진 물품을 볼 수 있다. 대부분의 가구가 현지에서 만들어졌기 때문이다. 당신의 가구 중 현지에서 제작된 가구는 얼마나 되는가? 아마 많지는 않을 것이다. 특히 소비자 취향에 맞추어 생산 및 유통에 있어 효율성이 높은 소수의 거대 가구(IKEA 같은) 제조업체가 업계를 장악하고 있다. 지역 가구 제조업체는 거의 사라졌고 수입은 이제 훨씬 적은 수의 거대한 가구 제조업체에게 돌아가고 있다.

여기 패턴이 있다. 그렇다, 자본주의는 항상 가장 인기 있는 생산자에게 이익이 되고 있다. 가장 호감이 가는 공연자는 가장 높은 소득을 올렸고 가장 좋은 가구는 가장 높은 가격에 팔렸다. 그리고 자본주의는 모든 사람이 소비자가 원하는 제품과 서비스를 생산하도록 강력한 동기를 부여한다.

그러나 많은 공연자, 많은 가구 제작자, 그리고 수많은 다른 제작자를 위한 자리가 있던 시절 이후로 무언가 변했다. 소득은 점점 더 적은 수의 슈퍼 생산자에게 집중되고 있다. 이 현상을 "승자독식" 경제라고 한다. 오늘날 지역 공연자와 가구 제조업체의 역할을 잠식하는 추세가 가속화되어 점점 더 많은 영역에서 기회가 제한되고 있다. 현재 가장 명백한 두 가지 예는 아마존이 전체 소매 산업에 가하는 위협과 구글(Google)이 전체 정보 산업에 가하는 위협이다. 왜 이런 일이 일어나는가?

답은 기술혁명이다(우리가 논의한 바와 같이 기술혁명은 산업혁명의 지속적인 행진의 일부이다). 녹음 기술 덕분에 소수의 훌륭한 연예인이 특정 장소의 규모가 아닌 세계적인 규모로 공연할 수 있게 되었다. 더 강력하게는 단 한 번의 녹음으로 무한한 횟수의 공연을 할 수 있게 되었다.

기술, 특히 인터넷을 통해 소매업체는 낯선 도시(또는 국가)에서 공간을 확보하기 위해 협상하거나 현지 직원을 고용하거나 값비싼 장거리 전화를 통해 비즈니스를 모니터링하거나 또는 현지 법규를 파악할 필요 없이 어디에서나 상품을 판매할 수 있다. 본질적으로 현대 기술은 대규모로 사업을 수행하는 비용을 제거하지는 않더라도 크게 줄였다. 이것은 가장 큰 공급자에게 상당한 비용 이점(기업가들이 "규모의 경제"라고 부르는 것)을 제공하고 다른 누구도 그들과 경쟁하기 어렵게 만든다.

첨단 기술 이전에 대규모 지리적 규모로 사업을 수행하는 것은 항상 어렵고 비용이 많이 들었다. 공연자와 다른 많은 서비스 제공자의 경우 그것은 문자 그대로 불가능했다. 이제 더 이상 그렇지 않다. 이제 경제의 많은 영역이 기술과 무료 인터넷 플랫폼을 사용하는 소수의 크고 재능 있는 공급자에 의해 독점되고 착취될 수 있다. 본질적으로 경제는 항상 다른 사람들보다 더 많은 것을 가져가야 하는 승자를 만들어 냈다; 이제 "모든 것을 가져가는" 승자를 만들어 낸다.

이 현상은 모든 노동자에게 영향을 미친다. 사람들이 일할 수 있는 장소가 다양하고 자신의 사업을 시작할 수 있는 선택권이 있을 때, 그들은 임금 및 기타 고용 조건과 관련하여 더 많은 교섭력을 가진다. 또한 그들은 노조를 만들 가능성이 더 높다. 경제가 그들과 경쟁할 수 있는 어떤 신생 기업도 쉽게 무너뜨릴 수 있는 소수의 거대한 조직에 의해 지배될 때 노동자는 영향력을 가질 가능성이 적다. 코로나바이러스 전염병이 유행하는 동안 온라인 작업으로의 이동은 많은 직업에 대한 지원자 풀이 지역사회의 사람들로부터 고속 인터넷 연결을 가진 지구상의 모든 사람들로 이동함에 따라 노동자의 영향력을 더욱 감소시켰다.

설상가상으로 이러한 거대 기업을 운영하는 경영진은 노동자와 규제 시스템에 대한 더 큰 통제력을 충분히 알고 있다. 월마트(Walmart)와 아마존의 시장지배력은 그냥 발생한 것이 아니며 직원들의 노조 결성 방지에 성공한 것은 우연이 아니다. 그들은 그 어느 때보다 위험부담이 큰 환경에서 영향력을 구축하기 위해 오랫동안 열심히 일했다. 이러한 경영진의 보상, 명성, 사실상의 계속 고용은 가능한 한 많은 이익을 유지하는 데 달려 있다. 사업의 수익에 대한 각 경영진의 개인적인 관심과 그들이 알지 못하고, 결코 만나지 않을 수도 있고, 다른 도시나 국가에 있을 수 있는 많은 수의 노동자 사이의 경쟁에서 수익은 분명히 선호된다.

자동화와 인공지능(AI)

이 경제에서 홈런을 친 적이 없는 사람들(또는 홈런을 친 부모나 조부모가 없는 사람들)에게 자동화 및 인공지능의 발전은 우리의 경제적 복지에 점점 더 위협이 되고 있다. 이러한 추세가 계속되고 자동화와 인공지능으로 인해 더 많은 일자리가 사라지면 어떻게 될까? 실직 노동자는 어떻게 자립할 수 있는가? 누가 소비하고 누가 경제 위축을 막을 것인가?

직업의 미래는 뜨거운 주제이며 전문가들과 많은 노동자들은 자신의 직업이 사라질지 모른다고 우려하고 있다. 하버드(Harvard)의 노동경제학자인 로렌스 카츠(Lawrence Katz)는 500만 명(전체 노동인구의 거의 3%)의 미국인이 택시, 버스, 밴, 트럭, 전자호출 차량을 운전하며 생계를 유지하고 있다고 추정한다. 그들 모두의 직업은 자율주행차에 의해 위협받을 수 있다. 마찬가지로 미국의 제조업 생산량이 2021년에 사상 최고치를 기록했지만(맞다, 당신은 그것을 올바르게 읽었다) 제조업의 일자리 수는 자동화로 인해 감소하고 있다.

이것이 걱정할 일인가? 나는 다른 방식으로 질문할 수 있다. 매주 40시간 일하고 1,500달러를 번다고 가정한다. 이제 자동화와 인공지능을 사용하여 주당 근무 시간을 30시간으로 줄이는 동시에 생산성을 높여 실제로 소득이 1,800달러까지 올라갈 수 있다고 가정해 보자. 그 옵션(당신이 거부할 수 있는)을 제공받는 것이 당신에게 우려되거나 문제가 될까? 분명히 아니다. 그러나 그것은 자동화와 인공지능이 우리 사회 전체에 제공하는 정확한 옵션이다. 자동화와 인공지능은 우리 경제의 생산성을 크게 높일 수 있는 잠재력을 가지고 있다. 즉 한 국가가 즐길 수 있는 생산량을 늘리는 동시에 한 국가가 이를 생산하기 위해 해야 하는 일의 양을 줄이는 것이다.

적은 노력으로 더 많은 돈을 받을 수 있다. 한 사람이 패키지 거래로 제안받으면 의심할 여지 없이 좋은 일이다. 왜냐하면 그 사람은 더 많은 돈과 더 적은 근무 시간이라는 두 가지 혜택을 모두 받기 때문이다. 그러나 그 거래가 전체 사회적 수준에서 제안되면 누가 추가로 돈을 받고 누구의 근무 시간이 줄어드는지에 대한 문제가 발생한다. 더 많은 돈을 받는 사람들은 일자리가 감소되거나 완전히 사라진 사람들이 아니다.

따라서 자동화와 인공지능은 승자독식 추세를 강화한다. 자동화 및 인공지능을 사용(또는 생성)하여 전 세계적으로 경쟁할 수 있는 사람들은 엄청난 이익을 얻을 수 있다. 한편 일자리 수의 감소로 경제에 속한 다른 모든 사람들의 소득 및 협상력은 감소한다. 이는 소득 불평등을 증가시키고 분노를 불러일으키며 시스템에 대한 믿음을 더욱 약화시키는 강력한 힘이다.

그러나 불평등의 가속화는 불가피한 것은 아니다. 다른 많은 선진국들, 특히 스칸디나비아 국가들과 동유럽의 몇몇 국가들은 미국이 경험한 불평등의 급격한 증가를 피했다. 이 국가들은 우리와 유사한 경제시스템을 가지고 있으므로 "자본주의"가 비난받을 일이 아니다. 사실 지난 몇 세기 동안 많은 사람들에게 그토록 많은 번영을 가져다준 우리 경제시스템이 근본적으로 결함이 있거나 대안 시스템이 더 잘 작동할 것이라는 증거는 없다. 그러나 우리가 그것을 규제하고 우리 경제가 모두에게 계속해서 기회를 제공하도록 하는 데 소홀했다는 많은 증거는 있다.

경제는 고속도로와 같다는 것을 기억하라: 제대로 작동하려면 규칙이 필요하다. 자동차가 점점 더 빠른 속도로 씽씽거리는 것과 같이 발생하는 문제를 가만히 보고 무시하면 충돌은 불가피하다. 그러나 우리는 이러한 골칫거리 추세를 역전시키고 경제가 보다 효과적으로 기능할 수 있도록 하기 위해 우리가 공동으로 해야 할 일을 평가하기 전에, 우리는 경제가 어떻게 작동하는지에 대해 더 많이 논의할 필요가 있다. 결국 시스템을 고치는 데 도움을 주고 싶다면 먼저 시스템을 이해해야 한다. 우리는 다음 장에서 경제시스템의 가장 근본적인 부분인 돈에 대해 논의하기 시작한다.

03

돈: 화폐

금, 달러, 암호화폐의 공통점은 무엇인가?

돈은 만악의 근원이다.　　　　　　　– 킹 제임스 성경(King James Bible)

돈이 없는 것이 모든 악의 뿌리이다.　　　　– 마크 트웨인(Mark Twain)

돈이란 무엇인가?

돈은 아마 인류 역사상 가장 중요한 발명품일 것이다. "인류 역사상 가장 중요한 발명품"에 대한 거의 모든 준우승자는 돈 없이는 존재할 수 없다. 물건이 석기 도구와 동물 가죽뿐이었을 때는 단순히 서로 교환("물물교환")하는 것만으로도 충분했다. 최초의 항생제를 개발하기 위해 실험실, 현미경, 전기, 화학 물질, 주사기 등이 필요한 과학자들에게는 물물교환이 제대로 작동하지 않았을 것이다. 과학자들은 그들의 발견이 의존하는 재료, 상품 및 서비스의 수천 공급업체 각각에게 무엇을 제공할 것인지를 파악해야 했을 것이다. 과학자들은 불을 계속 켜두기 위해 전기 회사에 무엇을 제안할 수 있는가? 제조업체가 필요한 장비를 제공하는가? 유리 회사는 과학자들이 필요로 하는 장치를 제공하는가? 실험실에서 오랜 시간을 보낼 때 집에 있는 갓난아기는 조수가 돌보는가? 그 문제에 대해, 우리가 여전히 물물교환을 사용하고 있다면, 슈퍼마켓, 집주인, 케이블 회사 등이 나에게 제공하는 것과 교환하여 이 책의 사본을 기꺼이 가져갈 것인가? 돈은 이 모든 무수한 질문에 대한 답을 제시했고, 항생제, 이 책, 그리고 우리가 당연하게 여기는 거의 모든 다른 상품과 서비스를 가능하게 했다.

돈은 우리의 삶과 선택에 막대한 영향을 미치는 것이 분명하다. 그러나 우리는 돈의 영향을 평가하기 전에 돈이 무엇인지를 정확히 이해해야 한다. 돈의 예를 들기는 쉽지만 — 예를 들어 당신의 지갑에 있는 녹색 전표 — 정의하기는 훨씬 더 어려울 수 있다. 그래서 경제학자들이 구조하러 왔다. 경제학자들은 돈을 모든 종류의 상품과 서비스를 얻는 데 널리 사용할 수 있는 모든 것으로 정의하고, 이를 "교환의 수단"이라고 부른다. 지역 상점에서 샌드위치를 사는 데 사용할 수 있는 것, 인터넷에서 셔츠를 사는 데 사용할 수 있는 것, 시내 거리에서 택시를 타는 데 사용할 수 있는 것, 공연 티켓을 사는 데 사용할 수 있는 것, 또는 시장에 나와 있는 집을 사는 데 사용할 수 있는 것, 이 모든 것이 모두 "돈"이다. 그러나 돈으로써 유용하려면 돈은 또한 두 가지 다른 테스트도 충족해야 한다. 돈은 시간이 지남에 따라 가치를 어느 정도 유지함으로써 상대적으로 안정적인 가치 저장 수단의 역할을 해야 한다(과일은 썩기 때문에 돈으로 쓸 수 없다). 또한 돈은 계산하기 쉬워야 한다 (헬륨 가스는 이 테스트에 심하게 실패한다).

교환 수단, 가치 저장 수단, 가치 척도 수단의 세 가지 테스트를 충족하는 모든 것은 일반적으로 돈으로 간주된다. 역사적으로 귀금속이 이 역할을 했다(다음 섹션에서 더 자세히 설명한다). 일부 전쟁 포로 수용소에서 담배가 돈으로 사용되었다. 소금은 한때 오늘날보다 훨씬 더 귀했고 돈으로도 사용되었다. 사실 군인에게 소금으로 지급하는 것을 의미하는 라틴어인 살라리움(salarium)은 우리의 단어 급료(salary)의 근거 역할을 한다.[1]

그러나 현대 경제에서는 돈에 대한 이 세 가지 테스트를 충족시키는 것이 무엇인지에 대한 일반적인 합의가 있다. 특히 돈은 유통되는 통화[연준이 발행한 그린 노트(green notes)]와 은행의 당좌예금 잔액(수표, 직불카드 및 전화 앱으로 쉽게 액세스할 수 있다)이다.[2] 둘 다 판매하는 모든 것을 즉시 구매하는 데 사용될 수 있다. 그렇게 보편적으로 받아들여지는 것은 많지 않으며, 따라서 일반적으로 돈으로 간주되는 것은 많지 않다. 당신은 이것이 확신이 서지 않으면, 지역 상점이나 인터넷 판매자에게 가서 금, 주식 증서(stock certificate), 비트코인, 또는 "돈" 이외의 모든 것으로 결제하려고 시도해 보고, 돈 이외의 것으로 물건을 사기 위해 얼마나 멀리 가야 하는지 확인해보라.

당신은 다음과 같이 생각할 수 있다: 신용카드는 어떤가? 신용카드로 물건을 사는 경우가 많다. 그러나 신용카드는 단순히 구매한 항목에 대한 지급을 연기하고 나중에 당좌예금계좌의 돈으로 지급할 수 있기 때문에 돈으로 간주되지 않는다.

당신은 시중에 유통되지 않는 통화, 즉 은행 금고에 보관되어 있거나 정부의 인쇄기에서 굴러다니는 통화도 돈으로 계산되지 않는다는 사실을 알고 놀랄 수 있다. 소비자, 기업, 정부, 또는 은행에서 통화를 훔친 도둑과 같이 실제로 쓸 수 있는 사람의 손에 있는 통화만이 돈으로 계산된다. 따라서 은행 금고에 있는 통화는 돈처럼 보일 수 있지만 누구도 쓸 수 없으므로 돈이 아니다(그러나 그것은 우리 경제에서 중요한 역할을 하며, 제11장에서 연방준비제도와 은행 업무에 대해 논의할 때 이에 대해 모두 듣게 될 것이다.).

---

1 고대 로마에서는 병사들의 급료를 소금으로 지급했다고 한다. 급료를 뜻하는 영어 단어 "salary"나 소금으로 급료를 받던 병사 "soldier"는 모두 소금을 가리키는 라틴어 "salarium"에 어원을 두고 있다(역자 주).

2 또한, 돈(통화 및 당좌예금 잔액)은 M1 또는 화폐공급이다. 원칙적으로 여행자 수표의 일부도 포함된다. M1에 있는 모든 것과 저축예금 예치금을 포함하는 M2와 같이 돈에 대한 더 넓은 정의가 있다. 그럼에도 불구하고 M1은 널리 받아들여지는 정의이며 일반적으로 금융, 비즈니스 및 경제 분야의 사람들이 돈에 대해 이야기할 때 이를 의미한다.

은행 금고의 통화가 돈으로 계산되지 않는 또 다른 이유가 있다. 누군가가 자신의 당좌예금계좌에 20달러짜리 지폐를 입금하면 동일한 금액으로 자신의 계좌로 신용(credit)을 받는다. 현재 은행 금고에 있는 20달러의 통화(사용할 수 없음)와 당좌예금 잔액의 20달러 증가(확실히 지출할 수 있음)를 모두 계산하는 것은 경제에서 돈의 액수를 과대평가하는 것이다. 한 형태의 화폐(종이 형태)는 단지 다른 형태의 화폐(전자 형태)로 교환되거나 전환되었다.

여기서 요점은 두 가지 형태의 돈(유통 중인 실제 연방준비은행 지폐 및 당좌예금계좌의 전자 신용)이 상호 교환 가능하다는 것이다. 당신의 은행은 기꺼이 하나를 다른 것으로 전환할 것이다. 그리고 은행에 충분한 통화가 없다면 연준이 기꺼이 일부 통화를 보낼 것이다(당신은 필요한 만큼의 통화를 인쇄할 수 있는 정부의 대규모 인쇄기를 견학할 수 있다.).[3] 누군가가 인출을 통해 지갑을 채우거나 예금을 통해 당좌예금계좌를 채울 때 일어나는 모든 일은 한 형태의 돈이 다른 형태의 돈으로 교환되고 있다는 것이다. 누군가가 자신의 계좌에서 출금하거나 입금해도 총액은 변하지 않는다. 적어도 이 이야기에서는 아직 끝나지 않았다.

마지막으로 나는 경제학을 가르칠 때 항상 수업시간에 빌 게이츠가 얼마나 많은 돈을 가지고 있는지 묻는다. 질문의 요점은 그의 부(이 책을 쓰는 현재 약 1,300억 달러)에 놀라지 않고 돈은 부와 다른 것임을 강조하는 것이었다. 빌 게이츠의 부의 대부분은 기업 주식(특히 Microsoft 주식)에 있으며 돈(통화 및 당좌예금 잔액)은 거의 없다고 장담한다. 돈은 확실히 부로 간주되지만 대다수의 사람들(특히 부유한 사람들)의 부는 돈에 있지 않다. 그것은 주식, 채권, 부동산에 있다.

당신은 다음과 같이 생각할 수 있다: 우리는 모두 돈이 무엇인지 알고 있는데 왜 돈을 정확하게 정의하려고 애쓰는가? 왜냐하면 돈이 어떻게 만들어지고, 누가 돈을 만들며, 그리고 누가 돈을 버는가(그리고 얼마만큼)가 경제를 이끄는 데 도움이 되기 때문이다. 그것은 추상적인 생각이 아니라 경제적 불평등에서부터 경기

---

3 통화 인쇄 작업은 연준이 아닌 미국 재무부의 판화 인쇄국(Bureau of Engraving and Printing)에 위임되어 있다.

순환에 이르기까지 당신과 내가 생계를 위해 무엇을 선택하고 우리가 우리의 삶을 사는 방법에 대한 직접적이고 중대한 영향을 미치는 것이다. 돈이 무엇이며 어떻게 작동하는지를 이해하는 것은 경제를 이해하는 데 중요하다. 그 중요성을 감안할 때 다음 섹션에서는 수천 년 동안 돈이 어떻게 발전해 왔는지에 대한 배경을 제공하고, 이것은 우리가 오늘날 어디에 있는지를 설명하는 데 도움이 된다.

돈의 역사

상품화폐: 최초의 화폐

이 이야기에는 네 부분이 있다. 첫째 부분은 가장 간단하다. 초기 화폐에는 금, 은, 조개껍데기, 소금, 희귀하고 가치 있는 것으로 여겨지는 거의 모든 것이 포함되었다. 특히 귀금속은 돈으로 널리 쓰였지만 온갖 문제가 없지 않았다.

우선, 사람들은 귀금속의 순도를 평가할 수 있는 쉬운 방법이 없었다. 금화와 은화는 가치가 떨어질 수 있다. 50%의 금이 함유된 동전을 녹여 각각 25%의 금이 함유된 2개의 동전을 만들 수 있으며 그 차이를 구분할 수 있는 사람은 거의 없었다. 또한 대량 구매에는 모든 금속을 휴대하고 도둑으로부터 보호하기 위해 상당한 양의 체력이 필요했다(911에 전화할 수 없을 때). 소액 구매는 금속 조각을 나누기 위해 전문 작업자의 개입이 필요할 수 있었다. 끝으로 새로운 귀금속 공급원의 발견은 발견자를 매우 부유하게 만들 수 있지만 귀금속이 다소 덜 귀중해짐에 따라 다른 사람들이 소유한 자산의 가치를 감소시킨다. 돈에 대한 세 가지 테스트 중 두 가지에 문제가 있음에도 불구하고(순도의 문제로 계산하기 어렵고 희소성의 문제로 가치가 변동됨), 귀금속 및 기타 희소 상품은 교환의 수단 역할을 했으며 수천 년 동안 돈으로 간주되었다. 그러나 우리가 논의한 바와 같이 기술은 모든 것을 바꿀 수 있는 잠재력을 가지고 있다.

상품담보화폐: 새롭고 개선된 화폐

15세기 인쇄술의 출현으로 유럽에서는 새로운 종류의 화폐가 보편화되었다. 표면에 특정 가치가 명확하게 표시된 인쇄된 지폐("통화")는 일반적으로 이탈리아 플로렌스의 메디치와 같은 민간 은행가가 발행했다. 이 지폐는 지폐 발행인의 금고에 있는 귀금속에 의해 "담보"되었다. 지폐 발행인은 자신이 발행한 지폐와 동일한 가치의 금이나 은을 가지고 있다고 말했다. 각 지폐는 지폐의 액면가와 동일한 양의 귀금속에 대한 영수증과 유사했다. 당신이 지폐를 실제 금이나 은으로 교환하고 싶다면 발행인은 당신에게 기꺼이 금이나 은을 제공할 것이다. 그런데 왜 걱정할까? 종이 지폐는 휴대하기가 훨씬 더 쉬웠고 그 가치가 매우 명확하게 기록되었으며 다양한 액면가로 쉽게 구할 수 있었고 가장 중요한 것은 모든 종류의 상품과 서비스 판매자가 널리 사용했다는 것이다.

이 지폐가 스스로 생명을 얻었다는 사실이 문제를 일으켰다. 지폐를 발행한 민간 은행가들은 지폐를 담보할 귀금속으로 가득 찬 금고를 가지고 있어야 했다. 그러나 은행가들이 주머니에 넣을 이자로 대출금을 상환할 다른 사람들에게 빌려주기 위해 몇 장의 추가 지폐를 발행하거나 다른 목적을 위해 몇 장의 추가 지폐를 발행했다면 누가 알겠는가? 자신의 지폐를 귀금속으로 교환하는 사람들은 거의 없었다. 은행가들이 그들의 지폐를 귀금속으로 교환하기를 원하는 소수의 괴짜들의 요구를 충족시킬 만큼 충분한 금이나 은을 가지고 있는 한 그들은 준비되어 있었다. 그들이 발행한 모든 지폐의 총 가치는 그들이 보유하고 있던 귀금속의 총 가치를 초과할 수 있으며, 누구도 이들보다 더 현명하지 않을 것이다.

그런데 은행가들 중 일부는 탐욕스러워질 때까지 준비했다. 사람들이 일부 은행가가 미결제 지폐가 제시한 만큼의 귀금속을 보유하고 있지 않을 수 있다는 사실을 알게 되자 상환 요청(run on the bank)[4]이 급증하여 은행이 도산하게 되었다.

---

4 은행에서 뱅크런(bank run) 또는 런 온더 뱅크(run on the bank)는 많은 고객이 은행이 가까운 장래에 기능을 멈출 수 있다고 믿기 때문에 은행에서 돈을 인출할 때 발생한다. 즉 부분 준비 은행

은행가들이 정말로 너무 많은 지폐를 발행했고 종종 그들의 지폐를 상환하기를 요구하는 거대하고 제멋대로인 군중을 만족시키기에 충분한 귀금속을 가지고 있지 않았다면 은행은 도산했다. 한 은행이 도산하면 사람들은 다른 은행에 대해 회의적이 되었고, 그들의 상환 요청 역시 쇄도했다. 뱅크런 위기는 정기적으로 발생했고, 종종 폭력적으로 끝나 전체 경제에 심각한 결과를 초래했다. 이것이 정부가 통화 발행 사업을 인수하기 시작한 주된 이유 중 하나이다.

이러한 유형의 화폐에 대한 일반적인 이름인 "상품담보통화(commodity-backed currency)"는 수백 년 동안 유지되었으며 20세기까지 널리 사용되었다. 1964년까지 영국 통화를 파운드 스털링이라고 부르고 미국 달러 지폐 상단에 종종 "연방준비은행권(Federal Reserve Note)"이 아닌 "은 증서(Silver Certificate)"[5]라고 부르는 이유가 여기에 있다. 이 시스템은 민간 은행가가 통화를 발행할 때보다 정부 통제 하에서 더 잘 작동했을 수 있지만 여전히 큰 문제가 있었다.

한편 금본위제는 알려진 바와 같이 국가가 금이나 기타 귀금속이 충분하지 않으면 통화를 발행하지 못하게 했다. 금본위제는 정부가 너무 많은 통화를 발행하여 기존 통화의 가치를 떨어뜨리지 않도록 했다. 반면 금본위제는 경제적 구속이었다. 금본위제는 국가가 통제할 수 없는 상대적으로 쓸모없고 희귀한 금속에 국가의 화폐 가치를 묶었다. 전쟁이 발발하거나 심각한 경기침체가 닥치면 이러한 위기를 해결하는 데 필요한 통화를 창출하는 것은 선택사항이 아니었다. 머나먼 땅에서 금이 새로 발견되어 금속의 가치가 떨어지면 국가의 화폐도 가치를 잃어 경제는 위험에 처할 것이다.

이 모든 것이 모호한 역사처럼 들릴지 모르지만 거의 모든 어린이는 프랑크 바

시스템(은행은 일반적으로 자산의 작은 부분만 현금으로 보유)에서 많은 고객이 금융기관이 지급불능이거나 지급불능일 수 있다고 생각하기 때문에 동시에 금융기관의 예금 계좌에서 현금을 인출하는 경우이다(역자 주).

5 은 증서는 미국에서 1878년에서 1964년 사이에 지폐 유통의 일부로 발행된 대표적인 화폐의 일종이다(역자 주).

움(L. Frank Baum)[6]의 유명한 우화 "오즈의 마법사(The Wizard of Oz)"[7]를 통해 금본위제의 억압적인 본질에 대해 무의식적으로 배운다. 도로시와 그녀의 친구들을 그들의 문제에 대한 해결책으로 인도하기로 되어 있는 노란 벽돌 길? 그것이 금본위제이다. 그들이 찾고 있는 오즈의 땅? 그것은 금의 온스에서와 같이 약어 "oz"이다. 일행은 온갖 위험을 무릅쓰고 노란 벽돌길을 따라가지만 실질적인 도움은 커닝 오마하에서 온 쓸모없는 노인을 발견하는 것뿐이다. 그들이 길을 포기했다면 그들은 모두 더 쉽게 목표를 달성했을 것이다. 도로시와 그녀의 친구들이 배운 교훈은 20세기 중반 각국의 정부가 배운 교훈과 동일했다.

명목화폐(법정화폐): 무(無)에서 나온 돈

1930년대 대공황(Great Depression)과 제2차 세계대전으로 인한 문명의 위협은 정부에 많은 압박을 가했다. 그들은 선택에 직면했다. 즉 정부는 금본위제를 고수하고 위기에 대응할 충분한 자금이 없어 붕괴 위험을 감수하기로 선택할 수 있었다. 또는 정부는 금본위제를 포기하고 필요로 하는 돈을 만들 수도 있었다. 나는 당신이 그것을 추측했다고 확신한다. 정부는 후자를 선택했다.

그렇다면 그것은 무엇을 의미하는가? 1931년 영국에서 시작하여 1933년 미국에서 이들 정부는 금본위제를 해체하기 시작했다.[8] 정부는 자신들이 창출한 돈이 가치가 있다는 정부의 법령 외에는 어떤 것에 의해서도 담보되지 않는 돈을 창출하기 시작했다. 이것을 "법정화폐(fiat money)"라고 한다. 정부는 그들이 창출하는 20달러 지폐가 1달러 지폐 가치의 20배가 된다고 말한다. 왜냐하면 정부는 하나에는 단순히 "20"을 인쇄하고 다른 하나에는 단순히 "1"을 인쇄했기 때문이다. 말

---

6 라이먼 프랭크 바움(Lyman Frank Baum: 1856년 5월 15일 – 1919년 5월 6일)은 그의 어린이 책, 특히 오즈의 멋진 마법사와 그 속편으로 가장 잘 알려진 미국 작가였다(역자 주).

7 L. Frank Baum이 저술하고 원래 1900년에 출판된 "오즈의 마법사" 책은 금본위제 기간 동안의 실제 경제 투쟁에서 영감을 받았을 수 있다. 많은 경제학자들과 역사가들은 이 책이 정치적 우화라고 주장한다(역자 주).

8 미국은 1971년에 금본위제를 완전히 포기했다.

그대로 그 이상은 없다. 오늘날의 통화는 그것이 더 가치가 있다는 데 모든 사람이 동의하지 않는다면 통화가 인쇄된 종이보다 더 가치가 없을 것이다. 정부가 인쇄한 금액이 얼마이든 상관없다.

통화를 인쇄하는 것은 간단하다. 정부가 어떻게 그 통화를 실제로 사용할 수 있는 사람의 손에 들어가게 하는지(즉 "유통"으로), 그것에 의해 많은 공식 문서에서 그것을 우리가 정의한 "돈"으로 변환하는 것은 그렇게 간단하지 않다. 연준과 연준이 유통되는 돈의 양을 통제하는 방법에 대해 논의하는 제11장에서는 그 복잡한 과정을 자세히 설명할 것이다.

한편 법정화폐에서 얻을 수 있는 중요한 교훈이 있다. 즉 화폐 그 자체가 인류 역사상 가장 중요한 발명품이라고 한다면 정부가 갑자기 난데없이 허공에서 창출한 화폐가 가치가 있다는 보편적인 합의는 아마 인류 역사상 가장 중요한 견해일 것이다. 그것이 지구의 모양이든, 하늘의 색이든, 또는 엠파이어 스테이트 빌딩(Empire State Building)의 위치이든, 지구의 모든 인간이 동의하는 것 외에는 말 그대로 아무것도 없다. 반면 우리의 지갑과 당좌예금을 채우는 법정화폐는 객관적으로 정부가 만들어 놓은 것에 불과하다. 그러나 모든 사람(문자 그대로, 모든 사람)이 마치 가치가 있는 것처럼 행동하고 통화의 경우 그 가치가 정부 인쇄기가 부여한 숫자와 동일한 것처럼 행동하기 때문에 엄청난 가치가 있는 것이다. 우리가 논의한 바와 같이 물물교환이 더 이상 수많은 상품과 서비스가 있는 경제에서 작동하지 않을 것이기 때문에 이것은 분명히 좋은 일이다. 그러나 다른 이유로도 좋다: 그것은 삶을 더 쉽고 더 좋게 만든다면 우리 모두가 무언가에 동의할 수 있다는 것을 보여준다. 명목화폐는 확실히 그렇다. 그것은 더 널리 적용되어야 할 교훈이다.

대체 통화: 미래 화폐?

지난 몇 년 동안 돈에 대한 정부의 독점이 덜 확실해 보이기 시작했다. 일부 대체 통화가 교환 수단 및 가치 저장 수단으로 널리 받아들여짐으로써 달러와 경쟁하기 시작할 것인가? 새로운 형태의 돈이 등장하고 있는가?

우리가 어디로 향하고 있는지를 고려하기 전에 우리는 모든 과대광고를 제거하고 정확히 대체 통화가 무엇인지에 초점을 맞춰야 한다. 대체 통화는 모두 두 가지 구별되는 특징을 가지고 있다: 대체 통화는 가상 화폐로서 전자적으로만(인쇄된 통화나 금속 동전처럼 물리적이지 않음) 존재한다는 것을 의미하며 가장 중요한 것은 정부가 아닌 누군가가 발행한다는 것이다.

분명한 첫 번째 질문은 다음과 같다: 누가 이러한 대체 통화를 발행하고 있는가? 대부분의 경우 발행인은 말 그대로 기술에 정통하거나 수백 달러를 가진 사람이면 통화 설정에 도움이 되는 많은 웹 서비스 중 하나에 지불할 수 있기 때문에 발행인을 누구라고 말하는 것은 불가능하다. 발행인은 자신의 암호화폐를 만든 데이비드 시걸(David Segal)과 같은 뉴욕타임스(New York Times) 기자일 수도 있다(그에게 금전적 배당금은 아니더라도 저널리즘 배당금을 제공했다). 이러한 대체 통화의 대부분을 누가 책임지고 있는지에 대한 모호함은 창시자가 아직 완전히 명확하지 않은 가장 큰 대체 통화인 비트코인의 경우에도 마찬가지이다.

그럼에도 불구하고 비트코인과 같은 암호화폐가 주요 대체 통화로 부상했다. 암호화폐의 이름은 암호화폐를 안전하고 위조하기 어렵게 만드는 정교한 암호화 알고리즘의 이름을 따서 명명되었다. 이 책을 쓰는 시점에 총 2조 2,200억 달러 가치의 암호화폐가 유통되고 있으며, 이는 2009년 0에서 증가한 수치이다. 놀랍게도 암호화폐의 총 가치는 기본적으로 유통되는 모든 미국 통화의 총 가치(약 2조 2,100억 달러)와 동일하다.

암호화폐에 대한 거의 모든 논의에는 기반이 되는 블록체인 기술, 암호화 기술, 사람들이 보유하는 가상의 "지갑", 모든 거래에 광범위하게 배포된 전자 원장, 새로운 통화 단위를 생산하는 복잡한 방법("채굴"이라고 함), 그리고 전체 프로세스가 소비하는 엄청난 양의 전기가 포함된다. 이 책이 기술에 관한 책이거나 암호화폐에 투자하고자 하는 사람을 위한 책(부족함이 없음)이라면 그 세부사항은 관련이 있을 것이다. 이 책은 경제에 관한 책이기 때문에 이러한 세부사항을 이해하는 것은 인쇄기가 20달러 지폐에 잉크를 인쇄하는 방법을 이해하는 것만큼이나 우리의 논의와 관련이 있다. 비즈니스와 경제학의 많은 개념과 마찬가지로, 모든 종류의 관련 없는 기술적 세부사항이 진정한 이해를 방해한다.

그렇다면 우리의 목적을 위해 대체 통화에 대해 중요한 것은 무엇인가? 대체 통화 중 대다수는 그들을 담보하는 것이 없고 내재적 가치도 없다. 대체 통화는 정부가 아닌 누군가가 발행한다는 점을 제외하고는 지난 섹션에서 논의한 명목화폐와 같다. 대체 통화는 사이버 공간의 숫자일 뿐이다. 그렇다면 왜 가치가 있는가?

우리는 미국 달러가 항상 교환수단으로 받아들여지기 때문에 가치가 있다는 것을 알고 있다. 당신은 달러를 사용할 수 있을 뿐만 아니라 드문 경우를 제외하고는 판매용 물건을 구매하고 세금을 포함한 지급 의무를 이행하는 데도 달러를 사용해야 한다. 최근 뉴욕에서 열린 비트코인 컨퍼런스에서도 참석비를 달러로 지불해야 했다.

한편 각 대체 통화는 금괴(gold bar), 미키 맨틀(Mickey Mantle) 야구 카드,[9] 또는 예술 작품의 인증된 원본 전자 사본(대체 불가 토큰 또는 NFT라고도 함)이 특정 가치를 갖는 것과 동일한 이유로 특정 가치를 갖는다: 그 이유는 공급이 제한되어 있고 그것이 다른 사람들이 기꺼이 대가를 지불하는 것이기 때문이다. 정말 그게 전부이다.

지적으로는 이해하기 쉬우나 대부분의 사람들은 그 이상의 무언가가 있어야 한다는 직감(어떤 근본적인 객관적 가치가 있어야 한다는)을 극복하는 데 어려움을 겪는다. 내가 아버지와 함께 로스엔젤레스의 게티 박물관(Getty Museum)을 방문했을 때 빈센트 반 고흐(Vincent van Gogh)의 붓꽃 그림을 본 기억이 난다. 게티 박물관이 이 그림을 인수하기 몇 년 전인 1987년, 개인 투자자가 이 그림을 약 5,400만

---

[9] 2022년 8월 28일, 민트 상태의 미키 맨틀 야구 카드는 일요일 아침 일찍 1,260만 달러를 기록하여 경매에서 판매된 가장 귀중한 스포츠 기념품이 되었다. 1952년 수집품 회사 Topps에서 발행한 이 카드에는 야구 역사상 가장 강력한 스위치 타자인 맨틀이 등장한다(역자 주).

달러에 구입했을 때 그 그림은 그 당시까지 판매된 그림 중 가장 비싼 그림이었다. 아버지는 그 그림은 나쁜 "만화 같은" 그림이었고 54달러는 너무 비싼 가격이라고 말했었다.

나는 자산이 어떤 객관적인 이유(예: 미적 이유) 때문이 아니라 단순히 다른 사람들이 기꺼이 지불하려고 했기 때문에 자산이 일정 금액의 가치가 있다는 것을 그에게 증명할 수 있다고 생각했다. 그래서 나는 아버지에게 20달러짜리 지폐가 1달러짜리 지폐보다 20배의 미적 가치를 가지고 있는지를 물었다. 아버지는 잠시 생각하더니 "그래, 나에게는 그러네."라고 대답했다. 이 교환이 증명한 유일한 것은 주장의 가치에 대한 객관적인 근거가 존재하지 않는 경우에도 많은 사람들이 어떤 객관적인 근거를 마련해야 한다는 강력한 필요성이다.

사람들이 일부 대체 통화에 대해 진정으로 엄청난 금액을 기꺼이 지불하고 다른 대체 통화에는 전혀 지불하지 않는 이유에 대한 의문은 여전히 남아 있다. 이 의문에 대한 답은 마케팅에 관한 책의 훌륭한 주제가 될 것이다. 왜냐하면 이러한 대체 통화 대부분은 객관적으로 거의 차이가 없기 때문이다. 어쩌면 소셜미디어에서 상당한 영향력을 행사하고 있는 사람이 특정 통화를 상당량 소유하고 부자가 되도록 부추길 수 있다. 사람들은 이러한 통화 중 일부를 중심으로 발전한 온라인 커뮤니티를 즐길 수 있다. 아마 그들은 2013년에 농담으로 시작하여 총 가치가 약 320억 달러에 달한 도지코인(Dogecoin)[10]의 귀여운 일본 시바 이누(Shiba Inu) 개와 같은 통화가 사용하는 이미지를 좋아할 것이다. 거의 동일한 통화가 실패하는 동안 일부 통화는 번영한다는 사실은 이 책의 핵심 포인트 중 하나를 상기시켜준다: 경제학은 인간의 가치와 행동을 이해하려고 시도하는데 일부 사람들의 주

---

10 Dogecoin(DOGE)은 소프트웨어 엔지니어 빌리 마커스와 잭슨 팔머가 만든 암호화폐로, 당시 암호화폐에 대한 거친 추측을 조롱하면서 농담으로 결제 시스템을 만들기로 결정했다. 그것은 최초의 밈 코인(meme coin), 더 구체적으로 첫 번째 dog coin으로 간주된다. 풍자적 성격에도 불구하고 일부는 합법적인 투자 전망이라고 생각한다. Dogecoin은 "doge" meme의 시바 이누(Shiba Inu: 일본의 사냥개 품종) 개의 얼굴을 로고와 이름으로 사용한다. 2013년 12월 6일에 도입되어 자체 온라인 커뮤니티를 빠르게 발전시켜 2021년 5월 5일에 시가 총액이 850억 달러가 넘었다(역자 주).

장에도 불구하고 경제학은 화학이나 물리학과 같은 일반 과학에서 흔히 볼 수 있는 일종의 객관적 공식으로 환원될 수는 없다.

그렇다면 이러한 통화가 모두 폭락하고 소각될까, 아니면 일부가 살아남아 정부가 발행하는 주요 통화의 대안이 될까? 확실하게 알 수 있는 방법은 전혀 없지만 정보에 입각한 의견에 도달하는 데 도움이 될 수 있는 몇 가지 사실이 있다.

첫째는 대체 통화 발행인은 연준(미국 달러를 통제함)이나 다른 국가의 통화를 발행하는 중앙은행처럼 규제되지 않거나 또는 대체 통화 발행인의 활동이 거의 투명하지 않다는 것이다. 연준의 지도자들과 그들이 법적으로 따라야 하는 규칙은 확실하게 결정할 수 있다. 비트코인이나 대부분의 대체 통화에 대해 알아내면 투명성 부족이 의미하는 바를 알게 될 것이다. 이러한 규제 부족의 결과 중 하나는 대체 통화의 발행인이 욕심을 부리고 더 많은 단위의 통화를 발행하기 시작하여 기존 단위의 가치를 희석시킬 수 있다는 것이다. 그들은 거의 모두가 이것을 하지 않거나 할 수 없다고 주장하지만 통화를 사용하는 사람이 그 약속을 이행하는 방법은 무엇이며 발행인이 약속을 지키지 못할 경우 보상을 받을 수 있을까?

이것은 미국 달러와 같이 안정적인 가치를 지닌 기초자산에 가치가 묶여 있는 암호화폐의 한 유형인 스테이블 코인(stable coins)의 경우에도 마찬가지이다. 스테이블 코인의 발행인은 코인이 연결된 실제 자산을 보유하고 있다는 개념이다(정부가 통화를 담보하기 위해 금을 보유했던 방식). 따라서 스테이블 코인은 실제 자산의 디지털 표현일 뿐이며 실물 자산과 동일한 안정적이고 객관적인 가치를 갖는다.

초기 민간 은행가가 발행한 상품담보화폐의 문제를 기억하면 스테이블 코인의 이름에서 알 수 있는 것처럼 안정적이지 않은 이유를 이해하는 데 도움이 될 것이다. 이러한 통화와 관련하여 누가 무엇을 어디서 얼마만큼 보유하고 있는지를 확인하면 그들의 결점은 즉시 명백해질 것이다. 가장 큰 스테이블 코인이자 달러에 연결되어 각 "테더 토큰(Tether token)"의 가치가 1달러인 테더(Tether)[11]조차도

---

11 테더(종종 통화 코드 중 하나인 USD₮로 지칭됨)는 자산 기반 암호화폐 스테이블 코인이다. 이 것은 2014년 회사 Tether Limited Inc.에 의해 시작되었다. Tether Limited는 Bitfinex 암호화폐

발행 통화 가치와 동일한 수의 달러를 보유하고 있음을 증명하지 못했다. 또한 스테이블 코인은 연결된 실제 자산과 발행인이 보유하고 있는 실제 자산으로 상환되거나 교환될 수 있음을 보장하지 않는다.

대체 통화와 관련하여 두 번째로 중요한 고려사항은 기술에 결함이 있어 대체 통화를 해킹, 위조, 또는 기타 여러 사기에 취약하게 만들 수 있다는 것이다. 이 문제의 심각성을 이해하려면 고객 서비스에 전화할 때 은행 계좌 문제를 해결하는 것이 얼마나 어렵고 답답할 수 있는지를 생각해 보라. 이제 당신의 "은행"이 사이버 공간에만 존재하고 실제 인간과 관련이 없으며 처음부터 고객 서비스를 제공하지 않는 규제되지 않은 독립체라면 해당 문제를 해결하는 것이 얼마나 어렵고 답답할 것인지 생각해보라.

세 번째 고려사항은 정부가 대체 통화 발행을 폰지 사기로 간주하거나 대중에게 "투자대상"을 판매하는 데 적용되는 증권법 위반으로 간주하여 대체 통화를 단속할 수 있다는 것이다. 미국은 대체 통화를 전면 금지하거나 중국과 같이 대체 통화와 관련하여 필요할 수 있는 지급, 보관, 기타 서비스를 제한하여 대체 통화를 사용하기 어렵게 만들 수 있다. 그러한 금지는 시행하기 어려울 수 있지만 가치를 떨어뜨릴 가능성이 있다.

또한 정부가 대체 통화 시장의 익명성을 차단하는 방법을 제시한다면 그러한 통화 거래를 덜 매력적으로 만들 수도 있다. 이것은 대체 통화에 대한 보다 중요한 현재 용도(컴퓨터 해커의 몸값 요구 충족과 같은 많은 불법 거래에 대한 지불을 위한 용도) 중 하나를 심각하게 손상시킬 것이다. 또한 정부는 거래자들이 벌어들이는 이익에 대해 법적으로 부과되는 세금을 더 많이 징수할 수 있으며, 그 중 상당 부분은 이 책을 쓰는 시점에 세무 당국에 보고되지 않는다.

대체 통화에 대한 또 다른 위험은 중앙은행이 자체 디지털 화폐(중앙은행 디지털 화폐 또는 CBDC라고 함)를 발행할 가능성이다. 일부 카리브해(Caribbean) 국가의 중

거래소를 소유하고 있는 홍콩 기반 회사인 iFinex Inc.가 소유하고 있다. 테더는 원래 USD $1.00 로 평가되도록 설계되었기 때문에 스테이블 코인으로 설명된다(역자 주).

앙은행들은 이미 자국 통화의 디지털 버전을 발행하기 시작했으며 연준을 비롯한 많은 다른 국가의 중앙은행들도 이를 검토하고 있다. CBDC는 공식적인 정부 발행과 함께 제공되는 투명성, 신뢰성, 보안을 갖추고 있다. 반면에 CBDC는 잠재적 사용자, 특히 불법 거래에 대체 통화를 사용하는 사용자에게 개인 정보 보호 문제를 제기할 수 있다. 핵심 포인트는 중앙은행이 혁신적인 기술을 수용하고 디지털 버전의 화폐로 진행하면, 대체 통화는 주요 경쟁 위협에 직면할 수 있다.

정부가 디지털 통화 사업에 뛰어들거나 대체 통화를 법적으로 금지하거나 제한할 가능성은 이러한 통화 중 하나라도 정부의 화폐 독점에 위협이 되기 시작하면 확실히 높아질 것이다. 정부의 화폐 독점은 정부가 통화정책(이 책의 제4부에서 모두 듣게 될 내용)을 통해 경제에 영향을 미치도록 하기 때문에, 정부는 싸우지 않고 포기하지 않을 것이다.

이 책을 쓰는 시점에 대체 통화가 화폐로 널리 받아들여지기까지는 갈 길이 멀다. 그렇지만 대체 통화는 특히 사용하기 쉬워지고 어느 정도 신뢰성이 있는 대규모 조직에서 발행하기 시작하는 경우 가치와 중요성이 계속 커질 수 있다. 예를 들어 페이스북은 최근까지 가상 화폐 Diem을 출시하기 위해 노력했다.

역사적으로 사람들은 불확실성에 직면하고 정부의 안정성에 의문을 제기할 때 금이나 다이아몬드와 같은 유형자산을 샀다. 이제 암호화폐가 적어도 어느 정도 그 역할을 하는 것 같다. 사람들은 알려지지 않은 사람들, 명확하지 않은 규칙을 부과하는 사람들, 그리고 우리가 거의 확실히 이해하지 못하는 기술을 사용하는 사람들에 의해 만들어진(허공에서 날조된) 통화 단위에 수십억 달러의 가치를 부여하려고 한다. 암호화폐의 미래는 불확실할 수 있지만 그 인기는 사람들이 정부와 기존 통화에 대한 자신감 부족을 말해주고 있다.

인플레이션

우리가 현재 사용하고 있거나 미래에 사용하게 될 화폐의 유형이 무엇이든 인플레이션은 항상 발생할 가능성이 있다. 인플레이션은 종종 평균 가격의 상승으로 정의되지만 화폐 구매력의 감소로 볼 수도 있다. 즉 돈 가치의 5% 하락만큼 물가의 5% 상승을 쉽게 볼 수 있다.

지금은 인플레이션이 어떻게 발생할 수 있는지를 보여주는 간단한 경매 사례에 초점을 맞출 것이다. 고정된 수의 게임(play) 달러가 참가자들에게 분배되어 전시된 상품을 구매할 수 있는 경매를 상상해 보라. 판매할 상품의 수를 늘리지 않고 게임 달러의 총수를 늘리면(이 게임 달러는 이 경매 이외에는 가치가 없음을 기억하라), 사람들은 기꺼이 입찰에 응할 것이며 실제로 각 상품에 대해 더 많이 입찰하고 더 많은 비용을 지불할 것이다. 따라서 이러한 각 상품에 대한 입찰가 또는 가격이 올라가고 인플레이션이 있을 것이다. 예를 들어 게임 달러 수가 10% 증가하면 사람들은 각 상품에 대해 평균적으로 10% 더 입찰할 것으로 예상할 수 있다. 즉 10%의 인플레이션이 있을 것이다. 또한 당신은 인플레이션을 기존 달러의 가치가 10% 감소하는 것으로 볼 수 있다. 왜냐하면 총 달러 수를 늘린 후 1달러당 물건을 10% 적게 받을 것이기 때문이다.

우리 경제는 일반적으로 위의 경매 사례와 같은 방식으로 작동하지만 훨씬 더 큰 규모로 작동한다. 국가의 화폐공급이 상품과 서비스의 총 공급보다 빠르게 증가하면 평균적으로 가격이 상승할 것이다. 인플레이션은 경제학자들이 즐겨 말하는 것처럼 본질적으로 너무 많은 돈이 너무 적은 상품을 쫓는 것이다.

이 중요한 관계를 묘사하는 또 다른 방법은 미국의 총 화폐 공급량인 통화와 당좌예금 잔액을 합한 거대한 화폐 풀(pool)을 상상하는 것이다. 앞의 경매 사례에서와 같이 모든 상품 및 서비스의 가격은 상품 및 서비스 풀의 크기에 대한 화폐 풀의 크기에 따라 결정된다. 화폐 풀이 상품과 서비스의 풀보다 더 빨리 증가하면 인플레이션이 발생한다. 화폐 풀이 상품과 서비스의 풀보다 더 느리게 증가하면 디플레이션(또는 마이너스 인플레이션)이 발생한다. 화폐 풀이 상품과 서비스의 풀과 같은 속도로 증가한다면 가격은 안정적이다.

다른 많은 것들과 마찬가지로 인플레이션은 적당히 조절하면 상대적으로 무해하지만 그렇지 않으면 재난이 될 수 있다. 이 재난 시나리오를 "하이퍼인플레이션"이라고 하며, 이는 궁극적으로 돈을 가치 없게 만드는 통제 불능의 가격 상승을 의미한다. 제11장에서 미국 정부가 유통되는 달러의 양에 대한 통제력을 유지하는 방법과 과거에 다른 국가의 정부들이 자국 화폐의 양에 대한 통제력을 상실한 방법을 자세히 설명하면서 하이퍼인플레이션에 대해 논의할 것이다.

최근 인플레이션은 주로 코로나바이러스 대유행으로 인한 생산 어려움(종종 "공급망 붕괴"[12]라고 함)과 우크라이나 전쟁으로 인한 석유 공급 문제로 인해 상승했다. 그럼에도 불구하고 이 책을 쓰는 시점에 이 두 가지 문제와 이로 인한 가격 인상은 대부분 일시적일 것으로 예상된다. 어쨌든 정부 지출 삭감을 정당화하려는 일부 정치인들의 외침에도 불구하고, 하이퍼인플레이션과 통제 불능의 화폐공급 증가가 곧 일어날 조짐은 보이지 않는다.

금융경제 대 실물경제

많은 사람들이 금융경제와 실물경제를 혼동한다. 금융경제는 돈의 풀(pool)이다: 정부가 인쇄한 녹색 전표와 은행 계좌의 전자 항목이다. 우리가 알다시피, 허공에서 창출할 수 있는 돈의 양에는 제한이 전혀 없다. 돈의 금액은 단순히 연준이 통제하는 숫자이다. 돈의 가치는 사람들이 그것을 실제 상품과 서비스와 기꺼이 교환하기 때문에 생기는 것이다.

반면에 실물경제는 생산 및 소비되는 실제 상품과 서비스의 풀이다. 이러한 상

---

12 공급망 붕괴는 제품의 생산, 판매 또는 유통에 중단을 초래하는 모든 이벤트이다. 공급망 중단에는 자연재해, 지역 분쟁 및 전염병과 같은 이벤트가 포함될 수 있다(역자 주).

품과 서비스는 금융경제에서 달러로 측정되지만 단순한 숫자 그 이상이다. 실물경제는 우리를 먹이고 주거하게 하고 입히고 몸단장하고 정보를 제공하고 살아있게 한다. 실물경제는 우리의 모든 노동의 산물이다. 즉 돈과 달리 연준에서 컴퓨터의 버튼 몇 개를 누르는 것만으로는 증가할 수 없다.

더 많은 돈을 창출하면 확실히 물건의 가격이 올라갈 수 있지만 물건의 양이 반드시 늘어나는 것은 아니다. 그리고 물건의 양은 우리의 복지(well-being)에 정말 중요하다. 가격을 부풀리는 것은 시험 점수를 부풀리는 것과 같다 — 성적은 올라갈 수 있지만 학생들의 지식이 향상되는 것은 아니다.

앞의 경매 사례 비유에서 더 많은 돈은 인플레이션을 일으킬 것이 분명하다. 게임 돈이 일정 비율 증가하고 판매 상품이 동일하게 유지되면 게임 돈의 증가율만큼 인플레이션이 발생할 것이다. 그러나 현실 세계에서는 더 많은 돈이 (특정 상황에서) 실제로 더 많은 상품과 서비스를 생산할 수 있다 — 금융경제는 실물경제에 영향을 미칠 수 있다. 입찰자에게 더 많은 게임 돈을 주면 경매에서 상품 수가 증가하거나, 또는 시험 점수를 부풀려서 학생들이 더 똑똑해진다고 상상해 보라.

녹색 전표와 은행 계좌의 전자 항목으로 이루어진 금융경제의 세계는 실물경제의 세계에서의 물건의 양에 어떤 영향을 미칠 수 있는가? 그 이유는 사람들이 금융경제의 세계와 실물경제의 세계를 혼동하고 금융경제 세계의 변화에 따라 실물경제 세계에서 행동하는 경우가 많기 때문이다. 사람들이 주위에서 더 많은 돈을 볼 때 실물경제가 실제로 성장하는 것처럼 행동하기 시작한다. 소비자들은 더 많은 돈을 쓰기 시작하고 "경제적 여유(slack in the economy)"[13]가 있다면 기업들은 고용과 생산을 더 많이 늘리기 시작한다. 금융경제 세계와 실물경제 세계 사이의 이러한 혼동은 정부가 경제를 관리하고 우리를 경기침체에서 벗어나게 하는 데

---

[13] 경제적 여유(slack in the economy, economic slack)는 사용되지 않는 경제의 자원의 양을 설명하는 데 사용되는 문구이다. 공장에서 유휴 상태로 남겨진 기계나 일자리를 찾을 수 없는 사람들은 경제학자에게 여유를 나타낸다. 여유가 존재하는 이유는 일반적으로 경제가 생산할 수 있는 것에 비해 수요가 충분하지 않기 때문이다(역자 주).

도움이 된다. 우리는 제12장에서 통화정책을 논의할 때 정부가 이러한 혼동을 관리하는 방법에 대해 논의할 것이다.

한편 돈의 양의 변화가 미국이 생산하는 총 물품의 양에 영향을 미치는지 여부도 일부 물품의 가격이 다른 물품의 가격보다 더 많이 오르기 때문에 누가 무엇을 얻는지에도 영향을 미칠 수 있다. 인플레이션은 물가의 평균 상승이며 인건비를 포함한 모든 상품과 서비스의 비용을 포함한다. 인건비가 가장 중요한 생산 비용이기 때문에 인플레이션이 상승하면 평균적으로 임금(wage)과 급여(salary)[14]가 인상되어야 한다. 그러나 모든 평균과 마찬가지로 일부 임금은 평균 이상이고 일부는 평균보다 낮으며 때로는 평균보다 훨씬 높거나 훨씬 낮다. 편차가 크면 평균이 매우 잘못될 수 있다. 평균적인 성인 인간이 유방 하나와 고환 하나를 가지고 있다는 사실을 상상해 보라.

최근 임금수준의 중하위권에 있는 많은 노동자들의 임금이 상위권 노동자들만큼 빠르게 오르지 못하고 있다(CEO와 월스트리트 경영진은 "노동자"이며 그들이 버는 것은 "임금"임을 기억하라). 우리가 이미 논의한 바와 같이 승자독식 경제가 되었다. 이 책에는 점점 더 커져가는 분열에 대해 훨씬 더 많은 내용이 있다. 그러나 여기서 요점은 지난 장에서 논의와 달리 인플레이션 자체는 이러한 불평등에 크게 기여하지 않는다는 것이다. 인플레이션은 평균일 뿐이다. 인플레이션이 높거나 낮거나 0이거나 마이너스이거나 상관없이 일부 노동자는 평균보다 더 많은 임금을 받을 것이고 일부 노동자는 그렇지 않을 것이다.

문제는 평균 임금의 변화가 아니라 누가 평균보다 더 많이 받고 얼마나 더 많이 받으며, 누가 평균보다 더 적게 받고 얼마나 더 적게 받는가이다. 그리고 그것은 기회를 약화시키고 불평등을 조장하는 우리 경제시스템의 경향에 의해 결정된

---

14 급여(salary)는 월말에 성과와 생산성을 위해 정기적으로 직원에게 지급되거나 이체되는 고정 금액인 반면, 임금(wage)은 하루에 완료된 작업량에 대해 노동에 제공되는 시간당 또는 일일 기반 지불이다. 급여와 임금의 주요 차이점은 급여가 고정되어 있다는 사실에 있다. 즉 고용주와 직원 간에 미리 결정되고 합의되는 반면 임금은 노동 성과에 따라 다르기 때문에 고정되어 있지 않다(역자 주).

다. 이러한 경향은 우리 경제시스템의 전체 목적, 즉 우리의 삶을 더 좋게 만들고 가능한 한 많은 필요와 욕구를 충족시키는 것을 위협한다. 따라서 우리는 이 책의 다음 부분에서 그 시스템이 개인으로서 우리에게 어떤 영향을 미치는지 살펴볼 것이다. 우리는 경제적 파이의 크기, 파이의 분할 방법, 파이가 국제무역에 의해 어떤 영향을 받는지에 대해 논의한다.

PART II

개 인

04

소비, 생산 및 소득

우리 경제는 얼마나 크며, 왜 중요한가?

사람들은 흔히 "돈이 세상을 움직인다"는 말을 하지만, 실제로 돈이 돌아
가는 것은 세상(글로벌, 경제, 정치 및 사회적 이벤트)이다.

– 사바나 잭슨(Savannah Jackson), 재정 고문

한 사람의 소비는 다른 사람의 소득이다

경제학에서 가장 기본적인 관계 중 하나는 사람들이 쓰는 것과 버는 것 사이의
관계이다. 대부분의 경제적 관계와 마찬가지로 이 관계는 경제에 대해 생각하는
모든 사람에게 명확해질 수 있다. 공식, 차트 및 복잡한 그래프는 필요하지 않다.
특히 모든 미국인의 연간 소득(income)[1]을 합산하면 그것은 해당 연도에 미국에서

---

1 "소득(income)"이라는 용어는 상황에 따라 다른 의미를 가질 수 있다. 여기서 소득은 모든 임금,
  사업에서 얻은 이익, 이자, 임대료의 합계를 의미한다(특정 기술 조정 포함). 세금과 관련하여 소

생산된 상품 및 서비스에 대한 총소비와 같다(특정 회계규칙을 준수한다고 가정).

모든 경제학 교과서에는 이 관계를 형식적으로 나타내기 위해 몇 가지 다른 변수가 있는 방정식이 있다. 내 생각에 이 방정식은 경제학에 관한 책에 나오는 다른 많은 방정식과 마찬가지로 대부분의 사람들이 이해하는 데 도움이 되지 않는다(실제로 감소할 수 있음). 세상에서 무슨 일이 일어나고 있는지를 이해하는 열쇠는 세상에서 일어나고 있는 일에 초점을 맞추는 것이다.

소득과 소비의 관계는 매우 중요하기 때문에 그 관계의 설명을 돕기 위해 방정식이 아닌 세 가지 예를 들겠다. 첫째, 내가 아마존에서 새 책을 20달러에 사면 나는 20달러를 썼고 누군가는 20달러를 벌었다. 여기서 "누군가"는 일반적으로 문학 에이전트, 편집자, 책을 출판하는 업체의 소유자, 마케팅 전문가, 아마존의 직원과 주주, 심지어는 저자까지 포함하는 사람들의 그룹이다. 나의 책 구매로 인한 모든 소득의 합계는 정확히 20달러이다.

둘째, 회사가 컴퓨터용 새 소프트웨어를 설계하고 구현하는 데 2천만 달러를 지출하면 컴퓨터 프로그래머, 새 시스템을 배우기 위해 초과 근무 수당을 받는 기존 직원, 새 컴퓨터 시스템을 제공하고 설정하는 데 관련된 모든 사람들은 총 2천만 달러의 소득을 얻는다.

셋째, 정부가 남쪽 국경 장벽에 50억 달러를 지출하면 장벽을 건설하는 노동자, 건축 장비 제공자, 엔지니어, 정부에 대한 수많은 컨설턴트, 그것과 관련하여 어떤 상품이나 서비스를 제공하는 데 관련된 모든 사람들은 총 50억 달러의 소득을 얻는다. 결론은 모든 소득은 개인, 기업, 또는 정부가 새로운 상품과 서비스에 지출하기 때문에 발생한 것이다.

소득은 소비에 달려 있기 때문에 저축을 많이 하고 소비를 줄이겠다는 개인의 결정이 소득을 파괴하기 때문에 나쁜 일인가? 우리는 거의 항상 재정 고문, 부모,

---

득은 다소 다른 의미를 갖는다. 예를 들어 사업체 내에 머무르는 경우 사업 이익은 포함하지 않는다(즉 사업자에게 배분되지 않는다). 그러나 개인의 집과 같은 자산 판매로 인한 이익은 포함된다. 다른 맥락에서 소득은 누군가가 받는 급여만을 의미할 수 있다.

친구, 심지어 경제학자들로부터 소득의 전부를 물건에 쓰는 것보다 일부를 저축하는 것이 좋다는 말을 듣는다. 그러나 한 사람이 더 많이 저축할수록 다른 사람은 더 적게 벌게 된다. 그렇다면 돈을 절약하는 것이 어떻게 좋은 일이 될 수 있는가?

이 문제는 절약의 역설이라고 불리며 한 사람이 하면 좋은 것(더 많이 저축하는 것)이 모두가 하면 해를 끼칠 수 있음(총소득 감소)을 강조한다. 당신은 저축을 늘리는 것을 뉴욕 항구로 항해하는 작고 붐비는 보트 옆으로 이동하는 것과 비교할 수 있다. 당신은 맨해튼의 전경을 조망할 수 있는 보트 쪽으로 이동하는 것이 좋다. 그러나 모든 사람이 당신이 하고 있는 것과 같은 현명한 일을 하기로 결정한다면 보트는 전복되고 당신이 해안으로 헤엄쳐 갈 때 그 전망은 당신이 생각할 마지막이 될 것이다.

경제도 마찬가지이다. 더 많이 저축하는 것은 종종 개인으로서 우리 각자에게 의미가 있는 경우가 많다. 소비에 대한 약간의 희생은 우리의 미래를 더 안전하게 만들고 우리가 그렇지 않았다면 할 수 없었을 일을 할 수 있게 해준다. 그리고 현실 세계에서는 덜 쓰고 더 많이 저축하기로 한 사람의 결정이 더 많이 쓰고 덜 저축하기로 한 사람의 결정으로 상쇄되는 경우가 많다. 그러나 모든 사람이 더 많이 저축하기 시작하면 소득이 감소한다. 소득이 감소하면 어떻게 될까? 사람들은 훨씬 더 적게 소비한다. 사람들이 더 적게 소비하면 어떻게 될까? 소득은 더욱 감소한다. 소득이 더 감소하면 어떻게 될까? 지금쯤이면 상황이 이해되었으리라 생각한다. 경제는 나빠진다.

국내총생산(GDP)

2020년에 사람들은 미국에서 생산된 새로운 상품과 서비스에 약 20조 9,000억 달러를 지출했으며, 따라서 미국에서 20조 9,000억 달러의 총소득을 창출했다. 그 숫자는 이미 친숙한 다른 숫자와도 같다: 국가의 국내총생산(GDP) 숫자이다. 해당 연도의 GDP는 해당 연도에 해당 국가에서 생산된 모든 상품과 서비스의 달러 가치(즉 판매가격)로 정의된다. 여기에는 셔츠, 이발 및 이 책(만약 다른 것이 있다면 무엇이든)에 대해 당신이 지불한 금액, 정부가 새로운 도로와 교사 급여를 위해 지불한 금액, 기업이 보안 서비스와 새로운 컴퓨터 장비에 대해 지불한 금액이 포함된다. GDP를 우리 경제의 성적표로 생각하라. GDP는 우리가 한 국가로서 해당 연도에 얼마나 많은 것을 생산하는지를 보여준다.

GDP, 총지출, 총소득을 계산하는 자세한 규칙을 설명하는 책들이 있다. 이 규칙 중 가장 중요한 것은 해당 연도에 국가가 생산하는 모든 상품과 서비스에 대해 국가가 공로를 인정받도록 함으로써 이 경제 성적표의 정확성을 보장하는 것이지 다른 것은 없다.

예를 들어 GDP는 기존 주택을 포함하는 중고품 판매와 같이 전년도에 생산된 상품의 재판매로 인정되지 않는다.[2] 이러한 상품은 생산된 연도의 GDP에 포함된다. 외국인이 생산한 상품의 판매는 GDP로 인정되지 않는다. 마찬가지로 주식, 채권, 귀금속, 또는 토지의 판매와 같은 단순한 자산 양도는 판매로 인정되지 않는다. 이러한 판매는 다액의 현금을 가진 사람과 자산 스왑 포지션을 가진 사람을 포함한다 — 어떤 상품이나 서비스도 누군가의 이익을 위해 생산되지 않으므로 국가 경제 성적표에 국가의 공로를 인정해서는 안 된다. 마지막으로 자동차 제조업체를 위한 유리 및 강철과 같은 다른 상품을 생산하는 데 사용되는 기업에 대한 투입재 판매는 포함되지 않는다. 그것들이 포함된다면 GDP는 부풀려질 것이다. 30,000달러에 판매되는 자동차는 GDP에 30,000달러만 추가해야지, 30,000달러에 자동차 제조업체가 강철과 유리(및 노동력 및 기타 모든 투입물)에 대해 지불한 금액을 더한 금액이 아니다. 우리에게 중요한 점은 몇 가지 기술적 조정[3]을 통한 신

---

2 중고 상품에 대해 지불한 가격의 일부가 판매와 관련된 서비스에 대한 수수료인 경우 해당 가격의 일부는 GDP에 포함된다. 예를 들어 기존 주택의 판매는 GDP에 포함되지 않지만 중개인이 부과하는 수수료와 판매가격에서 지불한 기타 모든 수수료는 GDP에 포함된다.

3 예를 들어 특정 연도에 생산되어 재고에 추가되어 다음 해에 실제로 판매된 상품은 첫해의 GDP에 계산된다.

규 및 최종(즉 사용할 준비가 된) 상품과 서비스에 대한 지출은 GDP와 동일하다는 것이다.

해당 연도의 GDP가 그 해 미국에서 생산된 상품 및 서비스에 대한 총지출과 동일한 것은 우연이 아니다. 이는 해당 연도의 미국 총소득과 같다. 또한 우리가 새로운 상품이나 서비스에 20조 9,000억 달러를 소비했다면, 우리는 20조 9,000억 달러의 새로운 상품이나 서비스를 생산했고 그 결과 20조 9,000억 달러를 벌었다는 것이 우연이 아니라는 것도 이해가 된다. 지난 섹션의 예에서, 새 책은 GDP에 20달러를 기여했을 것이고, 새로운 컴퓨터 시스템은 GDP에 2천만 달러를 기여했을 것이며, 장벽은 GDP에 50억 달러를 기여했을 것이다.

마지막으로 GDP가 어느 시점에서든 우리 경제가 얼마나 많은 생산을 하고 있는지를 알려줄 수 있는 것처럼, GDP는 시간이 지남에 따라 우리 경제가 얼마나 개선되었는지를 알려줄 수 있다. 한 해의 GDP를 다른 해의 GDP와 비교할 때 유일한 문제는 그 변화의 일부가 물가 변동(인플레이션) 때문이라는 것이다. 따라서 1년에서 다음 해까지의 생산량은 정확히 동일하지만, 물가가 오르면 GDP는 올라가지만 우리는 더 나아지지 않을 것이다.

따라서 시간 경과에 따른 경제의 실질 성장을 측정하기 위해 경제학자들은 인플레이션으로 인한 물가상승을 뺀다. 이것은 실제 생산량의 증가를 측정하기 때문에 "실질 GDP" 성장이라고 한다. 평균적으로 실질 GDP로 측정한 미국 경제는 제2차 세계 대전이 끝난 이후 매년 3% 이상 성장했다. 그 기간의 초기 부분은 최근 부분보다 더 높은 성장률을 보였다. 2000년 이후 실질 GDP 성장률은 연평균 약 1.8%로 둔화되었으며 일부 경제학자들은 성장률이 계속 둔화될 것이라고 우려하고 있다(경제학자들이 "세속적인 경기침체"[4]라고 부르는 것).

---

4 세속적 침체(secular stagnation)라는 용어는 만성적인(세속적 또는 장기적인) 수요 부족이 있는 시장 경제를 의미한다. 역사적으로 실업률이 낮고 GDP 성장률이 높은 호황을 누리는 경제(즉 능력 이상의 경제)는 임금과 생산물의 인플레이션을 유발할 것이다(역자 주).

더 많은 것이 반드시 더 나은가?

GDP 수치를 통해 사람들은 생산하는 상품과 서비스의 총 가치를 기준으로 국가 경제의 순위를 매길 수 있다. 이 책을 쓰는 시점에 미국은 총 GDP에서 1위를 기록하고 있지만 2위 중국은 종종 향후 몇 년 안에 1위를 차지할 것으로 예상되고 있다. 많은 경제학자들, 국가 지도자들, 기업가들, 국제 투자자들은 이 통계를 각 국가의 국민들이 얼마나 잘하고 있는지를 나타내는 지표로 보고 있다. 그들이 옳은가?

우리는 이미 GDP를 복지의 척도로 사용하는 첫 번째 문제에 대해 논의했다: GDP는 단순히 개별 상품과 서비스에 대해 지불한 판매가격의 합과 같다. 컴퓨터의 가격은 떨어졌지만 품질은 크게 향상되었기 때문에 새 컴퓨터 하나하나가 GDP에 기여하는 바는 적지만 사람들을 더 잘 살게 해준다. 가족들은 자녀교육을 돕기 위해 백과사전을 구입했고, 이제는 모든 정보(및 훨씬 더 많은 정보)를 온라인에서 무료로 사용할 수 있기 때문에 백과사전 판매는 GDP에 덜 기여하지만 사람들은 더 나은 삶을 살고 있다. 내가 슈퍼마켓에서 여러 겹의 플라스틱으로 포장된 물건을 사는 것보다 뒤뜰에서 유기농으로 야채를 재배한다면, 식료품 판매 손실로 GDP가 줄어들지만 나는 (그리고 환경은 확실히) 더 나은 삶을 살 수 있다. 범죄가 줄어들고 보안 시스템과 경찰 보호(police protection)에 지출하는 돈이 줄어들면, GDP는 감소하지만 우리는 분명히 더 좋은 환경에서 살 수 있다. 이러한 예는 GDP를 사람들의 진정한 복지의 정확한 지표로 사용하는 것의 한계를 보여준다.

두 번째 문제는 각기 다른 통화를 사용하는 여러 국가의 GDP를 비교하려고 할 때 발생한다. 그러기 위해서는 국가별 GDP 수치를 공통 통화로 환산해 비교해야 한다. 가장 자주 사용되는 공통 통화는 미국 달러이며, 이는 환산을 수행하는 방법에 대한 의문을 제기한다. 단순히 우세한 환율을 사용하면 상당한 왜곡이 발생할 수 있다.

환율은 각 국가의 통화를 사고 파는 통화 거래자(currency traders)[5]에 의해 결정되며, 대부분의 국가 통화에 대한 글로벌 시장이 형성된다. 이 시장에서 사람들은 다른 나라에서 물건을 수입하거나 또는 다른 나라에 투자하려고 할 때 자국 통화를 다른 국가의 통화로 교환한다. 따라서 석유, 텔레비전, 국채, 기타 거래 가능한 상품과 같이 국제 시장에서 사고 파는 상품, 서비스, 자산이 환율을 결정한다. 그것들은 사람들이 외화를 획득하여 사들이는 상품들이며, 그래서 그것들은 외화의 가치를 결정한다. 이발, 주택, 학교 교육, 신선한 현지 음식(경제학자들이 "거래 불가" 상품이라고 부르는)과 같이 현지에서만 판매되는 상품 및 서비스에 대해 현지인이 지불해야 하는 비용은 환율에 거의 또는 전혀 영향을 미치지 않는다. 이것은 우리에게 무엇을 의미하는가?

그것은 저렴하고 거래 불가능한 지역 상품을 가진 국가의 GDP는 사람들이 얼마나 잘하고 있는지를 과소평가하고 있다는 것을 의미한다. 당신은 어떤 국가가 일반적으로 저렴하고 거래 불가능한 지역 상품을 가지고 있는지를 추측할 수 있다. 가난한 국가이다. 그 국가들은 값싼 토지, 노동, 기타 투입물을 가지고 있어 부유한 국가의 유사한 상품에 비해 현지 상품을 상대적으로 저렴하게 만든다. 예를 들어 주택은 특히 중요한 거래 불가능한 상품이다(주택은 땅에 고정되어 수출할 수 없으며 일부 고급 부동산을 제외하고 거의 독점적으로 현지에서 구입된다). 당신은 같은 금액을 달러로 환산하여 미국에서 취득하는 것보다 가난한 나라에서 얼마나 더 많은 주택을 취득할 수 있는지 쉽게 알 수 있다. 따라서 멕시코와 미국의 동일한 주택은 멕시코 주택에 비용이 적게 들기 때문에 멕시코의 GDP에 추가되는 비용이 줄어든다. 스펙트럼의 다른 쪽 끝에서, 고가의 거래 불가능한 상품을 보유한 국가인 스위스와 룩셈부르크와 같은 부유한 국가의 GDP는 GDP에 그러한 상품의 높은 비용을 포함하기 때문에 사람들이 얼마나 잘하고 있는지를 과대평가할 것이다.

경제학자들은 "구매력 평가"(PPP) 환율을 사용하여 각 국가의 GDP를 달러로

---

[5] 외환 거래자(foreign exchange trader or forex trader)라고도 하는 통화 거래자는 외환시장에서 통화를 거래하는 사람이다(역자 주).

환산함으로써 이러한 왜곡을 설명하려고 했다. 이를 위해 경제학자들은 먼저 각 국가에서 많은 소비재 묶음을 구매하는 데 필요한 현지 통화의 양을 결정한다. PPP 환율은 누군가가 미국에서 같은 상품 묶음을 살 수 있게 해주는 환율이다. 목표는 다른 국가의 GDP를 달러로 환산할 때 지역 경제에서 해당 지역 통화의 실제 구매력을 반영하는 비율로 환산하는 것이다. 즉 PPP 환율은 한 국가의 사과 가격을 다른 국가의 사과 가격에 비교하는 것이 아니라(금융경제) 한 국가의 사과 수를 다른 국가의 사과 수(실물경제)와 비교하려고 한다.

특히 지역 상품과 서비스의 품질이 얼마나 다양할 수 있는지를 고려할 때, 각 국가에서 동일한 상품 묶음을 조립하는 것이 얼마나 어려운지를 생각할 때까지는 이 모든 것이 매우 과학적으로 보인다. 또한 모든 국가는 현금거래를 기반으로 하는 상당한 비공식 경제를 가지고 있으며, 많은 국가가 상당한 암시장 경제를 가지고 있다. 이 두 가지 부문 모두 데이터에 완전히 포착되지는 않을 것이다. 경제학자들은 이러한 부문을 추정하고 GDP 수치에 포함하려고 한다. 그럼에도 불구하고 가난한 국가일수록 일반적으로 경제의 이러한 부문이 더 크며, 해당 국가에 대한 GDP 계산이 더 과소평가될 수 있다.

마지막으로 GDP 수치가 평균적인 사람의 복지에 관한 모든 것을 의미하기 위해서 우리는 두 가지 사실을 알아야 한다. 첫 번째 사실은 1인당 GDP를 계산할 수 있도록 해당 국가에 얼마나 많은 사람들이 살고 있는지이다. 1인당 GDP로 국가의 순위를 매길 때 미국은 여전히 매우 잘하고 있다. 미국은 중국보다 훨씬 앞서 있는데 이는 미국과 비슷한 중국의 경제 생산량을 4배 이상 많은 사람들에게 나누어야 하기 때문이다.

우리가 알아야 할 두 번째 사실은 GDP가 인구 간에 얼마나 균등하게 분배되는지이다. 한 국가에 상당한 소득 불평등이 있는 경우 해당 국가의 일반적인 사람은 GDP가 상당히 낮은 평등주의 국가의 일반적인 사람보다 더 가난할 수 있다. 한 국가에서 소득이 얼마나 공평하게 분배되는지를 정확하게 계산하는 것은 어렵다. 소득 불평등의 가장 일반적인 척도는 소득 분산 점수를 제공하는 지니계수이다. 0점은 국가의 모든 사람이 동일한 금액을 벌고 있음을 의미하고, 100점은 모든 소득의 100%를 한 사람이 벌고 나머지 사람은 아무 것도 벌지 않는다는 것을 의미한다. 세계은행(World Bank)의 보고서에 따르면 "공산주의" 중국과 베트남(각각 38.5 및 35.7)의 지니계수는 "자본주의" 독일과 캐나다(각각 31.9 및 33.3)보다 높았다(소득 불평등이 더 심함을 의미함). 미국 지니계수는 41.4로, 위의 4개 국가 모두와 거의 모든 주요 산업 국가보다 소득 불평등이 더 크다.

경제적 불평등이 증가함에 따라 일반 개인의 경제적 복지를 평가하는 데 지니계수는 점점 더 중요해지고 있다. 예를 들어 스웨덴은 미국보다 1인당 GDP가 약간 낮지만 평범한 스웨덴인은 소득분배가 더 평등하기 때문에 일반적인 미국인보다 경제적으로 더 부유할 가능성이 높다(스웨덴의 지니계수는 30.0이다).

우리가 이 모든 문제를 무시하고 한 국가의 평범한 사람에게 할당되는 GDP를 확정적으로 계산할 수 있다고 해도 얼마나 더 중요한가? 이 질문에 대한 답은 경제학의 거의 모든 질문에 대한 답처럼 주변을 둘러보고 관찰함으로써 결정될 수 있다. 연간 소득이 63,414달러인 사람이 8,329달러를 가진 사람보다 더 부유한가? 이것은 세계은행에 의한 미국과 멕시코의 2020년 1인당 GDP이다. 나는 대부분의 사람들이 그 규모의 차이가 중요하다는 데 동의할 것이라고 생각한다. 그러나 미국과 독일(46,208달러), 스웨덴(52,274달러), 심지어 영국(41,125달러)이나 스위스(87,097달러)와 같은 더 작은 차이는 어떤가?

미국과 다른 부유한 국가 사이의 1인당 GDP 차이는 미국과 비교할 때 주로 다른 국가에서 일하는 대부분의 사람들의 시간이 적기 때문일 수 있다. 근무 시간 단축, 가족 돌봄 휴가 연장, 조기 퇴직, 그리고 더 많은 휴가 일수는 GDP를 감소시키지만, 이것이 정말로 사람들을 더 나쁘게 만들까? 따라서 GDP의 이러한 상대적으로 작은 차이는 문자 그대로 아무 의미가 없을 수 있다.

복지를 평가하는 데 있어 GDP의 상당한 한계는 장수, 영양, 개인의 자유, 안전, 교육, 의료 접근성과 같은 다양한 요소를 사용하여 복지를 직접 측정하려는 여러 측정치를 낳았다. 그 하나는 몇몇 저명한 경제학자의 연구에서 영감을 받은 "사회 진보 지수(SPI: Social Progress IndexI)"[6]이다. 이 지수는 "경제 지표와 무관한 실제 삶의 질에 대한 포괄적인 측정"을 생성하기 위해 50가지 복지 지표를 수집한다. 미국은 이 지수에서 24위를 차지했다. 또한 복지에 대한 다른 측정에서도 미국은 1인당 GDP 순위보다 훨씬 낮다.

그럼에도 불구하고 1인당 GDP가 훨씬 높다는 것은 평균적으로 더 많은 상품과 서비스에 대한 접근을 의미한다. 더 많은 것에 대한 접근이 반드시 더 나은 삶을 보장하는 것은 아니지만 그것을 가능하게 할 수는 있다. 고소득 가정이 자원을 낭비할 수 있는 것처럼 GDP가 높은 국가는 무의미한 해외 계약, 과도한 보안, 대규모 의료 관료주의, 또는 법을 어기지만 사회에 위협이 되지 않는 사람들을 처벌하기 위한 값비싼 투옥에 많은 생산물을 낭비할 수 있다. 반면에 저소득 가정이 자원을 현명하게 사용할 수 있는 것처럼 GDP가 낮은 국가는 교육(시민의 생산성 향상), 기반 시설(경제 효율성 향상), 삶의 질(건강 악화, 범죄 및 기타 사회적 질병으로 인한 경제적 손실 감소)에 자원을 사용할 수 있다.

더 많은 것을 생산하는 경제는 최소한 더 나은 삶을 위한 기회를 제공한다. 따라서 1인당 GDP가 증가해도 삶이 나아지지 않는다면 문제는 생산량에 있는 것이 아니다 - 그것은 누가 소비력(spending power)을 갖고 있고 그들이 그것으로 무엇을 하는지에 달려 있다. 다음 섹션에서는 이러한 질문을 다룬다.

누가 소비하고 있는가?

미국에서 상품과 서비스에 대한 지출(소비)은 네 가지 출처에서 나온다: (1) 미

---

6 SPI는 경제적 요인보다는 사회적 및 환경적 결과를 직접 관찰함으로써 사회의 복지를 측정한다. 사회적 및 환경적 요인에는 웰빙(건강, 쉼터 및 위생 포함), 평등, 포용, 지속 가능성, 개인의 자유와 안전이 포함된다(역자 주).

국 소비자 14조 1천억 달러(말 그대로 셀 수 없이 많은 상품과 서비스에 대한 당신과 나와 같은 약 3억 3천만 명의 사람들), (2) 국내 기업 3.6조 달러(건물, 기계, 장비, 소프트웨어, 특허, 그리고 물건을 생산하는 데 사용하는 기타 모든 상품과 서비스), (3) 정부 3조 9천억 달러(연방, 주, 그리고 지방 정부), (4) 외국의 소비자, 기업 및 정부 2조 1천억 달러(미국이 수출하는 미국산 상품과 서비스를 구매할 때). 네 가지 지출(소비) 범주를 모두 합하면 23조 7천억 달러로 GDP를 2조 8천억 달러 초과한다. 왜 그럴까? 미국인들이 돈을 쓰는 것 중 일부는 외국산 상품과 서비스(수입)이며, 우리의 GDP(경제성적표)는 우리가 구매했지만 생산하지 않은 것으로 평가되어서는 안 된다. 구체적으로, 우리는 수입에 2조 8,000억 달러를 지출했다. 이를 총지출에서 빼면 GDP와 동일한 20조 9천억 달러가 된다(제6장의 주제인 수입과 수출에 대해 논의할 것이 훨씬 더 많다).

당신은 미국 정부가 지출하는 GDP의 비중이 낮아 보인다는 사실을 눈치챘을 것이다. 연방정부의 예산만 2019년 4조 4,500억 달러에서 2020년 6조 5,500억 달러로 급증한 것은 주로 코로나바이러스 대유행 때문이다. 주정부와 지방정부의 예산을 포함하면, 총액은 2019년 6조 8,000억 달러, 2020년 8조 8,000억 달러로 증가한다. 그런데 어떻게 모든 정부가 상품과 서비스에 대한 총지출을 3조 9천억 달러와 같게 할 수 있을까? 정부는 예산의 절반 이상을 상품과 서비스에 지출하지 않기 때문이다. 그것은 단순히 개인(사회보장, 학생 지원, 푸드 스탬프와 같은 프로그램을 통해) 또는 기업(보조금 및 보조금과 같은 프로그램을 통해)이 지출하도록 이전된다.

당신은 정부의 예산을 두 가지 범주로 나누어 생각할 수 있다. 우리는 이미 첫 번째 범주인 정부가 상품과 서비스에 지출하는 돈에 대해 논의했다. 여기에는 국방, 의료, 도로, 교사, 경찰에 대한 지출이 포함되며 정부가 매년 구매하는 상품과 서비스의 일부만을 들 수 있다.

다른 더 큰 범주는 정부가 단순히 다른 사람들에게 지출하도록 이전하는 돈이다. 예를 들어 2020년에 연방정부의 예산에는 사회보장을 위해 약 1조 1천억 달러, 영양 보충 지원 프로그램(더 일반적으로 푸드 스탬프[7]라고 함)에 약 950억 달러, 미국 농민에 대한 보조금으로 약 460억 달러가 포함되었다. 이 프로그램은 "이전 지불(transfer payments)"[8]의 예이다. 이것은 정부가 이 돈을 경제에 쓰지 않고 단지 개인 또는 기업이 경제에 쓸 수 있도록 이전한다는 것을 의미한다. 이전 지불을 통해 정부는 미국인들에게 돈을 재분배할 수 있다. 정부는 소비력을 일부의 사람들(그들에게 세금을 부과하거나 차입함으로써)로부터 취하고, 다른 사람들(이전 지불을 제공함으로써)에게 재분배한다. 따라서 이 책의 마지막 부분에서 논의하는 것처럼 이전 지불은 소득 불평등 증가 문제를 해결하는 데 중요한 역할을 할 수 있다.

경제학자들은 미국 경제를 소비자 경제라고 부른다. 왜냐하면 소비자 지출이 모든 지출의 대부분이고, 따라서 생산의 원동력이기 때문이다. 소비자가 직접 지출하는 것은 실제로 소비자의 중요성을 과소평가한다. 소비자가 지출하지 않는다면 기업은 공장, 도구, 장비, 사무실 건물, 컴퓨터와 같은 사람들이 구매하는 모든 상품과 서비스를 생산하는 데 필요한 것들에 지출할 이유가 거의 없을 것이다.

부자에 대한 세금을 낮추면 경제가 성장하고 더 많은 일자리가 창출될 것이라고 주장하는 사람들은 이 사실을 종종 무시한다. 이 주장은 레이거노믹스(Reaganomics), 낙수 경제학(trickle-down economics), 공급측 경제학(supply-side economics)을 비롯한 많은 이름으로 불리며 정치적 스펙트럼의 오른쪽(우파)에 있는 많은 사람들 사이에서 여전히 인기가 높다. 그들의 주장에 의하면 부자는 원하는 모든 것을 가질 가능성이 더 높기 때문에 부자가 아닌 사람보다 세금 감면으로 얻는 추가적인 돈을 저축할 가능성이 더 높다. 이것은 어느 정도 사실이다.

그들의 주장 중 사실이 아닌 것은 더 많은 저축이 기업의 더 많은 투자, 경제성장, 새로운 일자리로 이어질 것이라는 점이다. 그들의 주장은 경제를 이해하는 가

---

7 푸드 스탬프(Food Stamp)란 미국의 빈곤층을 위한 사회보장제도의 일부로 저소득층 등 취약계층에 대해 식료품 구입비를 지원하기 위한 대책으로 시작된 바우처의 일환이다(역자 주).

8 거시 경제학 및 금융에서 이전 지불(정부이전 또는 단순히 이전이라고도 함)은 대가로 상품이나 서비스를 받지 않고 정부가 지불함으로써 소득과 부를 재분배하는 것이다. 이러한 지불은 자원을 직접 흡수하거나 산출물을 생성하지 않기 때문에 완전하지 않은 것으로 간주된다. 이전 지불의 예로는 복지, 재정 지원, 사회보장 및 특정사업체에 대한 정부 보조금이 있다(역자 주).

장 중요한 규칙인 "상식을 활용하라"는 규칙에 위배된다. 어떤 유능한 기업가가 자신이 생산하는 제품에 대한 추가 수요 없이 기업을 성장시키기 위해 투자할 것인가? 반면에 자신의 제품에 대한 수요가 실제로 있다면 유능한 기업가는 부유한 사람들이 지불하는 세율에 관계없이 사업확장 자금을 조달할 방법을 찾을 것이다. 제품에 대한 추가 수요가 없으면 사업확장에 대한 자금조달 제안은 귀에 들리지 않을 것이다.

기업은 상품과 서비스에 대한 더 많은 수요를 충족시키기 위해 사업을 확장하기 때문에 경제를 성장시키고 일자리를 창출하는 더 효과적인 방법은 세금 감면을 저소득층에 집중하는 것이다. 부유한 사람들이 감세를 통해 받는 돈을 더 많이 저축할 가능성이 높은 것처럼 덜 부유한 사람들은 감세를 통해 받는 돈을 더 많이 지출할 가능성이 높아져 더 많은 상품과 서비스에 대한 수요가 창출된다. 세금 감면이 부유층에 초점을 맞춘다면 다른 미국인들에게 낙수효과가 약간은 있을 수도 있다. 세금 감면이나 부채 탕감 또는 현금 이전 지불과 같은 기타 재정적 혜택이 부자가 아닌 사람들에게 초점을 맞춘다면 거의 모든 돈이 새로운 상품과 서비스에 상당히 빠르게 소비되어 기업이 새로운 수요를 충족시키기 위해 투자하고 경제를 성장시킬 것이다.

누가 소비하고 얼마나 많이 소비하고 있는지는 얼마나 많은 소득을 올리고 얼마나 많은 부(wealth)를 소유하고 있는지에 의해 결정되는 것이 확실하다. 어떻게 그 소득을 얻고 그 부를 축적하는가는 다음 장의 주제이다.

05

노동소득, 투자소득, 부(富)

노동과 자본은 소득을 어떻게 나누는가?

나는 돈을 옛날 방식으로 벌었다. 나는 그것을 상속했다.

— 존 레이즈(John Raese), 사업가이자 전 웨스트버지니아 공화당 의장

누가 벌고 있는가?

제4장에서 논의한 바와 같이 미국산 상품과 서비스에 대한 소비 1달러는 미국인에게 1달러의 소득을 창출한다.[1] 그렇다면 수조 달러의 소비가 어떻게 소득으로 우리에게 전달될까? 두 가지 방법이 있다.

---

1 누군가가 소득으로 받는 돈은 다른 사람이 쓸 수 있도록 다른 사람에게 이전될 수 있다. 이러한 이전은 상속 및 증여와 같이 자발적이거나 정부 이전 프로그램에 자금을 지원하기 위한 세금 납부와 같은 비자발적일 수 있다. 이 섹션은 누가 처음에 소득을 얻었는지에 초점을 맞추고 그 소득에서 일부를 이전할 수 있는 사람이 아니다.

첫 번째 방법은 임금, 급여, 팁, 보너스, 노동으로 인한 기타 소득이다. 이 범주에는 최저임금 노동자의 시간당 임금에서부터 CEO의 수백만 달러 연간 보너스에 이르기까지 모든 것이 포함된다. 우리는 이 범주를 노동소득이라고 부를 것이다. 이것을 모두 합산하면 GDP에서 노동에 돌아가는 비율로 볼 수 있다.

소득이 우리에게 들어오는 두 번째 방법은 투자소득이다. 이 범주에는 기업의 이익, 남에게 빌려준 돈에 대한 이자, 임대 부동산의 임대료가 포함된다.[2] 모든 투자소득을 합산하면 자본(소득을 창출하는 자산) 소유자에게 돌아가는 GDP의 몫으로 볼 수 있다.

이 후자의 범주는 사람들이 생각하는 것보다 훨씬 크다. 왜냐하면 기업에서 1달러의 이익은 실제로 자본 소유자에게 1달러의 소득이기 때문이다. 그 달러가 배당금이나 자본환급으로 자본 소유자에게 분배되지 않고 기업의 은행 계좌에 남아 있는 경우에도 마찬가지이다. 기업은 사람이 아니다. 기업은 자산을 소유하고 이익을 낼 수 있지만, 결국 그 자산과 이익의 궁극적인 소유자이자 수혜자인 실제 인간에 의해 소유된다. 기업이 비용, 임금, 세금, 기타 채무를 모두 지급한 후 기업에 남은 이익은 그 돈이 그들에게 분배된 경우와 마찬가지로 기업 소유자의 돈이다. 현금이 기업 계좌에 남아 있고 소유자의 개인 계좌로 이동되지 않는다고 해서 현금이 소유자에게 속한다는 사실이 바뀌지는 않는다.

그렇다면 노동과 자본 사이의 GDP 분배에 무슨 일이 일어났는가? 맥킨지 글로벌 연구소(Mckinsey Global Institute)에 따르면 미국 전체 소득에서 노동이 차지하는 비중은 2000년 63.3%에서 2016년 56.7%로 떨어졌다(자본의 몫이 36.7%에서 43.3%로 증가했음을 의미). 노동에서 자본으로의 소득 이동은 같은 16년 동안 미국의 GDP가 82% 증가한 반면 노동자의 평균 순 보상은 46% 증가에 그쳤다. 제4장

---

2 사업주는 사업을 통해 노동소득과 투자소득을 모두 가질 수 있다. 그들이 사업에서 하는 일에 대해 받는 급여는 노동소득이 될 것이고 그들이 취하는 이익은 투자소득이 될 것이다. 소규모 기업에서는 이 둘의 구분이 명확하지 않을 수 있다 — 가게 주인은 자신의 노동소득을 가게에 대한 투자로 얻은 이익으로 생각할 수 있다. 실제로 가게는 매장에서 일하는 덕분에 살아남을 수 있다. 그럼에도 불구하고 세법에는 서로를 구별하는 매우 상세한 규칙이 있다.

에서 논의한 내용을 감안할 때, 많은 분들이 이미 노동소득이 GDP보다 느리게 성장하고 있다면 투자소득이 GDP보다 빠르게 성장하고 있다는 결론을 이미 정확하게 내렸을 것이다. 지난 20년 동안 대부분의 주요 국가에서도 미국만큼은 아니지만 노동에 분배되는 소득의 비율이 감소하고 있다.

본질적으로 일반 노동자는 2배로 심한 타격을 받고 있다. 전체 경제 파이에서 노동에 분배되는 몫은 줄어들고 있는 반면, 제2장에서 논의한 것처럼 줄어드는 몫은 상위 계층과 다른 모든 사람 사이에 점점 더 불평등하게 분배된다. 그렇다면 자본의 몫이 증가하는 이유는 무엇인가?

부(富)는 부(富)를 낳는다

모든 노동소득이 노동으로 인해 발생하는 것처럼 모든 투자소득은 "투자소득을 창출하는 자본의 소유권"인 부에서 발생한다. 부는 주로 주식(기업의 소유권을 나타냄), 채권(채권 소유자에게 빚진 돈을 나타냄), 물리적 자산(예: 임대할 수 있는 부동산), 은행 계좌 잔고로 구성된다. 이 책을 쓰는 시점에 미국에는 약 1억 4,500만 달러(145조 달러)의 부가 있다. 부를 구성하는 자산은 일반적으로 시간이 지남에 따라 축적된다. 우리가 논의한 바와 같이 때로는 미국 전체 부의 절반 이상을 차지하는 상속재산의 경우와 같이 매우 오랜 기간에 걸쳐 이루어진다.

부를 갖는 것이 소득이 있는 것보다 틀림없이 더 유익하다. 부는 어떤 목적으로든 언제든지 이용할 수 있는 가치 저장소이며 계속해서 일자리를 찾는 데 의존하지 않는다. 이 논의에서 특히 중요한 점은 부는 소유자를 위한 소득을 창출하고 시간이 지남에 따라 가치를 평가함으로써 거의 항상 추가적인 부를 창출한다는 것이다. 억만장자 에드가 브론프만 주니어(Edgar Bronfman Jr.)는 이 현상에 대해 "100달러를 110달러로 만드는 것은 일이다. 1억 달러를 1억 1,000만 달러로 만드는 것은 불가피하다"고 말했다. 다시 말해 저소득층은 돈을 저축하는 데 어려움을 겪고 저축액이 적기 때문에 제한된 투자 옵션에 직면하는 반면, 부유한 사람들은 경제가 제공하는 최고의 투자 기회뿐만 아니라 소비 후에도 돈이 남는다.

대부분의 사람들이 상당한 기간에 걸쳐 투자하는 것처럼, 투자 가치가 증가할 때 소유자가 실제로 투자대상을 매각하고 이익을 얻을 때까지는 가치 상승에 대해 세금이 전혀 부과되지 않는다. 예를 들어 제프 베조스의 자산은 아마존 주식 가치 상승으로 인해 2020년에 약 750억 달러 증가했지만, 그는 해당 이익에 대해 세금을 내지 않았으며, 주식을 매각할 때까지 해당 이익에 대해 세금을 내지 않을 것이다. 한편 미국 아마존 정규직 직원의 평균 급여는 2020년 기준 37,930달러였으며, 해당 직원 각각은 전체 금액에 대해 세금이 부과되었다.

주식과 같은 자산을 최종 매각할 때 세법은 투자자가 벌어들인 이익에 대해 "자본이득세율(capital gains tax rate)"이라고 하는 특별히 낮은 세율을 적용한다. 자본이득세는 다음과 같이 작동한다: 누군가가 주식을 100,000달러에 사서 그것을 5년 후 160,000달러에 팔 때, 60,000달러의 "자본이득"이 있다고 말한다. 해당 기간 동안 주식의 가치가 매년 증가할 수 있었음에도 불구하고 주식이 판매된 5년 기간 말에만 해당 이득에 대한 세금이 부과된다. 마지막으로 60,000달러의 이득에는 더 낮은 자본이득세율이 적용된다. 판매가격 160,000달러 중 100,000달러는 자본금의 반환일 뿐이며, 이것은 단지 그 사람의 원래 투자금의 반환이기 때문에 당연히 비과세이다.

이것은 무엇을 의미하는가? 사람들이 자신의 노동으로 번 돈인 임금소득은 부유한 납세자들에게 집중되는 투자소득보다 거의 항상 더 높은 세율로 과세된다. 약 800억 달러로 추산되는 재산을 가진 워렌 버핏(Warren Buffett)은 자신의 비서보다 소득의 낮은 비율을 세금으로 내고 있는 것으로 유명하다. 이것은 그가 돈을 버는 방식인 자본이득에 대한 낮은 세율과 그의 비서인 그녀가 돈을 버는 방식인 임금소득에 대한 높은 세율 때문이다.

많은 자산은 시간이 지남에 따라 가치가 증가하는 것 외에도 소유하는 동안 소유자에게 정기적으로 금전을 지급해 준다. 여기에는 주식에 대한 배당금,[3] 채권에 대한 이자, 부동산에 대한 임대료가 포함된다. 또한 이 소득의 대부분은 노동소득보다 낮은 세율로 과세된다. 자산이 매각되기 전에는 소득이 없더라도(주인이 임대하지 않는 두 번째 집이나 배당금을 지급하지 않는 주식처럼) 소유자는 투자 가치 증가로 인한 혜택을 받는다. 이러한 비과세 혜택에는 증가하는 자산 가치를 담보로 사용하여 더 낮은 이자율로 돈을 빌릴 수 있는 능력, 더 큰 부가 제공하는 재정적 안정성, 필요에 따라 이득을 현금으로 전환할 수 있는 능력, 그리고 두 번째 집의 경우 이 집에서 시간을 보내는 것이 포함된다.

자산 가치 증가에 대해 매년 사람들에게 세금을 부과하지 않는 것에 대한 한 가지 정당성은 해당 자산의 가치가 1년 동안 얼마나 상승했는지 알기 어렵다는 것이다. 그러나 이것은 미국 전체 부의 대부분을 차지하는 상장주식과 채권에는 해당되지 않는다. 주식 가격의 상승을 조회할 수 있으며 연간 이득을 쉽게 결정할 수 있다.[4] 그럼에도 불구하고 이득에는 과세되지 않는다.

자산 가치 증가에 대해 과세하지 않는 또 다른 정당성은 기업이 이익에 대해 정부에 세금을 납부하므로 주주의 이득은 해당 세금만큼 감소한다는 것이다. 이 책을 쓰는 시점에 기업 이익에 대한 세금은 21%이다. 세법의 복잡성과 많은 허점으로 인해 2018년에 미국 500대 기업이 납부한 평균 세율은 실제로 11.3%였으며 500대 기업 중 91개 기업은 세금을 전혀 내지 않았다. 세금을 내지 않은 기업에는 세계에서 가장 성공적인 회사인 아마존, 쉐브론(Chevron), 할리 버튼(Halliburton), 그리고 IBM이 있다.

다음의 의문이 남아 있다: 투자자가 투자소득을 최종적으로 받았을 때, 왜 미국은 거의 항상 노동소득보다 훨씬 낮은 세율로 세금을 부과하는가? 투자소득에

---

3 배당금은 회사가 이익을 소유자(즉 주주)에게 배당하는 것이다. 회사는 정기적으로(예: 분기별) 또는 적절하다고 판단될 때마다 배당할 수 있다.

4 주식 가격 하락으로 인해 손실이 발생한 경우 주주는 이익에 대해 신용을 받을 수 있다. 그것이 매도된 주식의 이익 및 손실과 관련하여 작동하는 방식이다. 동일한 시스템이 매도되지 않은 주식의 이익 및 손실에 대해 작동할 수 있다.

대한 낮은 세율을 지지하는 정치인들은 이것이 투자자들에게 투자 동기를 부여한다고 주장한다. 그렇다면 투자자들은 투자수익의 더 많은 부분을 세금으로 내야 한다면 단순히 저축을 매트리스에 채워 넣을까? 투자가 6%의 이익을 내고 이익에 대한 세금이 올라가면 이익이 0인 것이 바람직하다고 판단하고 투자를 선택하지 않을까?

반면 노동소득에 대한 더 높은 세율은 노동과 생산적인 경제 참여를 저해하지 않을까? 자녀가 있는 가정의 주요 소득자에게는 적합하지 않을 수 있다. 그러나 고령 노동자, 가까스로 일자리를 구한 노동자, 그리고 일부 기타 그룹의 노동자들의 경우, 집에 가져가는 급여의 변화는 취직 여부를 결정하는 데 영향을 미칠 수 있다. 자본이득에 대한 더 낮은 세율을 지지하는 사람들의 주장을 살펴보기 위해 경제학 교육을 받을 필요는 없다. 다른 많은 것들과 마찬가지로 상식의 적용이 필요하다.

부는 부를 낳고 사람은 더 많이 가질수록 더 많이 축적할 수 있다는 것은 분명하다. 소득 불평등 심화 및 상속 증가와 결합된 투자소득에 대한 이러한 세제 혜택으로 인해 부는 더욱 집중되고 있다. 미국의 부가 얼마나 집중되었는지에 대한 많은 추정치가 있다. 즉 세인트루이스 연방준비은행(Federal Reserve Bank of St. Louis)의 추산에 따르면 상위 10% 가구가 전체 부의 77%를 소유하고 있다고 추정하고, 의회예산처(Congressional Budget Office)는 모든 가구의 하위 절반이 전체 부의 1%만을 소유하고 있다고 추정한다. 경쟁의 장을 보다 공평하게 만들기 위해 어떤 조치를 취하지 않는 한, 이러한 불평등은 상대적으로 적은 수의 사람들에게 부(따라서 권력)가 지속적으로 집중되는 결과를 낳을 가능성이 높다.

이 현상은 토마스 피케티(Thomas Piketty)의 유명한 "21세기 자본(Capital in the Twenty-First Century)"의 초점이다. 이 책은 800페이지가 넘는 경제학 책이 베스트셀러가 된 보기 드문 사례이다. 피케티는 경제의 대부분이 상속된 부에 의해 지배되는 "세습 자본주의(patrimonial capitalism)" 시스템으로 돌아가는 세계에 대해 말하고 있다. 그는 이것이 우리 사회를 민주주의에서 기대했던 것보다 훨씬 더 많은 통제력을 행사하는 과두 정치로 만들지 않을까 우려하고 있다.

리처드 리브스(Richard Reeves)가 저술한 또 다른 유명한 책 "Dream Hoarders: How the American Upper Middle Class Is Leaving Everyone Else in the Dust, Why That Is a Problem, and What to Do About It"은 상속재산이 다음 세대 자산의 총합보다 훨씬 더 많은 영향을 미치는 방식을 보여주고 있다. 부는 어린 시절의 많은 이점, 특히 양질의 교육을 제공하여 부유한 부모가 자녀에게 지위를 물려줄 수 있도록 한다. 리브스는 이것이 기회를 위한 "조작된 시장", 낮은 사회적 이동성, 경쟁력이 약한 경제를 만들어낸다고 주장한다.

또한 부유한 집안의 아이들이 성공하면 그들은 그들의 보장된 성공을 더 좋은 학교, 사교육, 추가적인 풍요로움, 더 부유한 가족이 "비축해 둔" 네트워킹 기회로 돌리기보다는 그들의 타고난 재능과 노력에 기인한다고 생각할 수 있다. 사람들이 이러한 이점의 중요성을 과소평가할수록, 더 넓은 범위의 배경을 가진 어린이들이 그러한 혜택을 이용할 수 있도록 하는 정책을 지원해야 한다는 압박감을 덜 느낄 수 있다.

미국의 건국자들은 민주적으로 선출된 대표들이 부유한 사람들과 같은 소수의 이익이 대다수의 이익보다 너무 앞서도록 허용할 위험에 대해 언급하지 않았다. 그들은 이러한 일이 일어나도록 허용한 선출된 대표자들이 투표로 자리에서 물러나게 될 것이라고 믿었다. 사실 그들은 거의 정반대의 우려, 즉 민주주의에서 다수는 소수의 권리를 짓밟을 수 있음을 제기했다. 특히 그들은 다수가 투표를 통해 훨씬 적은 수의 부자들의 부에 세금을 부과할 것을 우려했다. 선거인단(Electoral College)[5]은 이러한 우려의 결과로 우리가 짊어지게 된 것 중 하나이다.

---

5 미국 선거인단(Electoral College)은 4년마다 미국의 대통령과 부통령을 뽑는 공식적인 기구이다. 미국의 주와 워싱턴 DC는 인구비례로 선거인단을 뽑는다. 미국 대선 선거인단 수는 538명인데, 이는 미국 하원(435명)과 미국 상원(100명) 숫자를 합한 535명에 워싱턴 DC 선거인단 3명을 합한 것이다(역자 주).

그러나 미국의 건국자들과 달리, 우리 모두는 돈이 정치 과정을 어떻게 왜곡했는지 알고 있다. 일부 사람들은 유권자들이 자기 이익에 기초하여 정보에 입각한 결정을 내리는 것으로 생각하기를 좋아할 수 있지만, 돈은 말하고(효력이 있고) 유권자들은 돈의 말을 듣고 따르는 것 같다. 이것은 사실인데, 특히 대법원(Supreme Court)이 제8장에서 논의할 "Citizens United" 사건으로 2010년 선거에 무제한의 기업 자금이 영향을 미치기 위해 사용되는 것을 허용하는 수문을 열었기 때문이다. 거액의 현금을 가진 정치인들이 우리를 어떻게 그리고 왜 그렇게 쉽게 조종할 수 있는지는 정치학 책에 맡기겠다. 여기서는 우리가 할 수 있다는 사실과 그 결과가 중요하다.

증가하는 부의 집중과 그에 따른 소득과 권력은 일반적으로 좋게 끝나지 않는다. 역사를 통해 부의 큰 불평등은 종종 폭력적인 혁명(예: 프랑스, 중국, 러시아 혁명)이나 국가적 붕괴(예: 로마의 멸망)를 초래했다. 때때로 특히 치명적인 전염병이 발생하여 사회를 재정비했다(예: 중세 유럽의 흑사병). 좋은 소식은 그러한 결과를 피할 수 있다는 것이다.

이 책의 마지막 두 장에서는 생산성을 향상시키면서 동시에 불평등을 줄이는 핵심 목표를 달성할 수 있는 정부 정책에 대해 논의한다. 특히 마지막 장에서는 우리의 조세 제도에 대해 논의하고, 그것이 어떻게 나쁜 상황을 악화시키는지, 세금이 실제로 어떻게 경제적 불평등을 악화시키는지, 그리고 그것을 역전시키기 위해 무엇을 할 수 있는지를 설명한다. 그 논의를 하기 위해 책이 끝날 때까지 기다리는 것의 이점은 당신이 그것에 도달할 때까지, 어떤 방법이 가장 효과적인지 평가할 수 있는 배경 지식을 갖게 된다는 것이다.

다음 장에서 우리는 우리와 우리 경제에 미치는 세계적 영향을 보기 위해 국경을 넘어 세계의 나머지 지역을 살펴본다.

06

개방경제

국제 무역의 결과는 무엇인가?

정부가 사람들에게 줄 수 있는 가장 큰 축복 중 하나인 자유무역은 거의 모든 국가에서 인기가 없다.

　– 토마스 B. 맥컬리(Thomas B. Macaulay), 영국의 역사가이자 정치가

자유무역을 하는 이유는 무엇인가?

자유무역은 다른 나라로부터 상품과 서비스를 구매(수입)하고 다른 나라에 상품과 서비스를 판매(수출)할 수 있는 능력을 의미한다. 미국과 거의 모든 국가의 무역량은 정부가 직접 결정하는 것이 아니다. 그것은 미국인들이 외국산 제품을 구매하기로 한 수십억 개인의 결정과 미국산 제품을 구매하기로 한 해외 개인들이 내린 수십억 개인 결정의 결과이다.

많은 미국인들은 미국산 상품과 서비스를 구매하는 것이 미덕이라고 생각한다. 그들은 미국산 상품과 서비스의 구매가 미국 경제를 튼튼하게 하고 미국인들을 위한 일자리를 창출한다고 믿는다. 많은 상품이 부품을 포함하고 여러 국가에서 조립되는 세상에서 "메이드 인 아메리카(made in America)"가 의미하는 것이 무엇이든 그 문제는 제쳐두고, 이것이 과연 미덕일까? 사람들이 미국산 제품을 사기 위해 더 싸거나 더 좋은 외국 제품을 포기해야 하는가?

소비자들은 해외에서 생산된 상품을 구매할 때 혜택을 받는다. 내가 그것을 어떻게 알 수 있을까? 소비자들이 혜택을 받지 않았다면, 그들은 처음부터 외국 상품을 사지 않았을 것이다. 국내 제조사가 외국 제품보다 소비자가 선호하는 제품을 만들 수 있다면, 소비자는 국내 제품을 구매했을 것이다. 또한 현지 선택의 가격은 더 저렴하고 효율적인 배송의 이점을 가지고 있기 때문에, 소비자가 외국 선택에 대해 약간의 선호도 이상을 가졌을 가능성이 있다.

예를 들어 방글라데시는 망고 재배에 좋은 기후와 풍부한 노동력으로 망고를 수확하기 때문에, 유럽인들은 유럽에서 망고를 재배하고 수확하는 데 많은 비용과 어려움을 들이기보다는 방글라데시에서 망고를 구입한다. 방글라데시에서 망고를 재배한 다음 유럽으로 운송하는 비용은 유럽에서 재배하는 비용보다 저렴하다. 그것을 어떻게 알 수 있을까? 내가 마지막 단락에서 사용한 것과 같은 논리를 사용하면, 방글라데시에서 망고를 재배하는 것이 더 저렴하지 않다면, 사람들은 망고를 수입하는 것보다 유럽에서 재배할 것이다. 마찬가지로 유럽에는 수많은 항공 우주 엔지니어와 우수한 항공 인프라가 있으므로, 방글라데시는 자체적으로 제작하고 비행기를 만드는 데 드는 막대한 비용과 어려움을 겪지 않고 유럽에서 비행기를 구입할 것이다.

방글라데시가 유럽보다 저렴한 비용으로 망고를 생산하는 능력과 유럽이 방글라데시보다 저렴한 비용으로 비행기를 생산하는 능력을 "비교우위"라고 한다. 비교우위는 다른 나라가 제품을 만들 수 없다는 것을 의미하지 않는다. 그것은 비교우위가 있는 나라가 다른 나라보다 제품을 더 싸게 만들 수 있다는 뜻이고, 그래서 그들에게서 제품을 사는 것이 좋다는 것이다. 모든 국가는 기후, 천연자원, 또는 단순히 저렴한 노동력으로 인해 무언가에 비교우위를 가지고 있다. 미국인들은 전화기를 조립하고, 일반 의류를 재봉하고, 텔레비전을 제조할 수 있지만, 중국과 같은 다른 국가는 훨씬 저렴한 비용으로 이러한 작업을 수행할 수 있다. 그러므로 우리는 그들에게서 그러한 상품을 사기 위해 비용을 지불한다.

자유무역의 이득은 너무나 풍부하여(저렴한 제품뿐만 아니라 더 다양한 상품과 서비스에 대한 접근과 다른 국가 및 문화와의 긴밀한 연결), 한 국가의 부와 무역 개방성은 역사적으로 서로 밀접하게 연결되어 있다. 예를 들어 13세기부터 15세기까지 베니스는 서유럽과 비잔틴 제국, 이슬람 세계를 연결하는 세계에서 가장 크고 가장 중요한 무역 중심지였다. 오늘날에도 사람들은 그곳이 얼마나 부유하고 활기차며 흥미로웠는지에 대한 많은 유적을 보기 위해 그곳에 모여든다. 마찬가지로 17세기 암스테르담은 세계에서 가장 큰 무역 중심지 중 하나였으며, 암스테르담의 "황금시대"는 여전히 도시에 활력을 불어넣는다. 네덜란드인이 만든 부(富)는 그들이 세계를 탐험하고 북미에 무역 전초 기지를 세울 수 있게 해주었다. 북미의 그 작은 식민지는 새로운 나라의 자연 항구를 이용하여 세계에서 가장 큰 무역 중심지 중 하나가 되었으며, 결과적으로 가장 부유하고 가장 다양한 도시 중 하나가 되었다(도중에 "New York City"로 이름을 변경하면서).

부유한 국가에서 국제 무역의 이점이 더 두드러질 수 있지만, 가난한 국가의 이점도 상당하며 대부분 두 가지 범주로 나뉜다. 첫째, 가난한 나라의 사람들은 비행기, 컴퓨터 장비, 좋든 나쁘든 첨단 무기와 같이 스스로 생산하기 어려운 상품에 접근할 수 있다. 둘째, 값싼 옷이나 비교적 단순한 제조 제품과 같이 수출하는 품목은 일반적으로 많은 노동력을 필요로 하기 때문에 많은 사람들이 취업 기회를 추가로 얻는다. 이러한 직업은 급여가 많지 않을 수 있지만 많은 노동자에게 상대적으로 더 나은 대안을 제공할 수 있다.

그러나 일부 저개발 국가에서는 사람들에게 더 나은 삶을 위한 사다리의 첫 번째 단계를 제공할 수 있는 기회를 빼앗긴다. 많은 기업, 특히 제조업체는 안전하지 않고 열악한 근무 조건을 유지하고, 환경을 오염시키며, 아이들이 자신과 지역사회를 개선할 더 좋은 기회를 얻기 위해 학교에 있어야 할 때, 그들을 고용함으로써 아이들의 삶을 파괴한다. 그러한 기업은 이 나라의 많은 사람들이 직면한 절망을 이용하고 더 높은 이윤을 위해 착취한다.

이것이 친숙하게 들린다면 우리는 이미 매우 유사한 상황인 산업혁명의 초기에 대해 논의했기 때문이다. 나는 초기 공장에서의 삶을 "명백하게 처벌을 받거나 노예가 되지 않은 사람들이 겪어본 적이 없는 최악의 조건"이라고 불렀다. 오늘날 일부 사람들은 선진국의 삶이 얼마나 개선되었는지에 대해 위안을 받고 저개발 국가의 노동자가 장기적으로 동일한 결과를 얻을 것이라고 가정할 수 있다. 그럼에도 불구하고 경제학자 존 메이너드 케인즈(John Maynard Keynes)의 유명한 말처럼 "장기적으로 우리는 모두 죽는다."

오늘날 선진국의 평범한 사람들이 풍부한 식량, 양질의 주택, 다양한 삶의 질을 향상시키는 상품과 서비스에 접근할 수 있는 경제를 건설하기 위해 산업혁명 초기에 그러한 어려운 조건을 견뎌야만 했는지 여부는 논쟁의 여지가 있다. 오늘날에는 그러한 어려운 조건을 견뎌야 하는 것은 아니다. 오늘날 세계는 산업혁명 초기보다 훨씬 더 풍요로운 곳이며, 오늘날 노동자들이 그때처럼 고통을 받아야 할 이유가 없다. 참고로 전체 세계 GDP(2020년 약 84조 7천억 달러)를 전 세계 인구(약 78억 명)로 균등하게 나누면, 4인 가족의 결과는 43,426달러가 된다. 지구상의 누구도 가난하게 살지 않을 만큼 충분하다.

실제로 인도적이고 안전한 작업 조건을 제공하는 데 드는 추가비용은 수입 제품 비용에 거의 추가되지 않는다. 제품을 국내에서 생산하는 것보다 지금 수입하는 것이 합리적이라면, 근무 조건의 몇 가지 개선이 그 결론을 크게 바꾸지는 않을 것이다. 부유한 국가는 모든 기업이 특정 기본적인 최소 기준을 충족하고, 아동 노동을 포기하며, 인도적인 노동조건을 제공한다고 주장할 수 있다. 한 국가가 정기적으로 그러한 규칙을 시행하지 않으면, 나머지 국가는 해당 국가에 벌칙을 부과하거나 극단적인 경우 조치를 취하도록 하기 위해 그들과의 거래를 끊겠다고 위협할 수 있다. 그런 식으로 개발도상국은 몇 가지 기본적인 기준을 채택하는 데 그치지 않고 실제로 이를 시행한다.

자유무역은 각 국가의 사람들이 상품과 서비스 시장을 크게 확장할 수 있는 잠재력을 가지고 있으며, 그것에 의해 그들과 그들의 자녀들이 더 나은 삶을 영위할 수 있도록 한다. 우리는 노동자를 학대하고 환경을 훼손하며 아동을 착취하는 기업이 세계에서 가장 절박한 사람들의 기회를 박탈하도록 허용해서는 안 된다. 이 노동자들이 더 나은 삶을 살기 위해 200년(대략 산업혁명이 시작된 후 서구의 강력한 중산층 확립까지의 시간)을 기다릴 필요는 없다.

수입품에 지출된 돈은 어떻게 되는가?

이 책의 핵심 주제 중 하나는 세상을 주의 깊게 관찰하고 상식을 적용한다면 경제학의 기본 원리가 분명해져야 한다는 것이다. 이는 세계 경제도 마찬가지이다. 우리가 이미 앞에서 논의한 바와 같이 미국 통화(달러)와 거의 모든 다른 국가의 통화는 정부가 난데없이 갑자기 허공에서 창출한 법정화폐이다. 우리 정부가 1달러 지폐 한 장을 만드는 비용으로 약 6.2센트를 지출하며, 각 고액권 지폐의 제작 비용은 10.8~14센트의 비용을 지출한다(이러한 지폐에는 더 많은 보안 기능이 포함되어 있기 때문이다).

우리 모두가 1년에 몇 시간씩 일하기로 결정하고, 한 장에 몇 센트가 드는 녹색 전표를 인쇄한 다음, 그 금액의 몇 배나 되는 가치가 있는 상품과 서비스와 거래하는 데 문제가 있는가? 수입품은 최고의 공짜 점심인가? 이 목적을 위해 단순히 새 돈을 만드는 것의 문제는 인플레이션을 유발할 수 있다는 것이다. 그럼에도 불구하고 아시다시피 새로운 화폐가 새로운 상품과 서비스를 낳고 — 수입이 확실히 새로운 화폐의 액수와 동일한 금액으로 우리 경제에 새로운 상품과 서비스를 가져온다면 — 가격은 영향을 받지 않는다. 그렇다면 우리는 해외에서 필요하거나 원하는 모든 것을 사기 위해 돈을 인쇄할 수 있는가? 그 돈이 우리에게 프랑스 와인, 스위스 시계, 또는 중국의 모든 것을 팔았던 외국인의 손에 들어갔을 때 그 돈이 어떻게 되는지 생각해 보면 답은 분명해진다. 그들은 우리에게서 물건을 사는 데 그 달러를 사용할 수 있다. 또는 그들은 그 달러를 잠시 동안 보유했다가 우리에게서 물건을 사는 데 사용할 수 있다. 또는 다른 고객이 우리에게서 물건을 사도록 요구할 때까지 해당 달러를 보유할 은행이나 환전소에서 해당 달러를 교환할 수 있다. 또는 달러는 궁극적으로 우리에게서 물건을 사고 싶어하는 사람의 손에 들어가기 전에 해외에서 여러 번 손을 바꿀 수 있다. 이 모든 시나리오의 공통점은 무엇인가? 그들은 모두 해외에서 지출된 달러가 결국 미국에서 다시 지출되는 결과를 낳는다는 것이다.

오늘 프랑스 와인에 지출한 달러가 돌아오려면 시간이 좀 걸릴 수 있지만, 프랑스 와인을 위해 몇 년 전에 해외에서 지출한 달러가 오늘 돌아오고 있다. 매일 우리는 수입품을 사기 위해 해외로 약간의 달러를 보내고, 외국인들은 우리 수출품을 사기 위해 약간의 달러를 돌려 보낸다. 1달러가 외국인에게 미국에서 1달러 가치의 상품과 서비스를 청구할 수 있는 권리를 부여하지 않았다면, 외국인은 처음부터 우리에게 물건을 달러로 파는 데 큰 관심을 갖지 않았을 것이다.

해외에는 얼마나 많은 달러가 있을까? 우리는 약 2조 2,100억 달러의 미국 통화가 유통되고 있음을 알고 있지만, 그 금액 중 얼마가 해외에 있는지 알 방법이 없다. 통화는 종이에 불과하며, 어떤 종류의 추적 장치도 내장되어 있지 않다. 그럼에도 불구하고 이 문제를 살펴본 분석가들은 미국 통화의 약 60~70%가 해외에 보유되어 있다고 추정한다. 왜 그렇게 많을까? 미국 달러는 매우 안전하고 유동적인 자산으로 간주되며, 그 가치가 전 세계적으로 인정되고 수용된다는 의미이다. 따라서 특히 불안정한 국가에서 많은 사람과 기관에 매력적인 가치 저장 수단이다.

수입품의 비용을 지불하기 위해 미국을 떠나 미국에서 다시 사용되지 않는 일부 달러가 있다. 이 달러는 실제로 미국인들에게 이득이 된다. 우리는 갑자기 난데 없이 허공에서 창출한 돈을 실제 가치가 있는 물건과 교환했다. 우리의 수입이 수출을 초과할 때 우리는 다른 국가들이 우리에게서 얻은 것보다 다른 국가들로부터 더 많은 상품과 서비스를 얻었다. 그렇다면 이것이 왜 나쁜 것인가? 왜 많은 사람들이 우리의 "무역 적자"에 대해 불평하는가?

"무역 적자"로 인해 어떤 문제가 발생하는지를 파악하는 첫 번째 단계는 용어의 의미를 아는 것이다. 이는 단순히 미국이 수입하는 모든 상품 및 서비스의 판매가격이 해당 국가가 수출하는 모든 상품 및 서비스의 판매가격을 초과하는 금액을 의미한다. 2020년 미국은 해외에서 2조 7,700억 달러의 상품과 서비스를 수입했고 2조 1,200억 달러의 상품과 서비스를 수출했다. 이로 인해 그 해에 6,500억 달러의 "무역 적자"가 발생했다. 미국은 일반적으로 무역 적자를 기록하지만 2020년의 무역 적자는 평균 이상이었다.

당신은 이 시점에 우리가 논의한 것처럼 우리가 해외에서 지출하는 대부분의 돈이 미국에서 다시 사용된다면 어떻게 정기적으로 이 정도 규모의 무역 적자가 발생할 수 있는지 궁금할 것이다. 대답은 무역 적자는 "상품과 서비스"에 대한 지출만을 설명한다는 것이다. 그것은 미국 기업의 주식 또는 채권 매입, 미국인에 대한 대출, 미국 국채 매입, 그리고 미국 부동산 취득과 같은 자산 및 투자대상에 대한 지출은 고려하지 않는다. 이러한 모든 자산 매입 및 투자대상을 고려할 때 미국에서 나가는 돈의 양은 본질적으로 미국으로 들어오는 돈의 양과 같다.[1] 우리는 수출하는 것보다 더 많은 상품과 서비스를 수입할 수 있지만 수입하는 것보다 더

---

1 해외에 보유하고 있는 달러 금액의 상대적으로 작은 변화를 고려하고 기타 약간의 기술적 조정이 이루어지면, 우리가 수입 및 해외 투자에 지출하는 금액은 외국인이 미국에 대한 수출 및 투자에 지출하는 금액과 같다.

많은 자산과 투자대상을 수출한다.

상품, 서비스, 자산, 투자대상의 매입으로 미국으로 돌아오지 않고 대신 외국 금융기관, 기업, 그리고 적지 않게 부패한 공무원을 위한 준비금으로 해외에 머무르는 모든 달러는 우리 경제에 일회성 이득을 나타낸다. 우리는 허공에서 만들어진 돈을 실제 상품 및 서비스와 교환했다. 연준은 우리 경제를 영구적으로 떠나는 달러를 보상하기 위해 화폐공급을 늘릴 수 있다.

경제에서 실제로 유통되는 돈의 양이 증가하지 않기 때문에 인플레이션에 대한 두려움 없이 일부 외국 금고에서 손실된 달러를 새 달러로 대체할 수 있다. 정부가 정기적으로 하는 낡은 지폐를 새로 인쇄된 지폐로 교체해도 인플레이션이 발생하지 않는 것과 같은 이유로 해외에 남아 있는 달러를 교체해도 인플레이션이 발생하지 않는다. 새로 인쇄된 달러는 사라진 달러를 대체할 뿐이다 ─ 어떤 경우에는 정부에 의해 파쇄되었기 때문이고 다른 경우에는 독재자들과 그들의 상속인을 위해 어떤 독재자의 금고에 채워졌기 때문이다. 제11장에서 논의하겠지만, 연준은 필요에 따라 항상 달러를 증가 또는 감소시킬 수 있는 능력이 있다.

따라서 우리가 해외에서 지출하는 거의 모든 달러가 미국에서 재소비되고 해외에 체류하는 모든 달러가 미국에 이득이 된다면 왜 일부 사람들은 무역 적자를 걱정하고 대외 무역에 반대하는가? 자유무역 반대론자들의 말을 빌리자면 누가, 그리고 어떻게 "바가지를 씌우고" 있는가? 반대론자들은 항상 일자리를 잃고 노동자들이 피해를 입는다고 말한다. 하지만 정말 그럴까?

무역과 일자리

무역이 노동자에게 피해를 주는지 여부에 대한 질문에 대한 답은 당신이 누구인지에 달려 있다. 당신이 미국에 있는 저숙련 노동자라면 대답은 확실히 "예"이다. 자유무역은 큰 문제이다. 현재 미국 최저임금인 시급 7.25달러에 불과한 미국 공장 노동자는 방글라데시, 베트남, 또는 심지어 공장 노동자의 평균 시급이 현저히 낮은 중국 노동자와 경쟁하기 힘들다. 예를 들어 잠재적인 노동자가 부족하지 않은 인도에서 낮은 수준의 공장 작업에 대한 급여는 시간당 평균 1달러 미만이다. 또한 앞서 논의한 바와 같이 많은 저숙련 직업(예: 가사, 청소 및 배달 직업)이 해외로 이전될 수는 없지만, 많은 직업이 완전히 또는 부분적으로 해외로 이전하여 경쟁이 심화되고 미국에 남아 있는 직업에 대한 급여가 감소할 수 있다. 따라서 저숙련 미국 노동자들은 대부분의 경제학 책이 기피하는 전문 용어를 사용하기 위해 국제 무역으로 피해를 입었다.

반면에 대부분의 사람들에게 국제무역은 상당한 이익을 가져왔다. 우리는 우리가 얻는 더 저렴한 상품에 대해 알고 있을지 모르지만 무역의 결과로 우리 중 많은 사람들이 얻는 더 많은 소득과 일자리 기회에 대해서는 생각하지 않을 것이다. 해외 소프트웨어 판매로 인해 마이크로소프트에 얼마나 많은 노동자를 추가로 채용할 수 있는가? 미국 대학에 공부하러 오는 많은 유학생 때문에 교수를 몇 명이나 더 둘 수 있는가? 회사가 전 세계적으로 투자상품을 제공하기 때문에 골드만 삭스(Goldman Sachs)에는 몇 명의 직원을 추가로 둘 수 있는가? 이 책을 해외에서 구할 수 있기 때문에 몇 부 더 팔릴까? (마지막 것은 가장 좋은 예가 아닐 수도 있다.)

다른 나라에 있는 노동자에게 일자리를 잃은 사람은 자신의 손실과 그 이유를 잘 알고 있다. 그의 실업이나 불완전 고용은 괴로움이나 분노의 원인이 될 수 있다. 그들의 곤경은 미디어에 정기적으로 묘사되며 여러 베스트셀러 책의 주제가 된다. 자살, 알코올 중독, 마약 중독으로 인한 사망률 증가는 "절망의 죽음"이라는 이름이 붙을 정도로 많은 관심을 끌었다.

당신이 짐작할 수 있듯이 자유무역은 개인과 관련하여 승자독식 경향을 악화시킬 뿐만 아니라 이러한 경향을 전체 공동체로 확장한다. 시애틀(Seattle)과 샌프란시스코(San Francisco) 같은 곳은 자유무역 덕분에 그렇지 않았을 때보다 훨씬 더 부유해지고 있다. 반면에 디트로이트(Detroit)와 클리블랜드(Cleveland)와 같이 제조업에 의존하는 곳은 큰 타격을 받고 있다. 이 추세에서 지는 쪽이 된다는 것은 끔찍하지만, 우리가 논의한 바와 같이 승자독식 현상의 승자 쪽이 되는 것은 말처럼 그리 대단하지 않다. 미국에서 가장 부유한 도시들은 감당할 수 없는 주택 가격, 노숙자, 덜 활기찬 거리 생활로 어려움을 겪고 있다. 그 이유는 집이 여러 채 있기 때문에 그곳에 거의 가지 않는 주민들이 더 많은 주택을 긁어모았기 때문이다. 이것은 이 사람들과 이 공동체만의 문제가 아니다. 우리나라가 잠재력을 발휘하지 못하기 때문에, 이것은 우리 모두의 문제이다.

중요한 방식으로 이익을 얻는 더 큰 그룹의 사람들(엔지니어나 엔터테이너와 같이)과 덜 중요한 방식으로 이익을 얻는 더 큰 그룹의 사람들(나와 같이)은 그들이 생산하는 것 중 일부가 해외로 판매되기 때문에 그들이 하는 일에 대한 추가 수요를 인식하지 못한다. 그들은 일반적으로 자신의 성공을 자신의 기술과 노력으로 돌린다. 그들은 미국인들이 전 세계 소비의 약 75%를 차지하는 해외 시장에서 제품을 판매할 수 없다면 성공하지 못할 것이라는 사실을 전혀 모를 수도 있다.

그렇다면 미국에 대한 상품 및 서비스의 자유무역의 최종 결과는 무엇인가? 한편 우리는 값싼 노동력이 풍부한 해외에서 값싼 제조품을 많이 수입하기 때문에 저숙련 일자리를 잃는다. 반면에 우리는 우리나라의 풍부한 첨단 기술 전문지식으로 인해 상당한 인재를 필요로 하는 많은 고부가가치 제품을 수출하기 때문에 고숙련 일자리를 얻는다.

그러나 정확히 얼마나 많은 일자리를 잃고 얼마나 많은 일자리를 얻게 되는지 계산하는 것은 거의 불가능하다. 예를 들어 해외 판매로 인한 마이크로소프트의 일자리 수는 추정할 수 있지만 마이크로소프트의 직원의 추가 소비로 창출된 모든 일자리(식당, 사립 학교, 소매점 및 기타 수많은 장소에서)를 추정하는 것은 매우 어렵다. 훨씬 더 예측하기 어려운 것은 추가 소비(따라서 일자리 창출)는 마이크로소프트 직원이 추가로 애용하는 모든 식당, 사립 학교 및 소매점 직원의 추가 소비로 인한 것이다. 수출로 창출된 새로운 일자리와 소득은 경제학자들이 "승수" 효과라고 부르는 다양한 범위의 새로운 일자리와 소비를 창출한다. 동시에 수입으로 인해 일자리를 잃은 노동자의 소비 감소는 음의 승수 효과가 있다. 이 노동자들은 소비를 적게 하고 소비 감소도 경제 전반에 파급효과를 준다.

많은 정치인과 노동 운동가들은 국제 무역이 미국 일자리의 순손실로 인해 고임금 일자리를 창출하는 것보다 더 많은 저임금 일자리를 파괴한다고 가정한다. 왜 그럴까? 우리가 수출하는 것보다 더 많이 상품과 서비스를 수입하고 투자상품과 자산을 팔면 일자리가 거의 생기지 않기 때문이다. 또한 우리가 수입하는 것은 우리가 수출하는 것보다 더 많은 노동자(즉 더 노동 집약적인)를 포함하는 경향이 있다. 그러나 일부 최근 연구에 따르면 무역은 승수 효과로 인해 일자리의 순손실로 이어지지 않는다. 구체적으로 고임금 일자리가 늘어남에 따라 소비도 늘어나고 서비스 일자리도 늘어난다.

핵심은 자유무역이 우리에게 더 저렴하고 더 다양한 제품 선택권을 제공하고 미국이 일부 고숙련 고임금 일자리를 얻고 일부 저숙련 저임금 일자리를 잃는다는 것이다. 따라서 기술이 쓸모없게 된 노동자가 아니거나 주요 산업이 쓸모없게 된 지역사회에 살고 있지 않는 한 자유무역은 좋은 것이다.

실직에 대한 대응

자유무역은 상당한 물질적 혜택을 제공하고 국가 간 상호작용과 협력을 증진시키기 때문에, 문제는 자유무역을 포기하느냐가 아니라 그 혜택을 어떻게 더 공평하게 분배할 것인가 하는 것이다. 한 가지 분명한 해결책은 더 큰 규모의 자유무역 승자 그룹(세계 경제에서 번창하는 사람들)이 소수의 자유무역 패자 그룹(해외 경쟁으로 인해 일자리를 잃고 새로운 일자리를 얻을 수 있는 기술이 부족한 사람들)을 보상할 수 있다는 것이다. 그렇게 하면 모두가 이득을 볼 수 있다.

구체적으로 정부는 무상 기술 교육이나 고등 교육, 새로운 일자리를 위한 훈련 프로그램, 강화된 실업 수당, 조기 퇴직 옵션, 심지어 실직자들을 위한 정부 일자리까지 제공할 수 있다. 이에 대한 모든 비용은 개방경제에서 번창하는 많은 사람들에 대한 약간의 세금 인상으로 지불하면 된다. 그렇게 할 수 있었지만 그렇게 하지 않았다. 그 대신 많은 정치인들이 앉아서 모든 일이 일어나는 것을 지켜보거나 자신의 정치적 이익을 위해 분노를 이용하는 동안, 외국인들이 "우리 일자리를 빼앗는" 것에 대해 화를 내는 사람들이 점점 늘어나고 있다. 동시에 국제 무역의 혜택을 받은 우리 중 많은 사람들은 그러한 혜택이 무엇인지, 혜택이 얼마나 큰지, 또는 혜택이 어떻게 생겨났는지에 대해 거의 생각하지 않는다. 과소평가의 위험이 있지만, 이것은 좋은 공공 정책이나 공직에 가장 적합한 후보자를 선출하는 상황이 아니다.

자유무역이 일자리에 미치는 영향에 관한 우려에 대한 정책 대응 중 하나는 관세이다. 관세는 단순히 수입품에 대해 정부가 부과하는 세금이다(관세는 각 수입 품목에 대해 고정 금액으로 부과되거나 판매세와 같이 수입 품목 가격의 백분율로 부과될 수 있다). 일부 관세 지지자들은 달리 주장하지만, 수입품의 외국 제조업체는 관세를 내지 않는다. 해외에 위치한 외국 회사는 미국에 세금을 내지 않으며 미국 세법의 관할권에 속하지 않는다. 그 대신에 미국에 기반을 둔 수입업자는 수입품을 미국에 반입할 때 우리 정부가 부과하는 관세를 낸다. 수입업자는 수입품에 대해 관세를 낸 후 상품 비용, 모든 관련 비용(관세 포함) 및 미국 소매업체의 노력에 대한 약간의 이윤을 부과하는 중개인이며, 미국 소매업체는 상품을 우리에게 판매한다. 결론은 당신과 나는 외국 회사가 아니라서 관세를 내야 한다는 것이다.

관세는 수입품을 더 비싸게 만들기 때문에, 대체 상품의 국내 생산자에게 이점을 제공한다. 예를 들어 비슷한 캘리포니아 와인보다 프랑스 와인을 선호하고 둘다 병당 20달러이면 나는 프랑스 와인을 살 것이다. 정부가 프랑스 와인에 30%의 관세를 부과하면 소비자인 나에게 프랑스 와인의 가격은 관세만큼 올라 26달러가 된다. 따라서 나는 20달러인 캘리포니아 와인으로 갈아탈 수 있다. 이것은 캘리포니아 포도주 양조장과 그 직원들에게는 좋게 들리지만 소비자들에게는 좋지 않다. 소비자들은 자신들이 좋아하는 프랑스 와인에 더 많은 돈을 지불하거나 그들이 덜 좋아하는 캘리포니아 와인에 대해 동일한 20달러를 지불해야 한다. 또한 사업 유지를 위해 외국인의 지출에 의존하는 보잉(Boeing), 넷플릭스(Netflix), 마이크로소프트, 뉴욕대학교(New York University), 그리고 기타 많은 국내 기업과 그 소속 직원들에게는 매우 나쁘다. 외국인이 우리에게 물건을 팔아 달러를 벌 수 없다면, 우리에게서 물건을 사는데 돈을 쓸 수 없다는 점을 기억하라.

국가가 서로 보복하기 위해 관세를 계속 인상하는 "무역 전쟁"과 같이 관세가 부과되는 상품이 많고 관세가 높을수록 소비자는 더 많은 손실을 입는다. 또한 관세로 인해 수입품 가격이 올랐기 때문에(프랑스 와인 가격이 20달러에서 26달러로 올랐다는 걸 기억하세요), 국내 생산자는 가격을 낮게 유지하고, 품질을 높게 유지하며, 그리고 외국 생산자와 경쟁력을 유지해야 한다는 부담을 덜 느낀다. 그 캘리포니아 포도주 양조장은 이제 아마 와인 가격을 몇 달러 인상하거나 품질에 대해 많은 노력을 기울이지 않고 많은 사업을 잃지 않을 것이다. 결과적으로 나는 덜 좋아하는 와인에 더 많은 돈을 지불하거나 단순히 더 적은 것을 구입하기로 결정해야 할 것이다. 어느 쪽도 나나 우리나라에 좋은 결과가 아니다.

생산자에 대한 관세의 영향도 나쁘다. 덜 선호하는 국내 제품의 생산자(위의 예에서 캘리포니아 포도주 양조장과 같은)는 보상을 받는 반면, 전 세계가 구매하고 싶어 하는 제품으로 미국인이 생산하는 데 뛰어난 능력을 발휘하는 제품의 생산자는 피해를 입는다. 미국인들이 수입을 줄이면 비행기, 고예산 영화, 음악, 금융 서비스와 같이 미국이 생산하는 국제적으로 경쟁력 있는 상품과 서비스를 구매하려는 외국인에게 더 적은 달러가 흘러간다. 이것은 미국 기업의 경쟁력과 미국 경제의 건전성을 촉진하기 위한 방법이 아니다.

당신은 트럼프 대통령이 "무역 전쟁은 좋고, 승리하기 쉽다"고 말한 것을 기억할 것이다. 그러나 대부분의 전쟁이 그렇듯이 무역 전쟁도 매우 나쁜 일을 많이 발생시킨다. 실제 전쟁에서처럼 인간의 생명을 잃지는 않겠지만, 미국 소비자를 위한 가치, 미국에서 가장 경쟁력 있는 기업을 위한 기회, 그리고 미국에서 가장 숙련된 직원을 위한 일자리를 모두 잃게 된다. 무디스 애널리틱스(Moody's Analytics)는 트럼프 대통령의 관세 인상으로 GDP가 약 650억 달러 감소하고 300,000개의 일자리가 감소한 것으로 추정했다.

"전쟁"에 나서는 것은 거의 항상 비용이 가장 많이 들고 문제에 대응하는 가장 덜 건설적인 방법이다. 중국 또는 다른 교역 상대국이 우리의 지적재산을 훔치거나 다른 방식으로 국제 무역 규칙을 위반하는 경우, 바로 이를 위해 설립된 세계무역기구(WTO)가 분쟁을 해결할 수 있다. 미국은 WTO 설립에 중요한 역할을 했고, 중국을 비롯한 세계 대다수 국가가 회원국이다. WTO가 부과하는 구제책이 부적절하다면 포기하지 않는 것이 답이다. 무역 협정을 준수하고 자유롭고 공정한 거래를 촉진한다는 사명을 완수할 수 있도록 개선하는 것이 답이다. 전통적인 외교와 교역 상대국의 조율된 압력도 이러한 상황을 해결하는 데 도움이 될 수 있다. 교역 상대국과 문제가 생겼을 때, 그것이 뜨거운 것이든, 차가운 것이든, 또는 무역적인 것이든, 전쟁은 최초의 수단이 아니라 최후의 수단이 되어야 한다.

이제 국내 경제로 돌아가 상품과 서비스 생산을 담당하는 실체인 미국 기업이 어떻게 조직되고 소유되며 가치가 평가되는지 논의할 것이다. 또한 무엇이 그들을 움직이게 하고, 무엇이 그들에게 영향을 미치며, 그리고 승자독식 현상이 그들에게 어떤 영향을 미치고 있는지에 대해서도 논의할 것이다.

PART III
_____

기 업

07

민간부문과 주식시장

기업은 어떻게 조직되고, 소유되고, 평가되는가

주식시장 전문가가 그렇게 전문가라면 조언을 파는 것이 아니라 주식을 살 것이다.

– 노먼 랄프 어거스틴(Norman Ralph Augustine),

Lockheed Martin 회장 겸 CEO

주식회사란 무엇인가

사람이 있는 한 비즈니스가 있다. 사냥과 채집을 전문으로 하는 사람들은 동물 가죽을 꿰매는 일을 전문으로 하는 사람들과 거래를 했고, 분업과 전문화는 결과적으로 양자 모두를 더 좋게 만들었다. 시간이 지남에 따라 무역 및 기업 활동이 확장되었으며 종종 더 복잡해지고 비용이 많이 들었다. 특히 1400년대경 세계 탐험이 본격적으로 시작되었다. 세계를 탐험하고 해외에서 발견한 물품과 자원을 가지고 돌아가기 위한 원정대를 만들고 장비를 갖추는 데 엄청난 비용이 들었다. 관련된 큰 위험과 비용으로 인해 한 사람 또는 소수의 사람들이 그러한 프로젝트를 수행할 수 없었고 기꺼이 수행할 가능성이 낮았다. 그 결과 주식회사가 생겨났다.

주식회사란 사업을 영위하고 상품과 서비스를 생산할 목적으로 법률에 의해 설립된 조직을 말한다.[1] 주식회사는 실제 사람이 아니지만 거의 모든 목적을 위해 별개의 실체로 취급된다. 특히 주식회사는 주주라고도 하는 소유자와 구별되고 분리된 것으로 취급된다.

주식회사가 어떻게 소유되는지 보기 위해, 많은 조각으로 나누어진 파이를 상상해 볼 수 있다. 주식회사의 경우 이러한 조각을 주식이라고 한다. 회사의 발행주식이 100주(즉 주주 소유)[2]이고 주주가 1주를 소유한 경우 회사의 1%를 소유한다. 모든 주식의 가치는 동일하므로 회사의 총 가치는 단순히 주가에 발행 주식수를 곱한 것이다. 예를 들어 이 책을 쓰는 시점에 세계에서 가장 가치 있는 회사는 애플(Apple)이다. 애플의 소유권은 주당 171달러 상당의 약 164억주로 나뉘며, 총 가치는 2조 8,000억 달러가 조금 넘는다.

주주들은 다른 회사와의 합병 여부, 회사의 해외 이전 여부 및 회사 해산 여부와 같은 주요 결정에 대해 자신들이 소유한 각 주식당 1개의 의결권을 갖는다. 주식회사는 때때로 이익의 일부를 회사에 보유하지 않고 주주들에게 배당(정기 배당 또는 일회성 배당을 선언함으로써)하기로 결정하고, 주주들은 자신들이 소유한 주식 수에 비례하여 배당금을 나눈다.

---

[1] 또한 다양한 유형의 공공 혜택을 제공할 목적으로 설립된 비영리법인도 있다. 이 장의 논의는 영리법인에만 해당된다.

[2] 주식회사는 종종 자신의 발행주식 중 일부를 소유한다. 이러한 "자사주"는 소유 지분을 양도하지 않으며 배당금이나 의결권을 가질 수 없다. 실질적으로 해당 주식이 존재하지 않는 것과 같다.

주식회사, 유한책임 및 공정성

누구나 주식회사를 설립하지 않고도 사업을 영위하고 상품과 서비스를 생산할 수 있다. 또한 그들은 다른 사람들과 협력하여 그렇게 할 수 있다. 그런데 거의 모든 중요한 사업체가 주식회사인 이유는 무엇인가? 주식회사의 소유주에 대한 유한책임이 가장 큰 이유이다.

주(state) 법인 설립 양식(incorporation form)을 제출하고 수백 달러의 수수료를 지불하면, 사업체가 법인으로 전환되어 소유자(현재는 주주로 불림)가 주식회사로 인한 개인적인 책임이나 피해로부터 자유로울 수 있다. 당신이 사업 파트너와 함께 1,300마일의 깨끗한 해안선에 1,080만 갤런의 기름이 누출되어 유출된 유조선을 소유하고 있다면, 당신은 수십억 달러의 청소 비용에 대해 개인적으로 책임을 져야 한다. 당신이 동료 주주들과 함께 주식회사를 통해 이 불운한 유조선(이것을 Exxon Valdez[3]라고 부르자)을 소유했다면, 당신은 개인적으로 청소 비용으로 한 푼도 빚지지 않을 것이다. 주식회사로 만듦으로써 제공되는 책임으로부터의 보호는 (집을 청소하거나 잔디를 깎는 1인 기업과 같은) 아주 작은 기업을 제외한 모든 기업이 주식회사로 설립되는 이유이다.

주식회사의 유한책임은 주주의 개인재산만을 보호하고, 주식회사 자체의 자산은 보호하지 않는다. 주식회사 자체가 소유한 돈과 재산은 회사가 초래한 피해나 책임을 해결하는 데 여전히 사용할 수 있다. 상당한 회사 자산이 발생한 피해를 보상하는 데 사용되면, 회사 주식의 가치는 분명히 타격을 받는다. 2001년 엔론(Enron)의 회계부정이 모두 폭로되고 회사가 파산한 뒤 엔론의 주주들이 알게 된 것처럼 주식의 가치는 사실상 무(無)로 떨어질 수 있다. 엔론의 대규모 사기와 같이 기업 주식의 가치를 크게 감소시키거나 사라지게 하는 행위는 최종적으로 공

---

3 엑슨 발데즈 원유 유출 사고는 1989년 유조선 엑슨 발데즈가 미국 알래스카주 프린스 윌리엄 만에서 좌초되면서 적하되어 있던 원유 1,100만 갤런이 유출된 사고이다. 이 사고는 지금까지 해상에서 발생한 인위적 환경 파괴 중 최악의 사건으로 간주되고 있다(역자 주).

개되었을 때 다른 모든 사람들에게 뉴스가 되는 것처럼 종종 주주들에게도 뉴스가 된다. 그러나 주식의 가치는 결코 0 이하로 떨어질 수 없다. 즉 주주는 주식에 대해 지불한 금액보다 더 많은 손실을 입을 수 없다.

주주의 책임을 제한하는 것은 회사로 인해 피해를 입은 사람들에게 다소 불공정하게 보일 수 있다. 그럼에도 불구하고 주식회사가 없다면 우리 모두는 중세 마을에서 식량이 부족한 소작농처럼 살고 있을지도 모른다. 유한책임은 투자자들 (가장 작고 덜 세련된 투자자부터 가장 크고 현명한 투자자에 이르기까지)이 세상을 바꿀 수 있는 거대하고 위험한 기업에 돈을 투자하도록 장려한다.

기업은 개인의 무한책임을 가진 소유주를 유한책임을 가진 주주로 통합하여 전환함으로써, 효율적인 조립 라인을 만들고, 신약을 개발하고, 전기를 공급하는 데 필요한 거대한 발전소를 건설하고, 인터넷과 스마트폰을 현실로 만드는 인프라를 구축하는 데 필요한 막대한 금액을 모을 수 있다. 많은 중요 대기업들은 소유주가 회사에 발생할 수 있는 사고나 기타 문제에 대해 무제한 청구를 당할 것을 두려워했다면 필요한 수십억 달러를 모을 수 없었을 것이다.

주주가 회사의 행위에 대해 개인적으로 책임을 지도록 하는 것도 공정성에 대한 우려를 불러일으킬 것이다. 많은 주식회사는 크고 복잡한 조직이다. 주주 풀은 종종 주주가 사업에서 적극적인 역할을 하기에는 너무 넓고(주주가 너무 많다) 얕다 (수천 명의 주주 각각이 회사에 영향을 미칠 만큼 충분한 관심이나 능력을 가지고 있지 않다).

따라서 모든 주식회사에는 주주를 대신하여 회사를 감독하는 이사회가 있어야 한다. 주주는 이사들을 선출할 수 있지만, 이사회는 주주와 회사 사이의 거리를 더할 뿐이다. 이사들은 회사의 최고경영자(CEO)를 선출하고 그에게 회사의 일상적인 관리를 위임한다. CEO는 다른 관리자/임원(예: 사장, 최고 재무 책임자 및 법률 고문)을 선택한다. 요컨대, 관리자들은 CEO에게 보고하고, CEO는 이사들에게 보고하고, 이사들은 주주가 선출하므로, 대기업의 주주와 기업을 대신하여 의사결정을 내리는 사람들 사이에는 상당한 거리가 있다.

이 거리는 대다수의 주주가 회사가 직면한 문제와 취한 조치를 인식하지 못할 가능성이 있음을 의미한다(당신이 회사의 주식을 소유하고 있는 경우 해당 회사가 직면한 일상적인 행동과 문제에 대해 얼마나 알고 있는가?). 따라서 1400년대에 주식회사가 시작된 이래로 주주는 회사의 행위에 대한 개인적 책임으로부터 절연되었다.

지금까지는 유한책임이 주주에게 미치는 영향에 대해서만 말했다. 유한책임은 피해를 입은 사람들에게 어떤 영향을 미치는가? 구체적으로 기업에 의해 피해를 입은 사람들에 대한 보상 금액을 기업이 보유한 자산으로 제한하는 것이 공정한가? 맥도날드(McDonald)에서 커피에 화상을 입은 사람이 작은 지역 커피숍에서 커피에 화상을 입은 사람보다 더 많은 보상을 받아야 하는 이유는 단지 둘 다 주식회사로 조직되어 있기 때문인가? 좋든 나쁘든, 법은 자산에 관계없이 모든 당사자를 동등하게 대우해야 한다. 작은 커피숍의 주식을 소유한 사람은 맥도날드의 주식을 소유한 백만장자와 마찬가지로 피해에 대해 개인적으로 지불하지 않아도 된다. 이것이 의미하는 바는 사업에 관여할 가능성이 높은 소기업 주주가 자신이 주주라는 사실조차 인지하지 못할 수도 있는 대기업 주주와 동일한 보호를 받는다는 것이다.

그렇다면 주주의 책임은 면제되고 회사 자체는 자산이 없다면 회사의 유해한 행위로 인한 피해자를 위한 다른 자금의 출처는 있을까? 이상적인 세상에서 대답은 "예"이다. 사업을 위해 일상적인 결정을 내리는 기업 경영진이 대중을 충분히 배려하지 않고 행동한다면 아마 그들 자신의 돈 중 일부는 위험에 처해야 할 것이다. 어쩌면 그들은 주주들이 손해를 입기 전에 그들이 야기한 손해의 일부를 배상할 수도 있다.

그러나 그것은 주식회사가 작동하는 방식은 아니다. 주식회사로 인해 발생한 손해는 주식회사 자산으로 배상한다. 따라서 돈은 주주의 투자에서만 나온다. 회사 직원의 범죄 행위로 인해 발생한 손해에 대해 개인적인 책임을 지게 될 수도 있지만, 이는 드물고 이례적인 일이다. 예를 들어 2008년 대침체(Great Recession)의

길을 닦는 데 도움이 된 모기지 업계의 모든 사기 및 재정적 남용에도 불구하고, 모기지 업계 경영진의 개인 책임은 무시해도 될 정도였다. 대신 그들의 부정직한 행동으로 인해 많은 새로운 규정이 만들어졌다. 이 새로운 규정을 준수하는 비용은 누가 지불했는가? 더 큰 비용은 이익을 감소시키기 때문에 주로 주주이다. 비용이 회사 제품의 더 높은 가격으로 전가되는 정도만큼 소비자도 비용을 지불했다. 처음에 문제를 일으킨 대부분의 경영진은 문제를 해결하지 못했다.

합법이든 불법이든 회사가 취하는 모든 행위는 회사에 고용된 실제 인간의 행위이다. 상당한 벌금이나 감금으로 불법행위를 한 인간을 위협하는 것은 회사에 대한 더 많은 규제와 주주 및 잠재적인 고객에게 비용을 지불하는 것보다 회사 직원이 청렴하게 행동하도록 하는 데 더 효과적일 것이다. 검찰은 법인을 기소하고 불법행위에 책임이 있는 임원에게 어떤 영향이 있기를 바라는 대신 임원을 직접 기소할 수 있다.

나는 대형 금융회사의 전직 법률고문으로서 당신이 이미 알고 있는 것을 확인할 수 있다. 즉 사람들은 불법행위로 인한 이익이 크고 손해가 적을 때 범죄를 저지르는 경향이 있다는 것이다. 더 많은 사람들에게 대출 자격을 부여하고 더 많은 커미션을 받기 위해 모기지 대출 신청에 대한 정보를 위조하는 데 도움을 준 수많은 모기지 중개인을 생각해 보라. 가벼운 처벌이 아니라 감옥에 갇히는 것이라면, 그들은 다르게 행동했을 것이다. 기업 경영진이 개인 생활에서 행동할 때보다 회사를 대신하여 행동할 때 더 낮은 기준을 적용하는 것은 문제를 일으키는 것이다.

다행스럽게도 우리 모두는 기업 행동에 영향을 미치고 변화시킬 수 있는 방법을 가지고 있으며, 이에 대해서는 다음 장에서 논의한다. 하지만 그에 앞서 우리는 많은 관심의 초점인 기업의 주가가 어떻게 결정되는지에 대해 논의할 필요가 있다.

주식회사와 주식시장

대다수의 대기업은 공개적으로 소유되며, 이는 증권거래소(예: New York Exchange)에서 일반인이 주식을 사고팔 수 있음을 의미한다. 따라서 우리의 소유지분은 마크 저커버그의 소유지분보다 훨씬 적지만, 여러분과 나는 마크 저커버그와 함께 페이스북의 소유자가 될 수 있다. 기업이 공개되기 위해서는 연방정부기관인 증권거래위원회(SEC: Securities and Exchange Commission)가 부과하는 엄청난 요구사항을 충족하고, 기업실적, 경영, 장래 전망에 대한 방대한 세부 정보를 공개해야 한다.

대부분의 소기업과 블룸버그 통신(Bloomberg L.P.) 및 코크 인더스트리즈(Koch Industries)와 같은 일부 대기업과 같이 기업이 공개되지 않은 경우 해당 주식은 개인 소유라고 한다. 이것은 기업의 기존 주주가 개인 거래로 주식을 매각하는 데 동의하지 않는 한, 일반 대중이 소유자가 될 수 없음을 의미한다. 또한 이것은 공개기업에게 공시하도록 요구되는 기업활동에 관한 모든 세부정보를 공시하는 것을 피할 수 있음을 의미한다.

누가 주식회사를 지배하는가? 당신이 발행주식의 50% 이상을 소유하고 있다면 당신이 회사를 지배하는 것이다. 이것은 여러분이 주주 투표에서 무엇이든 이길 수 있도록 해준다. 여러분은 회사의 방향을 바꿀 새로운 CEO(여러분이 될 수 있음)를 고용할 새로운 이사 후보자 명단(여러분을 포함할 수 있음)에 투표할 수 있다. 만약 회사가 수천 명의 주주를 가질 정도로 규모가 크고, 주주들 중 다수가 회사에서 무슨 일이 일어나고 있는지에 대한 관심이 없거나 주주총회에서 의결권을 행사하지 않는다면, 당신은 아마 50% 미만의 지분으로 회사를 지배할 수 있을 것이다. 예를 들어 제프 베조스는 아마존의 발행주식 약 5억주 중 11.1%를 소유하고 있으며,[4] 이는 그가 회사를 지배하기에 충분하다(다음으로 큰 개인 최대주주는 아마존

---

4 이 주식 중 일부는 제프 베조스의 직계 가족이 소유할 수 있다.

주식의 0.02%를 소유하고 있으며, 기관 최대주주는 아마존 지분 7.1%를 보유한 증권사이다).

주가는 어떻게 결정되는가?

주식의 가격은 대부분의 물건 가격이 결정되는 방식, 즉 수요와 공급에 의해 결정된다. 사람들이 회사의 주식을 매수하면 문자 그대로 회사의 지분과 미래의 모든 이익을 얻는 것이다. 따라서 사람들이 기업의 전망이 밝다고 생각하면, 매수자가 매도자보다 많아지고 회사의 주가가 상승한다. 그렇지 않으면, 매도자가 매수자보다 많아지고 주가가 하락한다.

존 메이너드 케인즈(John Maynard Keynes)는 이 과정을 그의 시대(20세기 초)에 진행된 미인대회, 즉 한 신문에서 여러 장의 사진 중에서 가장 매력적인 6명의 여성을 선택한 사람에게 상품을 제공했다는 대회에 비유한 적이 있다. 새로운 방식인가? 매력은 어떤 형식적인 기준이 아니라 모두의 선택에 기반을 두었다. 따라서 누가 객관적으로 가장 매력적이냐는 중요하지 않았다. 중요한 것은 다른 참가자를 통해 각 참가자가 가장 매력적이라고 생각하는 사람이었다. 주식시장도 비슷하다. 투자자들은 다른 투자자들이 살 것이라고 생각하는 주식을 산다. 케인즈는 "성공적인 투자는 다른 사람들의 기대를 예상하는 것"이라는 말로 교훈을 요약했다.

많은 투자 자문가들의 주장에도 불구하고, 케인즈가 설명한 미인대회의 결과를 예측하는 객관적인 공식이 없듯이 가장 유망한 주식을 식별하는 객관적인 공식은 없다. 만약 객관적인 공식이 있다면, 이 장의 시작 부분에 있는 인용문에서 언급했듯이, 그 투자 자문가들은 당신에게 자문 의견을 팔기 위해 시간을 보내는 대신 그들 자신이 많은 돈을 벌기 위해 시간을 보낼 것이다.

비즈니스 전문가들은 시장이 주가에 도달하는 방법을 설명하는 이론인 효율적 시장 가설을 내놓았다. 이 가설은 각 회사의 주가가 해당 회사의 미래 가치에 대한 모든 사람의 의견을 반영한다는 것이다. 예를 들어 두 회사의 현재 수익이 비숫하지만 대부분의 사람들이 한 회사의 미래 전망이 더 밝다고 생각한다면, 해당 회사의 주가는 해당 회사의 전망이 다른 회사의 전망을 능가할 것으로 예상되는 금액만큼 높아야 한다.

이 이론에 대한 뒷받침은 가장 똑똑하고 근면한 최근 대학 및 비즈니스 스쿨 졸업생 중 일부가 회사 파일, 시장 데이터, 경제 지표, 뉴스 기사, 투자자 대화방, 수많은 기타 자료를 자세히 조사하면서 하루(그리고 밤과 주말)를 보내는 애널리스트들이 일하는 투자은행에 의해 제공될 수 있다. 애널리스트들은 무엇을 찾고 있는가? 그들은 주가가 가치가 있어야 한다고 생각하는 것(그들이 읽고 들은 모든 것을 기반으로)에서 약간이라도 벗어나는 회사를 찾고 있다. 모든 편차는 투자은행(및 애널리스트들)이 돈을 벌 수 있는 기회이다. 애널리스트들이 주가가 너무 낮다고 결론을 내리면, 애널리스트들은 주가가 결국 상승할 것이라는 기대를 가지고 주식을 매수할 것이다. 애널리스트들이 주가가 너무 높다고 결론을 내리면, 그들은 주식을 매도할 것이다(또는 주가가 하락할 것이라는 내기를 포함하여 주식을 공매도할 것이다). 투자은행과 많은 개인 투자자의 이러한 활동의 순효과는 개별 주식의 가격을 회사에 대해 널리 인정되는 공정 가치로 밀어 올리는 것이다.

이 과정에서 "효율적 시장(efficient market)"이라는 용어가 나오는데, 효율적 시장에서 주가는 회사에 관한 모든 공개 정보를 신속하고 효율적으로 반영해야 한다(should)는 것이다. 내가 "해야 한다(should)"라는 단어를 사용한 이유는 현실 세계에서 일어나는 일이, 대부분의 경우와 마찬가지로 이론적인 것보다 훨씬 더 복잡하기 때문이다. 투자자는 기계가 아니라 인간이다. 그들은 종종 충동적이고 감정적으로 심지어 비합리적으로 행동한다. 그것이 바로 인터넷 초창기에 "닷컴(dot-com)" 주식이 놀라운 가치로 상승한(그리고 이후 폭락한) 방법과 "밈(meme)" 주식[5]이 급등한 이유인데, 이것은 사업 전망의 변화 때문이 아니라 사업 전망에

---

5 밈 주식(meme stock)이란 소셜미디어 등 온라인에서 유행처럼 언급되면서 주가가 급등하는 종목을 말한다. 유행처럼 주식들이 회자되면서 개인 매수세를 끌어오는 식이다. 미국에서 온라인상에서 공매도에 맞서자는 개인투자자들의 자금이 모여 게임 스톱 주가를 크게 밀어 올린 사건을 계

대한 집착으로 입소문이 나기 때문이다.

투자자들이 기업에 대한 정보를 객관적이고 철저하게 평가하더라도, 공개적으로 이용 가능한 정보가 완전하지 않거나 정확하지 않을 수 있기 때문에, 투자자들이 획득하는 정보의 가치는 크게 왜곡될 수 있다. 또한 이용 가능한 정보는 회사를 홍보하는 데 관심이 있는 사람(예: 회사 경영진)과 회사를 비하하는 데 관심이 있는 사람(예: 회사 주식에 베팅하는 투자자)에 의해 조작될 수 있다. 그러나 주가에 영향을 미치기 위해 회사에 대한 허위 또는 오해의 소지가 있는 정보를 유포하는 것은 불법이다. 반면 회사와 회사의 장래 전망에 대한 부정적인 의견을 유포하는 것은 합법이다. 둘 사이의 경계가 항상 명확한 것은 아니며 정부는 불법이 아니면 기소하기를 꺼린다.

제약 회사가 블록버스터 신약을 내놓을 예정이라는 것과 같이 일반 대중이 가지고 있지 않은 회사에 대한 정확한 정보를 가지고 있는 사람은 많은 돈을 벌 수 있다. 그들은 회사의 주식을 살 수 있고, 회사가 좋은 소식을 발표한 후 주식 가격이 치솟는 것을 볼 수 있다. 또는 그들은 나쁜 소식을 발표하려는 회사의 주식을 팔 수 있다. 후자는 회사가 "정부는 새로운 항암제를 승인하지 않을 것"이라고 발표하기 직전에 마사 스튜어트(Martha Stewart)[6]가 임클론(ImClone) 주식을 매도한 일이다. 마사 스튜어트는 "중요한 내부 정보"에 기반한 거래는 범죄이며 감옥에 갈 수 있다는 사실을 배웠다.

이해해야 할 중요한 점은 시장의 많은 매수자와 매도자가 회사 주식(및 그 문제에 대한 다른 모든 자산)의 가격을 그 가치에 대해 아무리 불완전하더라도 일반적인 합의를 반영하는 가격으로 조금씩 움직인다는 것이다. 어떤 사람들은 자신이 시

기로 증시에서 이 단어를 사용하게 되었다. 여기서 밈은 영국의 진화생물학자 리처드 도킨스가 1976년에 펴낸 《이기적인 유전자》라는 책에서 등장한 말로, 유전적 방법이 아닌 모방을 통해 습득되는 문화요소라는 뜻을 갖고 있다(역자 주).

6 미국 증권거래위원회(SEC)와 검찰이 임클론 시스템즈의 주식거래를 조사한 결과 형사 사건이 널리 알려졌고, 그 결과 사업가이자 방송인인 마사 스튜어트, 임클론 CEO 사무엘 D. 왁살, 스튜어트의 메릴린치 중개인인 피터 바카노비치가 징역형을 선고받았다(역자 주).

장을 능가할 수 있고, 시장이 가격을 잘못 파악한 경우를 식별하고, 시장이 스스로 교정할 때 이익을 얻을 수 있다고 생각할 수 있다. 워렌 버핏과 같은 가장 부지런하고 세련된 투자자 중 일부는 이 묘기를 여러 번 시도했다. 그러나 그들은 예외이다. 주식의 가치를 신중하게 평가하는 많은 애널리스트들과 투자자들을 지속적으로 능가하는 것은 거의 성공하지 못하는 묘기이다.

자사주 매입 효과는 무엇인가?

이 책을 쓰는 시점에 미국 상장기업의 모든 주식의 총가치는 약 49조 달러이다. 골드만 삭스(Goldman Sachs)에 따르면 대부분의 주요 회사 주식의 최대 매수자는 개인, 뮤추얼 펀드, 또는 연기금이 아니라 회사 자체라는 사실에 당신은 놀랄 것이다. 지난 몇 년 동안 기업들은 공개시장에서 자사 주식을 다시 매입하는 데 수조 달러를 지출했다. 왜 그랬을까?

이론적으로 회사는 사업에 필요하지 않은 현금(보통 수익에서 얻은)이 있다고 판단한 후 주식을 되사므로, 회사 소유주인 주주에게 반환해야 한다. 자사주 매입은 주주들에게 어떻게 이익이 되는가?

당신은 기업과 파이 사이의 비유를 떠올려 보면 그 방법을 알 수 있다. 회사가 자사의 발행 주식을 매입하면 해당 주식은 시장에서 사라지고 더 이상 소유권을 나타내지 않는다. 따라서 회사의 소유권은 더 적은 수의 주식으로 나뉜다. 파이를 더 적은 조각으로 나누면 조각의 규모가 커지는 것처럼, 기업을 더 적은 수의 주식으로 나누면 주식의 가치가 높아진다. 회사의 이익은 더 적은 수의 주식으로 나누어져 주당 이익이 증가한다. 그리고 주당 이익이 증가하면 주가가 상승한다.

배당금과 마찬가지로 자사주 매입은 회사에서 소유주에게 현금을 이전한다. 회사가 팔고자 하는 사람들의 주식을 사면 더 이상 회사에 관심이 없는 주주들에게 현금을 보낼 뿐이다. 그것은 그들의 소유 지분을 배제하고, 그 결과 그들의 지분은 나머지 주주들에게 분배된다.

회사 자금을 사용하여 주식을 매입하기로 결정한 경영진도 개인적으로 상당한 수의 주식을 소유하고 있기 때문에 그들의 결정은 종종 상당한 부를 증가시킨다. 자사주 매입을 위해 회사의 돈을 쓰는 것은 신중한 사업 결정인가, 아니면 부정직한 주가조작인가?

많은 국회의원, 금융 평론가, 노동조합은 자사주 매입을 비판했다. 그들은 회사가 자사주를 매입하는 데 돈을 지출하는 것보다 회사 운영에 필요하지 않다고 결정해서 돈을 보유하고 있다면, 회사는 더 공평한 경제를 촉진하기 위해 돈을 사용할 수 있다고 믿고 있다. 회사는 현금을 사용하여 임금 인상, 일자리 창출, 근로 조건 개선, 또는 기업의 사회적 책임 프로그램에 자금을 지원할 수 있다. 그럼에도 불구하고 경영진이 그러한 일에 관심이 있거나 회사를 위해 의미 있는 일이라고 생각했다면 이미 그렇게 했을 것이다. 자사주 매입을 중단하면 그들은 다시 생각하게 될까?

일부 의원들이 제안한 것처럼 자사주 매입이 제한되거나 불법화되면 기업은 단순히 배당금을 통해 주주에게 돈을 돌려줄 수 있다. 배당금은 남아 있는 개별 주식의 가치를 높이는 자사주 매입과 달리 개별 주주의 주머니에 현금을 직접 넣어준다. 회사의 입장에서, 이것은 6개 대(versus) 다른 6개로 볼 수 있다. 두 경우 모두 자금이 회사에서 주주에게 이전된다. 주주의 입장에서, 배당금은 회사로부터 현금을 얻는 덜 바람직한 방법이다. 배당금에는 세금이 부과되지 않는, 매도되지 않은 주식의 가치 증가와는 달리 세금이 부과된다(의심하겠지만 많은 사람들의 임금보다 낮은 세율로).

당신은 다음과 같이 질문할 수 있다: 그렇다면 정부가 자사주 매입뿐만 아니라 배당금도 제한하지 않는 이유는 무엇인가? 대답은 정부가 주주들이 회사에서 돈을 빼낼 수 있는 방법을 허용해야 한다는 것이다. 그렇지 않다면 투자자들은 처음부터 회사에 돈을 투자하는 데 거의 관심이 없을 것이다. 돈이 회사에 들어갈 수만 있고 나갈 수 없다면, 누가 창업 자금이 필요한 신설 회사나 확장 또는 혁신을 위해 자금이 필요한 기존 회사에 돈을 투자하겠는가? 정부가 현금을 주주들에게 돌려줄 수 있는 과정을 완전히 제한하는 것이 아니라 단지 지연만 시키기만 했다면, 그 결과 미국 기업은 현금으로 더욱 부풀어 오르고 원하는 결과는 거의 없을 것이다.

현금이 최종적으로 주주들에게 반환될 때까지 이 현금은 어떻게 될까? 기업의 경영진은 항상 이익의 증가를 추구하기 때문에, 그들은 아마 이 돈을 투자(다른 회사의 주식, 채권, 또는 기타 다른 것에)하여 수익을 얻으려고 할 것이다. 그렇게 하면 마침내 주주들에게 현금을 돌려줄 수 있을 때 현금이 더 많아질 것이다.

미국의 불평등은 엄청난 문제이며 해결해야 한다. 그러나 회사가 필요하지 않은 현금을 주주에게 돌려주어 그들이 투자하거나 소비하도록 강요하는 것은 도움이 되지 않는다. 생산성을 높이면서 형평성을 높이려는 우리의 노력은 상징적인 문제보다는 경쟁의 장을 더 공평하게 만드는 효과적인 방법에 초점을 맞출 필요가 있다. 시작하는 한 가지 방법은 다음 장의 주제인 무엇이 기업 행동을 주도하고 그것이 어떻게 영향을 받을 수 있는지에 초점을 맞추는 것이다.

08

기업행동(corporate behavior)

기업을 움직이는 것은 무엇이며 어떻게 영향을 받을 수 있는가?

기업의 사회적 책임은 단 하나, 즉 게임의 규칙 내에 머무르는 한 자원을 사용하고 이익을 늘리기 위해 고안된 활동에 참여하는 것이다.

– 밀턴 프리드먼(Milton Friedman), 노벨상 수상 경제학자

기업의 목표는 무엇인가?

금융에 관한 유명하고 널리 알려진 대학 교과서인 "기업금융의 기초(Fundamentals of Corporate Finance)에 따르면 "기업의 재무 관리 목표는 기존 주식의 주당 현재 가치를 극대화하는 것"이다.[1] 기본적으로 기업금융에 관한 현대의 교과서를 읽어 보면 본질적으로 동일한 문구를 찾을 수 있다.

---

1 파트너십으로 조직된 기업은 파트너의 이익 가치에 초점을 맞출 것이다.

엄밀히 말하자면 그 목표는 대부분의 다른 목표에는 없는 광범위한 인센티브를 포함한다. 기업의 목표가 현재의 이윤극대화라면, 막대한 수의 직원을 해고하고 기업 자산을 방치하여, 그것에 의해 현재 이익을 부풀릴 수 있지만, 장기적으로는 기업을 망하게 할 것이다. 기업의 목표가 매출극대화라면, 기업은 수익성 없는 사업을 떠맡게 되어, 장기적인 재무건전성을 약화시킬 것이다. 기업의 목표가 외국 일자리보다 더 많은 국내 일자리를 제공하는 것이라면, 기업은 덜 이타적인 경쟁자에 맞서 살아남는 데 어려움을 겪을 것이다. 기업의 목표가 상당한 사회적 이익을 제공하는 것이라면, 기업은 CEO가 좋아하지만 당신이나 나를 소름 끼치게 할 수도 있는 종교적 또는 이데올로기적으로 영감을 받은 의제를 채택할 수 있을 것이다.

주주가치 극대화라는 목표에는 다양한 목표가 포함되어 있다. 우리가 논의한 것처럼 기업의 주가는 장기적인 성공 전망에 대한 시장의 합의된 견해를 반영하기 때문이다. 그리고 우리가 알다시피, 성공은 다양한 요인에 달려 있다. 기업이 고객을 속이면, 그에 따른 소송, 벌금, 나쁜 평판, 사업 손실로 인해 주가가 타격을 입을 것이다. 기업이 훌륭한 신제품에 신중하게 투자하거나 직원의 생산성을 높이도록 돕는다면, 수익성 증가로 인해 주가가 상승할 것이다.

이 모든 것이 이론적으로는 의미가 있을 수 있지만, 주주가치 증대가 기업의 유일한 목표여야 하는지 여전히 의문이 있을 수 있다. 특히 기업이 오염시키는 것, 생활임금보다 적게 지불하는 것, 해외로 일자리를 옮기는 것, 또는 안전하지 않은 제품을 만드는 것을 합법적으로 피할 수 있다면, 기업이 수익성을 높이기 위해 그렇게 해야 하는가? 그리고 이러한 우려로 인해 기업이 주주가치 증대라는 유일한 목표를 포기하게 된다면, 새로운 목표 또는 일련의 목표는 무엇이어야 하고, 누가 그 목표를 결정해야 하며, 그 목표의 중요성은 어떻게 평가되어야 하며, 그 목표의 성과는 어떻게 모니터링되어야 하며, 그 목표는 어떻게 집행되어야 하는가?

개별 기업이 매일 내리는 무수한 결정을 관리하는 어려움, 그 결정을 내린 이유, 그리고 그 결정들이 가져오는 많은 결과는 주가가 안내등인 오늘날 현재 우리가 있는 곳으로 이르게 했다. 그러나 기업은 종종 더 큰 사회적 이익을 지원하기 위해 립 서비스(lip service)를 제공하고 "기업의 사회적 책임" 프로그램을 위한 상대적으로 적은 예산을 가지고 있다. 예를 들어 2018년에 세계 500대 기업은 수익의 1% 미만(매출의 0.06%)을 이러한 프로그램에 지출했다. 이것은 기업들이 사회를 개선하고 있는 방법을 자랑하여 좋은 평판과 능력을 인정받기 위해 지불하는 작은 희생이다. 그럼에도 불구하고 기업 경영자가 내리는 대부분의 의사결정은 주주가치를 극대화하는 것이 그들의 최우선 관심사임을 보여주고 있다.

이 시점에 당신은 기업의 직원이나 고객이 소유하고 이익 이외의 목표에 초점을 맞추는 협동조합 주식회사(cooperative corporations)에 대해 생각할 수 있다. 이 모델은 더 높은 임금 지급, 다양한 이유로 일자리를 구하는 데 어려움을 겪는 직원 고용, 또는 제한된 시장이 있는 제품 공급과 같은 공동의 목표를 가진 사람들이 소유하고 운영하는 비교적 작은 기업에 적합할 수 있다. 그러나 이러한 협동조합 주식회사가 전통적인 주식회사에 비하면 왜소한 이유가 있다. 협동조합 주식회사의 목표는 더 널리 공유되지 않는다. 냉소적으로 들릴 위험이 있지만, 현실 세계는 대부분의 사람들이 주식회사처럼 행동한다는 것을 보여주고 있다: 그들은 더 원대한 목표에 대해 립 서비스를 제공할 수 있지만, 그들의 행동은 덜 이타적인 것을 암시하고 있다. 대부분의 소비자는 가격과 품질을 기준으로 쇼핑을 하며, 임금을 인상하거나 잘 알려지지 않은 제품에 보조금을 지급하기 위해, 더 비싼 가격을 지불하는 경우는 거의 없는 것 같다. 월마트가 미국에서 가장 큰 식료품점이고, 아마존이 미국에서 가장 큰 소매업체이며, 파크 슬로프 푸드 쿱(Park Slope Food Coop)[2]이 여전히 브루클린(Brooklyn)에서 사랑받는 단일 매장으로 남아 있는 이유가 있다.

대다수의 기업이 이익 추구를 목표로 삼고 있지만, 그 목표를 추구하는 행위는

---

2 1973년에 설립된 파크 슬로프 푸드 쿱(PSFC)은 뉴욕시 브루클린의 파크 슬로프 지역에 위치한 식품 협동조합이다. 이는 미국에서 가장 오래되고 가장 활성화된 식품 협동조합 중 하나이다(역자 주).

법과 규제에 의해 제한된다. 기업은 환경, 안전, 노동 기준, 소비자 정보공개, 그리고 문자 그대로 기업 활동의 모든 측면에 대해, 우리 사회가 제정한 규칙을 준수하는 한 주가를 상승시킬 것이라고 생각하는 것을 자유롭게 할 수 있다. 기업의 행동을 바꾸도록 촉구, 요구, 청원, 또는 로비하는 것은 경우에 따라 효과가 있을 수 있지만, 이러한 규칙을 수정하고, 규칙을 변경하도록 영향력을 행사하는 것보다 덜 효과적인 전략이다. 그러나 이러한 변화를 가져오는 방법을 논의하기 전에, 기업 행동을 통제하는 실제 인간이 어떻게 기업 행동을 결정하는지 논의할 필요가 있다.

기업 임원은 기업의 "최선의 이익(best interests)"을 위해 행위해야 할 법적 의무 또는 "신의성실의무(fiduciary duty)"가 있다. 이 정책을 "경영판단의 원칙(business judgment rule)"이라고 하며, 이것은 기업 임원의 행위에 대해 매우 약한 기준을 부과한다. 임원들이 법적으로 문제가 될 때, 판사들은 임원의 행위를 추측하는 것을 매우 꺼린다. 일반적으로 기업 임원이 기업의 최선의 이익을 위해 행위하고 있고 법을 위반하지 않는다는 믿을 만한 주장을 하는 한, 그들은 적절하다고 생각하는 대로 자유롭게 기업을 경영할 수 있다. 마찬가지로 대부분의 이사는 CEO 및 최고 경영진과 가까운 친구 관계이고, 유사한 경력 경로로 인해 주요 경영진과 동일시되며, 도전적인 경영으로 인해 수익성 있고 권위있는 이사회 자리를 잃을 수 있다는 두려움 때문에, 기업의 이사회는 경영진에 대한 진정한 견제 역할을 하는 경우가 거의 없다.

따라서 법률은 경영판단의 원칙 때문에, 이사들은 경영진과의 원만한 관계 때문에, 주주들은 회사 운영과 거리가 멀기 때문에, 명확한 경영 방향이 제시되지 않는다. 그렇다면 누가 또는 무엇이 경영을 이끌고 있는가? 주가이다. 당신이 기업 직급 구조에서 위로 올라갈수록, 보상이 회사 주식 가격과 더 밀접하게 연결된다. 이 연결고리는 스톡옵션을 통해 가능하며, 그리고 그것에 의해 임원은 일정 기간 동안 주식 가격이 상승하거나, 또는 임원이 재량에 따라 보유하거나 매도할 수 있는 스톡옵션을 통해 보수를 받는다.[3] 결과적으로 경영진은 주가에 극도로 집중하는 경향이 있다. CEO와 많은 주요 임원에 대한 보상의 대부분은 주가와 직접적으로 연결되어 있다.

보상을 주가에 연결하면, 경영진은 일반적으로 주주와 동일한 이해관계를 갖게 되며, 자신의 직업을 가능한 한 안전하게 하고, 수익성이 있게 하며, 편하게 만들려고 하는 것과 같은 다른 이해관계는 없다. 그러나 그것은 회사의 주가를 상승시키는 데 초점을 맞추는 것을 강화한다. 그리고 완벽한 세상에서는, 주가 상승이라는 목표는 회사의 장기적인 건전성에 경영의 초점을 맞추어야 한다. 예를 들어 경영진이 단기 이익을 늘리지만 회사에 장기적으로 피해를 주는 결정을 내리지 않도록 해야 한다. 안타깝게도 우리는 완벽한 세상에 살고 있지 않다.

경영진은 현재 상황을 가능한 한 좋게 보이도록 만드는 데 강력한 인센티브를 가지고 있다. 현재 분기의 수익성은 주식시장을 평가하는 모든 사람이 분석하고, 알고리즘에 연결되며, 주식 가격을 결정하는 데 사용할 수 있는 특정 수치이다. 반면에 회사의 장기적인 건전성은 확실하지 않고, 정확하게 결정할 수 없으며, 회사의 감사인이 인증하는 확인 가능한 특정 숫자 집합으로 줄일 수 없다. 또한 미래는 경영 스핀(spin)[4]에 훨씬 더 영향을 받는다. 따라서 현실 세계에서 주가 상승이라는 목표는 이론적으로 보이는 것처럼 온화하지 않다. 그것은 종종 기업 경영진이 단기 이익 증대를 위한 목적으로 헤드라인을 장식하기 위해, 과도한 위험을 감수하거나 직원을 훼손하도록 유도한다.

평범한 기업이 과도한 위험을 감수하면 기업 자체가 위험에 처하게 된다. 금융회사가 과도한 위험을 감수하면 경제 전체가 위험해질 수 있다. 따라서 우리의 목표는 경제를 이해하는 것이므로, 우리는 민간부문의 특정 부분을 더 면밀히 살펴볼 필요가 있다.

---

3 상당한 규모의 민간기업에서는 회사가 공개적으로 거래되는 경우 주가가 얼마인지에 대한 추정치가 일반적으로 사용된다.

4 스핀(spin)은 종종 기업평판 관리에 사용되며, 오랫동안 제품을 마케팅하는 데 사용되었다(역자 주).

금융산업의 역할은 무엇인가?

상업은행, 투자은행, 헤지펀드, 벤처캐피탈펀드, 그리고 기타 금융회사와 같은 금융회사는 개인 주주가 소유하고 주주가치에 중점을 둔다는 점에서 다른 기업과 같다. 그러나 금융회사들은 그들의 활동이 경제에 막대한 영향을 미친다는 점에서 대부분의 다른 기업과 다르다. 특히 금융회사는 2008년 대침체(Great Recession)와 같은 경기침체를 악화시키거나 실제로 초래했다는 비난을 받는 경우가 많다.

우리는 제11장에서 연준의 화폐 창출 과정에서 미국 은행들이 갖는 독특하고 중요한 역할에 대해 논의할 것이다. 그러나 은행들은 연준이 화폐공급을 관리하는 것을 돕는 것 이상으로 경제에서 더 큰 역할을 한다. 또한 금융부문 전체는 은행들보다 훨씬 크다.

미국 상무부(United States Department of Commerce) 산하 경제 분석국(BEA: Bureau of Economic Analysis)은 개별 유형의 비즈니스가 우리 경제에 얼마나 기여하는지를 계산한다. 지금까지 거의 4조 6천억 달러(우리 경제의 약 22%)에 달하는 가장 큰 범주는 "금융, 보험, 부동산, 렌탈(rental), 그리고 리스(leasing)"이다. 이 수치는 경제에서 이 범주의 직접적인 몫이다. 이것이 나머지 78%에 미치는 영향은 상당하다.

경제분석국(BEA)은 이 범주를 한 단계 더 세분화하였는데, "금융과 보험"만 해도 연간 약 1조 8천억 달러를 차지한다는 것을 보여준다. 보험회사가 하는 일은 상당히 명확하다. 즉 보험회사들은 많은 수의 보험계약자로부터 보험료를 납부받아 이를 전부 모은 다음, 보험으로 보장되는 손실을 입은 모든 보험계약자에게 보험금을 지급할 수 있다. 실제로 대부분의 경제분석국(BEA) 범주에 속하는 기업이 수행하는 일은 상당히 명확하다. 그러나 금융부문의 기업인 금융회사는 실제로 무엇을 하는가?

금융회사의 가장 기본적이고, 중요하며, 전통적인 역할은 현재 필요하지 않은 돈을 가진 사람들의 자금을 현재 가지고 있지 않은 돈이 필요한 사람들과 연결시켜 그 과정에서 모두를 더 잘 살게 하는 것이다. 돈을 제공하는 사람(저축자/투자자)은 수익을 얻는다(예: 이자, 배당금, 자본이득). 돈을 제공받은 사람들은 집을 사거나, 사업을 시작하거나, 신제품을 발명하는 것과 같이 평소보다 더 일찍 하고 싶은 일을 시작할 수 있다. 우리 중 나머지는 대출을 통해 가능한 추가 사업, 기반 시설, 교육, 유익한 투자의 혜택을 받는다.

우리 경제에는 금융부문을 통해 돈을 찾는 세 가지 주요 그룹이 있다. 즉 소비자(여러분과 나 같은 개인), 기업, 정부(연방, 주 및 지방)이다. 각자는 부채를 통해 원하는 추가 자금을 얻을 수 있다. 부채란 정확히 무엇인가?

이렇게 생각해 보라: 에스키모는 그들의 삶의 방식에 대해 말해주는 눈(snow)에 대해 비정상적으로 많은 단어를 가지고 있다. 영어에는 부채에 대한 단어가 비정상적으로 많으며, 그것은 아마 우리의 삶의 방식에 대해 뭔가를 말해줄 것이다. 부채는 다양한 형태를 띨 수 있으며, 누가 빌리느냐와 무슨 목적으로 빌리느냐에 따라 이름이 바뀔 수 있다. 부채의 예로는 학자금 대출자의 대출증서, 기업의 신용한도 상환채무증서, 주택소유자가 주택 구입을 위해 빌린 돈을 상환하도록 요구하는 모기지 증서, 정부가 채권 소유자에게 일정 금액을 지급할 의무가 있는 정부 또는 미국 재무부 채권이 있다.

결론은 이름이 무엇이든, 어떤 형태를 취하든, 모든 부채는 단순히 한 당사자가 다른 당사자에게 빚진 돈일 뿐이다. 일반적으로 해당 금액을 상환해야 하는 자세한 조건을 설명하는 문서가 함께 제공된다. 특히 차용인이 차용 금액(원금)과 해당 금액에 대한 이자를 상환해야 하는 방법 및 시기가 문서에 포함된다. 그것을 무엇이라고 부르든 어떤 형태를 취하든 상관없이 부채에 대한 본질적인 전부이다.

기업은 소비자와 정부가 하지 않는 저축자/투자자로부터 돈을 얻을 수 있는 또다른 방법이 있다: 주식 지분이다. 지분(equity)은 기업의 전체 또는 일부에 대한 소유권을 나타내는 또 다른 단어이며, 앞서 논의한 바와 같이 주식의 소유지분으로 표시된다. 고맙게도 저축자·투자자는 사람에 대한 소유권을 가질 수 없고(노예제도는 폐지됨), 정부의 일부에 대한 소유권을 가질 수 없기 때문에(적어도 이 책을 쓰는 시점에), 기업만이 주식을 통해 자금을 조달할 수 있다.

따라서 자금이 필요한 기업은 부채(debt) 또는 주식(equity=지분)을 통해 자금을 조달할 수 있다. 금융부문의 상상력이 풍부한 사람들은 상상할 수 있는 모든 방식으로 부채와 주식의 특성을 결합한 다양한 상품을 만들어 선택권을 확장했다. 즉 우선주, 전환사채(CB: convertible bond), 워런트(warrants), 그리고 주식 키커(equity kicker)[5]가 있는 부채와 같은 이름을 가진 수많은 하이브리드[6]를 발명했다. 예를 들어 우선주는 그것을 발행한 회사의 일부 소유권을 부여한다는 점에서 보통주[7]와 같지만, 일반적으로 정기적인 지급금(이자와 같은)을 받을 권리가 있고 소유자에게 의결권을 부여하지 않는다는 점에서 부채와도 같다. 전환사채는 소유자가 이자를 받는다는 점에서 부채와 같지만, 특정 상황에서 소유자에게 부채를 주식(equity)으로 전환할 수 있는 권리도 부여한다. 이러한 모든 금융상품은 돈을 쓰지 않는 사람들로부터 돈을 쓰기를 원하는 다른 사람들에게 전달하도록 설계되었다. 이것은 대부분의 다른 비즈니스보다 더 복잡하거나 난해해 보이지 않는 금융회사의 전통적인 비즈니스이다.

"금융회사는 무엇을 하는가"라는 질문에 몇 문단 전에 대답하기 어려웠던 이유는, 최근 수십 년 동안 수익(revenue), 이익(profit), 주가 상승의 추구로 인해, 금융회사가 전통적인 역할을 훨씬 뛰어넘는 모험적 사업을 하게 되었기 때문이다.

---

5 주식 키커는 일반적으로 후순위 채무자의 수익을 개선하기 위해 사적으로 배치된 후순위 또는 메자닌 부채와 함께 발행되는 일종의 지분 인센티브이다. 주식 키커는 미래의 어느 시점에 정해진 가격으로 주식을 구매할 수 있는 주식 또는 워런트와 교환할 수 있는 전환 가능한 기능을 가질 수 있다(역자 주).

6 하이브리드 증권(Hybrid Security)은 부채와 자본이라는 두 가지 광범위한 증권 그룹의 특성을 결합한 광범위한 증권 그룹이다. 하이브리드 증권은 특정 날짜까지 예측 가능한 수익률 또는 배당금을 지급하며, 이 시점에 보유자는 증권을 기초 주식으로 전환하는 것을 포함하여 다양한 옵션을 선택할 수 있다(역자 주).

7 이 책에서 주식에 대한 다른 모든 논의는 보통주를 의미한다. 문맥상 설명이 필요한 경우가 아니면, 보통주에 대해 "주식"(stock)이라는 용어를 사용하는 것이 관례이다.

금융회사들은 돈을 쓰지 않는 사람들로부터 돈을 쓰기를 원하는 다른 사람들에게 돈을 보내는 것과는 전혀 관련이 없는 엄청나게 복잡한 새로운 상품과 투자대상을 출시했다. 이러한 상품 중 다수는 사람들이 다른 사람의 재무실적, 특정 재무지표(미래의 인플레이션이나 금리와 같은), 또는 거의 모든 것에 베팅할 수 있도록 설계되었다.

예를 들어 당신은 "콜옵션"이라는 상품으로 IBM의 주가가 상승할 것에 베팅할 수 있다. 당신은 "풋옵션"이라는 상품으로 애플(Apple)의 주가가 하락할 것에 베팅할 수 있다. 당신은 "선물계약"이라는 상품으로 유가가 오를 것에 베팅할 수 있다. 그리고 당신은 "신용부도스왑(CDS: credit default swap)이라는 상품으로 특정 모기지론 묶음이 갚아질 것이라는 점(또는 갚아지지 않을지)에 베팅할 수 있다. 투자은행가는, 앞의 마지막 문장 끝에 있는 CDS 사례와 같이, 이러한 베팅을 구조화하고, 이 상품에 매우 인상적이고 위협적인 이름을 부여하는 데 매우 창의적일 수 있다. 그럼에도 불구하고 그것들은 모두 본질적으로 베팅이며 모두 "파생증권"(또는 "파생상품")이라고 불린다. 왜냐하면 베팅 대상이 발생하든 발생하지 않든 다른 것에서 가치를 도출하기 때문이다.

이것이 도박처럼 들린다면 그것이 바로 도박이기 때문이다. 그렇다면 금융회사의 이 새로운 역할은 어떻게 발전했을까? 파생상품은 원래 투자자가 헤징, 즉 특정 손실에 대한 익스포저를 줄여 투자 포트폴리오의 위험을 줄일 수 있도록 설계되었다. 예를 들어 투자자가 필라델피아(Philadelphia) 시에서 발행한 많은 양의 채권을 소유한 경우, 필라델피아가 채권을 상환할 수 없거나 상환하지 않을 것이라고 우려할 것이다(간단히 말해, 필라델피아가 부도날 것). 그러한 투자자는 실제로 보험증권과 유사한 "신용부도스왑(CDS)"을 이용하여 자신을 손실로부터 보호할 수 있다. 그 투자자는 필라델피아를 더 신뢰하는 상대방 당사자에게 수수료(보험료와 유사)를 지불함으로써 필라델피아가 채무를 불이행할 것이라고 내기할 것이다.

필라델피아가 부도나지 않는다면, 상대방은 수수료를 자기 것으로 하고 투자자는 필라델피아의 채권에 따라 빚진 모든 돈을 받게 된다. 필라델피아가 부도난다면, 상대방은 투자자가 입은 손실의 전부 또는 일부(베팅 금액에 따라 다름)를 투자자에게 상환해야 한다(손실에 대한 보험회사 상환과 유사). 그런 식으로 투자자는 필라델피아의 부도로 인해 돈을 잃게 되겠지만, 내기(베팅)에서 이겼기 때문에 적어도 손실의 일부를 만회할 수 있다. 이러한 이유로 대부분의 주(state)에서 도박을 금지하고 있음에도 불구하고, 법률은 특별히 파생상품을 허용했다(특별히 허용되는 정부 복권을 제외하고, 우연히도 주에서 많은 돈을 벌었다).

보험처럼 작동하고 투자자가 위험을 관리할 수 있도록 하는 수단으로 시작한 것이 사실상의 카지노로 변모했으며, 그 크기는 라스베가스(Las Vegas)를 보잘것없는 것으로 만들었다. 베팅의 수와 복잡성은 기하급수적으로 증가했으며, 대다수는 특정 손실로부터 자신을 보호하는 투자자와 아무 관련이 없는 것 같다. 국제결제은행(BIS: Bank for International Settlements)은 2020년 총 파생상품 규모를 607조 달러로 추산했다. 또한 국제결제은행(BIS)은 파생상품의 일종인 신용부도스왑(CDS)의 규모도 9조 달러로 추산했다. 이러한 추정치가 완전히 빗나가더라도 그 거대한 크기는 주의를 요한다.

파생상품의 설계, 마케팅, 실행, 모니터링은 금융부문의 거대한 사업이자 상당한 수익원이 되었다. 또한 이 사업에 종사하는 기관들은 최고의 교육을 받은 가장 똑똑한 사람들을 끌어들인다. 명백한 질문은 더 큰 사회가 이 모든 것으로부터 어떻게 이익을 얻는가 하는 것이다.

제조업체에서 서비스 제공업체에 이르기까지 대부분의 비즈니스에서 제품의 이점은 분명하다. 당신이 특정 제품을 직접 구매하지 않았더라도, 제2장에서 논의한 것처럼 아마 제품에 지급한 비용보다 제품에서 더 많은 혜택을 얻었거나 처음부터 제품을 구입하지 않았을 누군가 다른 사람이 있다.

그러나 파생상품의 경우 내기(베팅)에서 이긴 고객이 얻은 금액은 내기에서 진 다른 고객의 손실과 일치한다. 따라서 파생상품은 제로섬 게임처럼 보일 수 있다.

그러나 파생상품은 금융권이 파생상품을 구조화하고 정리하는 과정에서 수수료를 빼돌리기 때문에 고객 입장에서는 사실상 제로섬 게임이 아니다. 따라서 사회가 파생상품으로부터 얻는 혜택에 대한 대답은 사회가 일반적으로 도박으로부터 얻는 혜택에 대한 대답과 동일하다. 적당히 이러한 활동에 참여할 수 있고, 그것은 거의 해를 끼치지 않는다. 그러나 파생상품은 엔터테인먼트 가치를 훨씬 능가할 수 있는 막대한 해를 끼친다.

파생상품은 어떤 종류의 해를 끼칠 수 있는가? 시장의 엄청난 규모와 미국에서 가장 훌륭하고 영리한 사람들을 그렇게 많이 고용하는 방식은 우리에게 실마리를 제공한다. 이 사업에 종사하는 사람들은 전체 경제를 불안정하게 만들 수 있는 매우 복잡한 내기(베팅)를 고안하기보다는, 주요 문제에 대한 해결책을 찾고, 유용한 신제품을 발명하거나, 질병을 치료할 수 있다. 이것은 2008년 모기지론 실적에 대한 수십억 달러의 베팅이 잘못되었을 때 발생했다. 그 결과 리먼 브라더스(Lehman Brothers)와 같은 여러 주요 금융기관이 파산하여 금융시스템과 경제에 대한 신뢰가 무너졌다. 금융경제의 어려움은 실물경제로 확산되어 대침체(Great Recession)를 초래했으며, 이러한 파생상품이 제공할 수 있는 모든 이점에 비해 불균형적인 피해를 입혔다.

파생상품 시장은 경제적 불평등이 어떻게 경제를 왜곡하고 변동성을 증가시키는지를 보여주는 또 다른 예이다. 부와 소득이 더 고르게 분배된다면, 막대한 자본을 가진 사람들을 위한 이 거대한 도박 사업에 사용되는 많은 자원이 다른 곳에 알맞게 사용될 것이다. 즉 아마 피해가 적고 혜택이 더 많은 곳일 것이다.

또한 우리는 관련 영역에서 유사한 왜곡을 볼 수 있다. 이 책을 쓰는 시점에 금융부문의 최신 혁신(금융부문을 광범위하게 정의하려는 경우) 중 하나인 대체 통화로 돈이 쏟아지고 있다. 대부분의 투기 형태와 마찬가지로 대체 통화에 대한 투기도 도박과 매우 유사하다. 비트코인, NFT, 또는 밈 주식(meme stock) 등의 자산의 가격이 상승하는 이유는 간단하다. 왜냐하면 사람들은 현금이 풍부한 투자자들이 계속해서 높은 가격에 베팅할 것이라고 기대하기 때문이다(투기 거품에 대한 자세한 내용은 제10장에 있다). 자산에 대한 투기는 일반적으로 더 많은 상품과 서비스를 생산하고, 경제를 확장하며, 그것에 의해 투자자에게 수익을 제공하는 데 필요한 자금을 제공함으로써 실제 가치를 창출하는 전통적인 사업 투자와 다르다.

사람들이 도박을 하고 싶다면, 그들은 전체 경제를 혼란에 빠뜨릴 수 있는 수조 달러 규모의 활동에 참여하는 대신 라스베가스로 갈 수 있다. 우리가 도박 산업의 나머지 부분에 대한 규칙을 가지고 있는 것과 같은 방식으로, 우리는 훨씬 더 큰 파생상품 시장의 규모, 도달 범위, 그리고 영향은 물론 수조 달러로 측정되는 투기 형태를 제한해야 한다. 그렇지 않으면 우리는 2008년에 그랬던 것처럼 경제를 탈선시킬 위험이 있다. 기차와 마찬가지로 경제가 추락한 후 정상 궤도에 오르는 데 필요한 훨씬 더 큰 노력을 피하기 위해, 경제를 정상 궤도에 유지하기 위해 모든 노력을 기울여야 한다.

변화하는 기업 행동

우리는 지금까지 일반적으로 기업, 특히 금융회사에서 결정을 내리는 사람들에게 동기를 부여하는 것이 무엇인지를 논의했다. 결과가 만족스럽지 않으면 우리는 어떻게 해야 하는가?

기업 행동에 영향을 미치는 것

기업은 사람은 아니지만, 많은 경우 이미지나 브랜드가 가장 가치 있는 자산이기 때문에 이미지에 많은 관심을 가지고 있다. 또한 기업은 사람들에 의해 운영되기 때문에, 표적 시위나 불매 운동을 포함하여 대중의 비판과 배척에 민감하다. 결국 대규모 시위나 불매 운동은 홍보의 악몽(public relations nightmare),[8] 사업 손실,

---

8 PR 악몽은 순조롭게 진행되어야 했던 일이 잘못되는 시나리오이다. 그것은 종종 잘못된 계획의 결과이며 사고에서 스캔들에 이르기까지 모든 것으로 인해 발생할 수 있다(역자 주).

주가 하락으로 이어질 수 있다. 이러한 행동은 과거에 효과가 있었다 — 그래서 오늘날 화장품에 대한 동물 실험이 적고, 유전자 변형 식품이 적으며, 그 결과 유해한 살충제가 적다.

당신은 기업의 행태로 고민하는 소비자들이 정리할 수 있으니 기업의 주주들은 더 쉽게 정리할 수 있을 것으로 생각할 것이다. 주주가 자신의 회사를 소유하고, 많은 주주는 실제로 회사가 지하수를 오염시키고, 일자리를 수출하는 것 등을 원하지 않는데, 주주들에 의해 더 많은 변화가 시작되지 않는 이유는 무엇인가? 그 이유는 주주를 조직하는 것이 실제로 매우 어렵기 때문이다.

앞서 논의한 바와 같이 공개회사에는 수십만 명의 주주가 있을 수 있으며, 공개회사는 주주명부를 관리하지 않기 때문에, 누가 주주인지를 알 방법이 없다. 사실 대부분의 사람들은 "증권업자 명의(street name)"로 공개회사의 주식을 소유하고 있는데, 이는 브로커의 이름 또는 다른 기관의 이름이 주주명부에 소유자로 등재됨을 의미한다. 등재된 소유자는 실제 소유자의 이익을 위해 주식을 소유하거나 보유한다. 브로커 또는 다른 기관을 소유자로 등재하면, 브로커가 실제 소유자를 개입시키지 않고도 양도를 위한 서류 작업을 완료할 수 있기 때문에, 매도된 주식을 훨씬 더 쉽게 양도할 수 있다. 이 과정은 효율적일 수 있지만, 실제로 회사 주식을 소유한 사람이 드러나지 않는데, 심지어 회사도 실제 소유주를 모른다(당신이 브로커리지 계좌에 주식을 소유하고 있다면, 당신의 주식은 거의 확실하게 증권업자의 명의로 보유된다. 회사는 당신이 그 주식을 소유하고 있는지 전혀 모른다).

또한 뮤추얼펀드, 연기금, 기타 기관은 전체 주식의 약 80%를 소유하고 있으며, 이러한 주식의 실제 수혜자는 똑같이 불투명하다. 마지막으로 대부분은 아니지만, 많은 주주들이 여러 회사의 주식을 소유하고 있으므로, 일반적으로 특정 회사에 대한 주주의 관심은 적다.

법률은 주주가 회사의 행동에 직접 영향을 미칠 수 있는 메커니즘을 제공한다. 첫째, 모든 주주는 새로운 이사에게 투표할 수 있다. 또한 최소 3년 동안 최소

2,000달러 상당의 회사 주식, 최소 2년 동안 15,000달러 상당의 회사 주식, 또는 최소 1년 동안 25,000달러 상당의 회사주식을 소유한 각 공개회사 주주는 회사가 주주들에게 보내는 연례 메일에 하나의 제안을 포함할 권리가 있다(증권업자 명의로 보유하고 있는 주식의 경우, 회사는 브로커와 같은 등재된 주식 보유자에게 연례 메일을 보내고, 등재된 주식 보유자는 실제 소유자에게 이를 전달한다). 이 연례 메일을 "위임장 참고서류(proxy statement)"라고 하며, 주주제안을 포함한 다양한 기타 문제와 함께 그 해에 선출될 이사에 대한 각 주주의 투표를 요청한다.

그러나 주주제안에 관한 규칙은 매우 복잡하며, 회사가 다른 주주들에게는 그것에 대해 말하지도 않는다는 것을 의미하는 위임장 참고서류에 주주제안을 포함하는 것을 거부하도록 허용한다. 주주제안이 그것을 포함하더라도, 그리고 주주제안이 통과되더라도, 그 제안이 회사 정관의 특정 조항 변경을 요구하지 않는 한 그 결과는 구속력이 없다. 2018년 미국에서 가장 큰 500개 상장기업(S&P 500)은 회사당 그러한 제안이 한 개 미만이었고, 이러한 제안의 대부분이 부결되었다. 대부분의 주식을 소유한 기관은 일반적으로 자신이 소유한 회사의 재무적 수익에만 초점을 맞추기 때문에, 실패율은 높은 상태로 유지될 가능성이 높다.

주주제안은 기업 행동에 영향을 미칠 가능성이 있다. 그럼에도 불구하고 주주제안을 투표용지에 포함시키는 것과 주주의 과반수 투표를 모으는 것이 어렵기 때문에, 이 과정을 덜 어렵게 만들기 위해 주주제안을 관리하는 규칙이 변경되지 않는 한, 그 효과는 상당히 제한적일 것이다. 2020년 말에 주주제안 제출을 더 어렵게 하기 위해 규칙이 변경된 점을 감안하면, 이는 가능성이 없어 보인다. 이것은 우리를 훨씬 더 큰 문제로 이끈다: 일반적인 기업 행동 규칙을 바꾸는 것이다.

규칙 개정

내가 기업 행동에 대해 말하고 싶은 핵심 요점은 이 책의 앞부분에서 우리 경제시스템에 대해 언급한 것과 동일한 요점이다. 기업 행동을 지배하는 규칙은 경제를 지배하는 규칙과 마찬가지로 정치적 과정의 결과이며, 따라서 이러한 규칙의 변경도 정치적 과정의 결과이다. 이 과정의 객관성과 공정성은 기업이 미치는 엄청난 영향력을 고려할 때 큰 문제이다.

이러한 영향력은 수정헌법 제1조의 표현의 자유 조항의 보호를 기업으로 확대한 *Citizens United v Federal Election Commission*의 2010년 대법원판결로 인해 지난 몇 년 동안 급증했다. 특히 이 사건은 기업이 공직에 대한 개별 후보자의 당선 또는 낙선을 위해 무제한의 돈을 사용하는 것을 허용했다. 대법원은 개인이 언론의 자유를 가지고 있고 당선에 영향을 미치기 위해 원하는 모든 것을 지출할 수 있다면 개인들로 이루어진 연합체도 그러한 권리를 가져야 한다고 판결했다.

표면적으로는 논리적으로 들릴 수 있지만, 1인치만 파헤쳐도 큰 문제가 드러난다. 개인이 말할 때 자신이 말하는 내용을 통제할 수 있다. 수십만 명의 주주를 거느린 기업과 같은 개인들로 이루어진 연합체가 말할 때, 연합체의 구성원들인 대다수의 개인은 발언 내용을 통제하지 못하거나, 심지어 인식조차 하지 못한다. 이슈에 대한 기업의 입장을 결정하는 사람인 CEO는 주주의 동의나 인지 없이 주주에게 속한 자원을 이용함으로써 자신의 목소리를 증폭시킬 수 있다.

이 사건은 본질적으로 로비스트가 선출직 공무원에 대해 상당한 영향력을 행사하던 과정을 로비스트가 선출직 공무원을 거의 통제할 수 있는 과정으로 바꾸어 놓았다. 어떤 공무원이 기업 로비스트의 견해를 지지하지 않는 경우, 기업은 그들을 대신할 공무원으로 대체하기 위해 필요한 모든 비용을 지출할 수 있다.

Citizens United 사건이 기업에 유리한 힘의 균형을 더 옮겼다고 말하는 것은 삼가면서 말하는 것이다. 클린턴(Clinton) 행정부에서 노동부 장관을 지냈고 캘리포니아 버클리(University of California, Berkeley) 대학교의 교수인 로버트 라이히(Robert Reich)는 기업이 자신의 사업을 포함하여, 다른 어떤 것에 대한 투자보다 정치 과정에 대한 투자에서 어떻게 훨씬 더 나은 수익을 창출하는지 문서화했다. 기업은 정치 과정에 수백만 달러를 지출할 수 있으며, 보다 관대한 규정, 세금 감면, 그리고 완전한 보조금에 지출하는 것의 몇 배에 달하는 혜택을 받을 것으로 기대할 수 있다.

기업의 행동이 기업 외부 세계에 아무런 영향을 미치지 않는다면, 이러한 지출은 문제가 되지 않을 것이다. 그러한 세계에서 기업은 다른 사람들에게 영향을 미치지 않으면서 기업과 그 주주들에게 이익이 되는 정책을 시행하도록 공무원들을 설득(또는 Citizens United 판결 이후의 세계에서는 강요)할 뿐이다. 그 세계는 누군가의 이론적 모델에 존재할 수 있지만, 현실에서 멀리 떨어져 있을 수는 없다.

실제로 비즈니스 세계의 모든 행동은 의도했든 의도하지 않았든 다른 사람에게 어떤 영향을 미친다. 이러한 영향 중 일부는, 기업이 적절한 장비를 설치하지 않아 발생하는 오염, 기업 보조금을 제공할 여력이 되기 위해 지방정부에 의해 중단되는 지역사회 서비스, 정부가 대기업에 대해 특별 세금 인센티브를 제공할 때 소기업의 몰락, 그리고 기업이 직원을 기계나 더 저렴한 직원으로 교체하기로 결정했을 때 일자리의 상실과 같이 명백하다. 경제학자들은 다른 사람들에게 부과되는 이러한 비용을 "부정적 외부효과(negative externalities)라고 부른다. 이 효과는 기업활동이 기업 외부 당사자에게 비용을 부과할 때 발생한다. 따라서 기업은 그러한 활동을 줄일 유인이 거의 없다.

오염과 같은 많은 외부효과는 측정하기 쉽지만, 다른 많은 외부효과는 미묘하거나 정량화하기 어렵다. 페이스북의 알고리즘이 사용자의 관심을 끌기 위해 정치 및 세계정세에 관한 점점 더 자극적인 링크를 사용자에게 제공할 때, 우리나라는 점점 더 분노와 분열에 시달린다. 아마존의 효율적인 유통 수단으로 인해 지역 소매업체가 폐업할 때, 지역사회는 우울한 지역 경제에서부터 덜 활기차고, 덜 친근하며, 덜 안전한 거리에 이르기까지 모든 종류의 방식으로 고통을 겪는다. 차량 공유 앱이 대중교통을 이용하는 것보다 개인 차량을 이용하는 것을 더 쉽게 만들면, 교통량이 증가하고 대중교통은 악화된다. 많은 기업들이 환경에 영향을 미치는 셀 수 없이 많은 일상적인 행동을 할 때, 일부는 아주 작은 방식으로 시간이 지남에 따라 기후에 누적되는 영향이 치명적일 수 있다. 사업으로 인한 직접적이고 명백한 피해는 나쁘지만, 적어도 우리는 그것을 식별하고 해결할 수 있는 잠재력을 가지고 있다. 환경 영향과 같은 간접적이고 미묘한 피해는 쉽게 놓칠 수 있다. 그것이 식별되더라도, 원인과 해결 방법이 명확하지 않을 수 있다.

다른 사람에 대한 이러한 활동의 비용을 완화할 수 있는 유일한 방법은 정부 조치를 통해서이다. 이러한 활동 중 일부에 효과가 있는 한 가지 방법은 회사가 다른 사람에게 부과하는 피해 비용을 내부화하는 것이다. 구체적으로 정부의 경제학자들은 특정 활동이 야기하는 피해의 양을 달러로 추정한 다음, 해당 금액에 대해 기업에 세금이나 수수료를 부과할 수 있다. 수수료가 상당하다면 활동은 축소될 것이다. 활동이 충분히 축소되지 않는다면 활동이 축소될 때까지 수수료를 인상할 수 있다.

반면에 활동이 기업에 충분히 중요하다면 기업은 수수료를 지불하고 활동은 계속된다. 그러나 적어도 그런 경우에는, 사회는 입은 피해에 대해 보상을 받을 것이며, 기업은 향후 결정을 내릴 때 피해를 고려할 것이다. 예를 들어 정부는 자동차 제조업체에게 차량이 배출하는 오염의 양과 해당 오염으로 인한 사회 비용과 관련된 수수료를 지불하도록 요구할 수 있다. 이러한 슬라이딩 수수료(sliding fee)는 가장 오염이 심한 차량의 판매를 감소시킬 것이다. 정부가 나머지 판매에 대한 수수료에서 징수한 돈은 대중교통 및 기타 보다 환경친화적인 교통수단을 촉진하는 데 사용될 수 있으며 이러한 차량이 야기하는 피해를 일부 복구할 수 있다.

그러나 기업이 가한 피해에 대한 그러한 구제책은 정부 관리에 의해서만 시행될 수 있다 ─ 이 정부 관리는 선거운동에 많은 자금을 제공하고 경력을 지원하는 크고 부유한 기업 이익에 편향되는 경우가 많은 동일한 정부 관리이다. Citizens United 판례를 뒤집고 현금흐름을 제한하여 그러한 영향력을 줄이려면, 주(state)의 4분의 3이 미국 헌법 개정에 동의해야 한다. 이는 현재의 정치 환경에서 일어날 가능성이 매우 희박한 일이다. 사건이 불과 10년 전에 판결되었고, 판사가 종신직을 수행하기 때문에, 대법원이 사건을 재검토하고 뒤집도록 하는 것도 가능성이 없어 보인다. 따라서 우리가 시민으로서 이 과정에서 우리 자신의 역할에 집중해야만 가까운 미래에 변화가 일어날 것이다.

트럼프 대통령의 사위인 재러드 쿠슈너(Jared Kushner)가 "정부는 고객을 위해 성공과 효율성을 달성해야 한다"고 말한 것처럼 시민들을 서비스를 받아야 할 고객으로 보는 사람들도 있다. 다른 사람들은 쿠슈너의 장인이 특정 미국인의 시민권을 박탈하는 것에 대해 말했을 때와 같이 시민을 부양가족으로 본다. 우리는 정부의 고객도 부양가족도 아니다. 우리는 정부의 보스이다. 선출직 공무원이 선거자금을 기부하는 사람들의 이익을 위해 공동선을 무시한다면, 답은 그들에게 그들의 기부자를 무시하도록 요청하는 것이 아니다. 답은 투표를 통해 그들을 해고하는 것이다.

사람들이 자신의 삶에 영향을 주고, 끊임없는 미사여구를 넘어 좋은 정책을 찾고, 그리고 좋은 정책을 옹호하는 정치인을 지원하는 이슈에 더 큰 관심을 갖도록 영감을 주는 것은 쉽지 않다. 그럼에도 불구하고 미국에 변화를 가져올 수 있는 다른 실질적인 방법은 없다. 나는 이 책이 그 과정에서 어떤 역할을 할 것이라고 생각하고 싶다.

성공적으로 사람들을 화나게 하지만 어떤 실질적인 변화도 달성하지 못하는 수많은 운동은 공공정책에 영향을 미치는 것이 얼마나 어려운지를 보여준다. 많은 경우에 그러한 노력은 상징적인 승리를 거두는데, 일부 사람들은 이를 진정한 변화로 착각한다. 이것은 그들로 하여금 전투에서 이겼고 진정한 승리가 달성되었다고 생각하게 하여 더 이상의 행동을 하지 않도록 한다. 2019년 Business Roundtable에서 발행하고 거의 200명의 미국 대기업 CEO가 서명한 "기업 목적 성명서(Statement of the Purpose of a Corporation)"가 이에 대한 예이다. 우리나라의 경제적 격차 확대로 인한 압박 속에서, 이들 CEO는 "기업은 주주에게 봉사할 뿐만 아니라 고객에게 가치를 제공하고, 직원에게 투자하며, 공급업체와 공정하게 거래하고, 지역사회를 지원해야 한다"고 선언했다. 이것은 좋은 선언이며 그대로 남아 있다. 즉 이것은 언제 어떻게 현실 세계에 어떤 변화를 가져올 것인지에 대한 어떤 암시도 없는 멋진 선언이다.

또 다른 예는 점증하는 경제적 불평등에 대한 인식을 성공적으로 높인 "월가를 점령하라(Occupy Wall Street)" 운동이다. 사람들이 "1 퍼센트" 또는 "99 퍼센트"를 언급할 때, 우리 모두는 그들이 말하는 내용을 대부분 이 운동 때문에 알고 있다. 그럼에도 불구하고 주요 도시의 공원을 점거한 시위대는 실제로 정책이 집행되는 장소(입법부 및 정부 관공서)를 점거하거나 실제로 존재감을 드러내지 못했다. 좋은 정책을 믿거나 말하는 것만으로는, 아무리 많은 사람들이 그렇게 해야 한다고 생각하거나 그렇게 되기를 희망하더라도 아무것도 바뀌지 않는다. 2011년 월가를 점령하라(Occupy Wall Street)가 등장한 이후, 1%와 그 밖의 모든 사람들 사이의 격차는 더욱 크게 벌어져 그 점을 증명하고 있다.

반면에 대침체(Great Recession)의 여파로 낮은 세금과 적은 정부 지출을 요구했던 티파티 운동(Tea Party movement)[9]은 경제에서는 틀렸을지 모르지만(제4부: Part 4에서 경기 사이클에 대해 논의할 때 더 많은 내용이 있다) 정치에서는 정확히 옳았다. 2010년 중간 선거에서 뉴욕타임스는 티파티의 상당한 지지를 받는 138명의 의회 후보를 확인했으며, 그 중 약 1/3이 공직에 선출되었다. 의회에서의 그들의 존재는 대침체에 대한 정부의 대응이 대부분의 경제학자들이 생각했던 것만큼 강력하지 않아 회복이 더디게 된 이유 중 하나일 수 있다.

정리하는 방법은 이 책의 범위를 벗어난다. 그럼에도 불구하고 이 책이 변화를 가져오는 데 있어 가장 어려울 수 있는 부분에 도움이 되기를 바란다. 여기서 변화란 현실 세계에서 작동할 아이디어를 식별하고, 이에 찬성하는 주장을 정리하고, 다른 사람들이 아이디어와 이를 구현하기 위해 노력하는 정치인을 지원하도록 동

---

9 티파티 운동은 2009년 미국에 여러 길거리 시위에서 시작한 보수주의 정치 운동이다. 이 운동의 이름은 보스턴 차 사건의 영어 이름에서 유래되었다. 미국의 진보성향 시민단체인 무브온과는 대립되는 입장이다(역자 주).

기를 부여하는 것이다. 아이디어가 좋고 주장이 명확할수록 사람의 동원이 더 쉽다. 이 책의 서문에서 말했듯이, "민주주의는 구경꾼 스포츠가 아니다." 셰익스피어는 다음과 같이 말했을 때 다른 맥락에서 훨씬 더 교묘하게 말했다. "친애하는 브루투스여, 잘못은 우리 별에 있는 것이 아니라 우리 자신에게 있다."

우리의 민주적 권리와 경제에서 정부의 역할을 논의하기 전에, 우리는 승자독식 경향이 우리 경제에 가하는 특정한 새로운 위협에 대해 논의할 필요가 있다. 우리는 점점 더 시장을 통제하고, 가격을 결정하며, 고용 조건을 정하는 힘을 가진 거대 기업의 자비에 맡겨지고 있다. 다음 장에서는 이 현상과 그에 대해 우리가 할 수 있는 일에 대해 논의한다.

09

기업합병과 경쟁 감소

더 적은 수의 기업이 더 많은 산업을 지배하는 이유는 무엇인가?

독점은 당신이 그것을 가질 때까지 끔찍한 것이다.
- 루퍼트 머독(Rupert Murdoch), 억만장자 사업가이자 미디어 거물

비용우위와 네트워크 효과

제2장에서 논의한 바와 같이 기술혁명은 대규모 사업을 하는 데 드는 비용을 없애지는 못하더라도 크게 줄였고, 가장 큰 생산자들에게 전례 없는 이점을 제공했다. 이러한 규모의 경제는 그들과 경쟁하기 어렵게 만들고, 더 많은 산업이 한 기업(독점) 또는 소규모 기업 그룹(과점)에 의해 지배되게 한다. 이러한 현상으로 인해, 아마존은 이전에는 상상할 수 없을 정도로 대규모로 소매업을 수행할 수 있었고, 우버(Uber)는 거의 모든 곳에서 유비쿼터스로 운송 서비스를 제공했으며,

넷플릭스는 원하는 시간과 장소에서 상상할 수 있는 거의 모든 종류의 비디오 엔터테인먼트를 제공할 수 있었다.

거대 비즈니스의 증가된 이점은 대부분의 산업에 걸쳐 있다. 한 학술 연구에 따르면, 미국 산업의 4분의 3 이상이 1996년부터 2016년까지 기간 동안 집중도의 증가를 경험했으며, 집중도가 가장 크게 증가한 산업의 기업은 "더 높은 이윤 마진, 긍정적인 비정상적 주식 수익률, 보다 수익성 있는 M&A 거래를 통해 시장지배력이 중요한 가치 원천이 되고 있음을 시사한다." 바클레이스(Barclays)[1]의 연구에 따르면, 2000년 이후 기업 집중도가 60% 이상 증가했다.

대기업은 거의 항상 이점이 있다. 지난 20년 동안 변한 것은 아마존, 우버, 넷플릭스, 기타 많은 주요 기업과의 경쟁이 글로벌 인터넷이 제공한 엄청난 수의 고객에게 고정 비용을 분산시킬 수 있는 능력을 고려할 때 거의 불가능해졌다는 것이다. 또한 그들의 규모가 제공하는 경쟁 우위는 그들이 기업을 운영하는 데 필요한 상품과 서비스에 대해 최저 가격을 협상할 수 있는 능력을 제공할 뿐만 아니라 노동을 다루는 데 더 많은 영향력을 행사할 수 있는 능력을 제공한다 — 즉 훨씬 더 많은 규모의 경제이다.

이러한 대규모 신생기업 중 다수는 비용우위 이상의 이익을 누리고 있다. 그들은 "네트워크 효과"로 알려진 현상으로부터 이익을 얻고 있다. 당신은 빵집에서 빵을 살 때 얼마나 많은 사람들이 거기에서 쇼핑하는지 신경 쓰지 않는다. 당신의 주요 관심사는 구입하는 빵의 품질과 가격이다. 그러나 당신이 소셜 네트워킹 사이트나 구입할 소프트웨어를 선택할 때, 얼마나 많은 다른 사람들이 해당 사이트나 해당 소프트웨어를 선택하는지에 대해 많은 관심을 갖게 된다. 그들의 선택이 당신이 얻는 이익에 영향을 미치기 때문이다. 어떻게 영향을 미칠까?

페이스북과 같은 소셜 네트워킹 사이트에는 거의 30억 명의 사용자가 있으며, 당신은 다른 사이트의 훨씬 적은 수의 사용자들 중에서 보다 페이스북 사이트의

---

1 영국 런던에 본사를 둔 은행으로 영국의 다른 4대 예금은행과 마찬가지로 기업합병을 거듭해 대규모 은행으로 성장했다(역자 주).

사용자들 중에서 더 많은 친구, 가족, 지인을 찾을 수 있다. 이는 다른 사이트가 더 잘 설계되고 사용하기 더 간단하더라도 마찬가지이다. 당신의 주요 관심사는 다른 사람들과 연결하는 것이며, 그들은 페이스북에 있다.

마찬가지로 지금까지 사용한 모든 컴퓨터에 마이크로소프트 소프트웨어가 설치되어 있다면, 새 컴퓨터를 구입할 때 마이크로소프트 소프트웨어 구입에 더 관심을 가질 것이다. 이는 마이크로소프트 소프트웨어가 본질적으로 더 우수하기 때문이 아니다. 그것은 단순히 새로운 프로그램을 배우는 데 시간과 노력을 들여야 하기 때문이거나, 직장에서 사용하는 프로그램과 다른 프로그램을 사용하면 파일을 전송하기 어려울 수 있기 때문이거나, 이용해야 하는 대부분의 파일이 마이크로소프트 소프트웨어를 사용하기 때문이다. 네트워크 효과를 통해, 다른 사람들이 상품이나 서비스를 사용하기로 더 많이 선택할수록 당신에게 더 큰 혜택이 주어지고 다른 사람들도 그것을 선택할 가능성이 높아진다.

기술 및 네트워크 효과는 경쟁을 감소시켰고, 더 적은 수의 대기업이 점점 더 많은 경제 부문을 통제할 수 있게 했다. 이것이 왜 문제인가? 산업에 경쟁자가 많을 때, 각 회사는 비즈니스를 잃지 않기 위해 가격을 낮게 유지하고 혁신적인 제품을 개발하며 우수한 고객 서비스를 제공해야 한다는 압박감을 느낀다. 기업이 직면한 경쟁이 적을수록 이러한 압박감을 덜 느끼게 된다. 예를 들어 이러한 지배적인 회사 중 다수가 제공해야 한다고 느끼는 "고객 서비스"를 이해하기 위해, 그들이 당신과 비즈니스를 하기 전에 당신이 명시적으로 수락할 것을 요구하는 여러 페이지의 아주 작은 "서비스 약관"에 대한 변경을 협상해 보라.

또한 더 크고 더 지배적인 기업은 직원을 다룰 때, 더 큰 영향력을 갖고, 노동 절약 기술에 자금을 조달하고 구현할 수 있는 능력이 더 크며, 그리고 세금 감면, 규제 롤백(regulatory rollbacks) 및 기타 정부 혜택을 추구할 때 정치인에게 더 많은 영향력을 행사할 수 있다. 또한 소비자, 공급업체, 노동자, 정부와의 관계에서 이 모든 영향력은 이러한 기업들이 소유주를 위해 경제적 파이의 더 큰 몫을 차지할 수 있도록 한다. 이는 노동에서 자본으로의 소득 이동을 촉진한다. 벤처 캐피탈리스트 피터 틸(Peter Thiel)이 말했듯이 "경쟁은 패자를 위한 것이다".

경쟁촉진

경쟁을 촉진하고 권력이 집중되는 것을 방지하기 위해 무엇을 할 수 있는가? 첫 번째 단계는 많은 정부 자체의 법률과 정책이 이러한 추세를 만들거나 악화시킨다는 사실을 인식하는 것이다.

이러한 법률 중 일부는 경쟁을 방지하기 위해 의도적이고 명시적으로 독점을 설정한다. 예를 들어 정부는 의약품과 같은 제품에 대한 특허를 부여하여, 특허 소유자에게 해당 제품 판매에 대한 독점권을 부여한다. 정부는 컴퓨터 소프트웨어와 같은 지적재산권에 대한 저작권을 부여하여, 다른 사람이 사용하거나 즐길 수 있도록 해당 제품의 라이선스 독점권을 소유자에게 부여한다. 이러한 독점에 대한 정당성은 개발자가 자신이 개발한 제품을 독점적으로 판매할 수 있는 기간이 부여되지 않으면, 새로운 발명품이나 제품이 훨씬 줄어들 수 있다는 것이다. 그것이 그들이 새로운 것을 발명하고 창조하는 데 필요한 엄청난 양의 시간과 돈에 대한 수익을 보장할 수 있는 유일한 방법이다.

그럼에도 불구하고 특정 유형의 신제품, 특히 중요한 신약과 관련하여 일부 가격 제한은 합리적으로 보인다. 특허는 기업이 상당한 개발 비용을 회수하고 상당한 이익을 얻을 수 있는 가격을 부과할 수 있도록 함으로써 기업이 신약을 개발하도록 장려해야 한다. 특허는 사람들의 의학적 필요를 이용하여 막대한 이익을 얻을 수 있는 가격을 허용해서는 안 된다.

혁신을 장려하기 위해 의도적으로 독점을 창출하는 법률과 달리, 더 크고 부유한 기업에 유리하도록 경기장을 기울이는 많은 법률은 정당성이 거의 없다. 대기업의 법무 부서에서 일상적으로 처리하는 복잡한 규정, 과도한 라이선스 요구 조건, 복잡한 세법은 규모가 작거나 법무 부서가 없는 소규모 회사를 상당히 불리하게 할 수 있다.

또한 우리의 법률 시스템은 자금력이 풍부한 대기업에게 비용이 많이 드는 소송으로 경쟁자뿐만 아니라 방해가 될 수 있는 모든 사람을 침수시킬 수 있는 능력을 제공한다. 법률 비용에 관한 "미국 규칙(American Rule)"은 일반적으로 법원 사건의 각 당사자가 자신의 법률 비용을 지불하도록 규정한다. 따라서 소송은 종종 값비싼 외부 로펌을 고용하여 변호해야 하는 소규모 회사를 제소하기 위해 직원 변호사(staff lawyers)에게 접근할 수 있는 대기업에 특히 유용한 전술이다. 소송을 당한 당사자가 자신에 대한 소송을 각하하거나 궁극적으로 소송에서 승소하더라도, 그들은 여전히 자신이 잘못한 것이 없음을 입증하는 법률 비용을 부담해야 한다. 나는 전에 경쟁사를 상대로 매우 적극적으로 소송을 제기하는 대기업의 직원 변호사에게 누가 업무 스트레스가 많은지 물어보는 것을 우연히 들은 적이 있다. 그 변호사는 "나는 스트레스를 받지 않는다, 스트레스를 준다."고 대답했다.

많은 선출직 의원들은 소기업의 미덕에 대해 립 서비스를 제공하고 종종 다정하게 소기업을 "엄마와 팝스(mom and pops)"[2]라고 부른다. 또한 연방정부의 중소기업청(Small Business Administration)은 중소기업을 위한 국내 유일의 자원 및 목소리로서 상담, 자본, 계약 전문지식을 제공한다. 대부분의 지방정부에는 중소기업 지원을 목표로 하는 유사한 부서가 있다. 그럼에도 불구하고 많은 경우 의도하지 않게, 대기업에 유리하게 작용하는 많은 법률과 규정이 여전히 유지되고 있으며, 시간이 지남에 따라 그 수와 복잡성이 증가하는 것으로 보인다.

규모의 경제 및 네트워크 효과 증가는 경쟁을 되살리는 데 심각하고 전례 없는 위협을 가하고 있다. 이들은 막강한 세력이므로, 대기업에 유리한 정부 정책을 취소하면 단지 문제를 늦출 뿐이다. 과거에 정부는 산업을 지배하거나 독점하기 시작한 기업을 통제하기 위해 세 가지 주요 접근 방식을 시도했다.

---

2 "엄마와 팝스"는 소규모, 가족 소유 또는 독립 사업체를 설명하는 데 사용되는 구어체 용어이다 (역자 주).

첫 번째는 기업이 너무 크고 강력해지면 기업을 해체하거나, 처음부터 기업이 합병하여 너무 강력해지는 것을 막기 위해 선제적으로 행동하는 것이다. 100년 전에 채택된 독점금지법은 정부가 이를 수행할 수 있도록 권한을 부여하고 있다. 이 권력의 가장 유명한 행사 중 하나는 1980년대 정부가 미국에서 전화 독점권을 갖고 있던 "벨 전화 회사(Bell Telephone Company)"를 해체했을 때 발생했다. 벨 전화 회사의 독점은 위에서 논의한 두 가지 현상 때문이었다. 첫째, 전화 네트워크의 고정 비용을 수백만 명의 사용자에게 분산시킬 수 있어, 새로운 사용자를 연결하는 데 비용이 매우 적게 들기 때문에 규모의 경제가 컸다. 둘째, 미국에 있는 거의 모든 사람이 고객이므로 병렬 네트워크를 설정하는 것이 불가능하지는 않더라도 어렵다. 오늘날의 무선 통신업체와 달리, 벨 전화 회사는 네트워크 외부에서 걸려오는 전화를 환영하지 않았다.

정부는 벨 전화 회사를 "베이비 벨(Baby Bells)"이라는 소규모 지역 전화 회사로 분할했다. 그 이후 이 작은 전화 회사들 사이에 합병이 있었고, 그 결과 AT&T와 버라이즌(Verizon)이라는 두 회사가 무선 전화 시장의 약 70%를 장악할 정도로 성장했다. 이 두 회사는 본질적으로 시장의 100%를 지배하는 회사보다 시장지배력이 더 낮은가? 정부는 한 회사가 전화 시장을 지배하도록 허용할 가능성이 없기 때문에, AT&T와 버라이즌이 서로 너무 치열하게 경쟁할 인센티브가 많지는 않지만 가능은 하다.

규모의 경제와 네트워크 효과는 광대역 액세스, 소셜 네트워킹, 인터넷 검색 서비스, 익일 배송 홈쇼핑을 제공하는 산업과 같은 많은 새롭고 중요한 산업에서 특히 중요하다. 이러한 산업에서 가장 큰 회사에 제공되는 이점의 크기와 네트워크는 이러한 회사가 단순히 해체되더라도 사라지지 않는다. 전화 산업과 마찬가지로 이러한 이점은 해체 후에도 새로운 지배 기업의 재등장으로 이어질 가능성이 높다.

그러한 산업에서 기업을 유지하려면, 경쟁이 매우 치열하기 때문에 합병을 장려하는 경향에 맞서 정부가 경계를 늦추지 않고 맞서야 한다. 다른 한편으로는 소비자에게 전달되는 규모의 경제와 네트워크 효과의 이점 중 일부를 포기하는 것을 의미할 수도 있다. 예를 들어 벨 전화 회사가 해체된 직후 지역 전화 서비스(시내전화 요금)는 더 비싸졌다. 그 이유는 벨 전화 회사가 지역 서비스에 보조금을 지급하기 위해 매우 수익성이 높은 장거리 전화를 사용했기 때문이다. 그럼에도 불구하고 벨 전화 회사가 독점권을 유지했다면, 본질적으로 무료 장거리 전화와 수많은 다른 통신 혁신이 없었을 것이다.

정부가 시도한 두 번째 접근 방식은 단순히 기업을 소유하고 통제하는 것이다. 뉴욕시가 1940년 Brooklyn-Manhattan Transit Corporation(BMT)과 Interborough Rapid Transit Company(IRT)를 인수했을 때, 당시 운영되던 2개의 개인 소유 지하철 노선이 그랬다. 또한 정부가 미국 우편 서비스(U.S. Postal Service) 및 암트랙(Amtrak)[3]과 같은 특정 기업을 운영하는 이유이기도 하다. 우편배달, 철도 서비스 및 기타 기업을 운영하려면, 막대한 자본 투자가 필요하며 규모는 중요한 이점을 제공한다. 다른 국가들은 항공사 및 에너지 회사와 같이 막대한 자본 투자가 필요한 사업체를 훨씬 더 기꺼이 소유했다. 정부가 통제하는 회사는 종종 경쟁에 직면하지 않는 민간 독점과 매우 흡사하다. 그 회사들은 가장 효율적이거나 혁신적이거나 소비자 지향적이지 않은 경향이 있다. 이 문제에 대해 더 잘 알고 싶다면 암트랙을 타라.

세 번째 접근 방식은 기업 운영 방식을 규제하고 청구 금액을 제한하는 것이다. 이것은 정부가 뉴욕시의 전기 공급업체인 콘솔리데이티드 에디슨(Consolidated Edison)과 같은 대부분의 전기 및 가스 유틸리티에 대해 취한 접근 방식이다. 이러한 규제는 지배적인 기업이 소비자와 강력한 직원에게 과도한 요금을 부과하는

---

3 전미 여객 철도공사(National Railroad Passenger Corporation), 이하 줄여서 암트랙(Amtrak)은 와이오밍과 사우스다코타를 제외한 미국 전 지역과 캐나다의 9개 도시에 여객 철도 운송업을 하는 준공영 기업으로, 암트랙이란 낱말은 American과 track의 합성어로 본사는 워싱턴 D.C.에 위치해 있다(역자 주).

능력을 억제할 수 있다. 그러나 기업이 고객에게 더 나은 서비스를 제공하고 고객에게 도움이 되는 창의적인 신제품을 내놓도록 장려하는 규제의 능력은 더 제한적이다.

우리가 이미 논의한 바와 같이 산업을 지배하게 된 거대 기업은 투자자를 위해 경제적 파이의 더 큰 몫을 차지할 수 있으므로 노동에 대한 몫을 줄일 수 있다. 일부 경제 문제는 상대적으로 쉽게 답을 얻을 수 있다. 이 문제는 그렇지 않다. 그래서 나는 기업 해체, 공공 소유, 규제를 이 문제에 대한 "해결책"이 아닌 세 가지 "접근 방식"이라고 불렀다.

개별 산업은 다르고, 권력은 다른 이유로 집중된다. 그것은 규모의 경제(전기 유틸리티의 경우처럼), 네트워크 효과(페이스북의 경우처럼), 모든 경쟁에 대한 극도로 공격적인 접근 방식(1900년대 초 록펠러의 석유 정제에 대한 거의 독점의 경우처럼), 또는 이들의 조합일 수 있다. 일단 획득한 권력의 효과는 온건할 수도 있고(예: 방대한 일자리 데이터베이스에 접근할 수 있을 때) 파멸적일 수도 있다(예: 한 회사가 우리가 보는 모든 뉴스를 큐레이팅할 때). 그러한 권력 집중에 대한 모든 대응은 이러한 차이를 고려해야 한다. 규모의 경제 또는 사용자를 위한 보다 강력한 네트워크로 인해, 잠재적으로 더 낮은 가격으로 대규모 조직이 제공할 수 있는 편익을 그들의 힘과 영향력이 노동자와 사회 전반에 부과할 수 있는 비용과 저울질해야 한다.

이러한 유형의 "비용－편익 분석(cost－benefit analysis)"은 경제학자들 사이에 매우 인기가 있으며, 그것은 당연하다. 그것은 큰 조직이 시장을 지배하게 하거나, 해체하거나, 인수하거나, 규제하는 것과 같은 각 대안의 강점과 그러한 대안의 약점을 저울질한다. 비용과 비교하여 가장 큰 편익이 있는 대안을 선택해야 한다. 요령은 달러 가치를 계산하거나 매기는 것이 얼마나 어려운지, 누가 부담하는지에 관계없이, 모든 비용과 편익을 포함하는 것이다. 이 요령은 우리가 결코 볼 수 없는 혁신이나 발명, 제품 유형의 다양성 감소, 잠재적 경쟁자의 환멸, 그리고 일반적으로 덜 역동적이고 경쟁적인 경제를 포함할 수 있는 집중된 권력의 비용과 관련하여 종종 잘 해내기 어렵다.

더 크고 더 지배적인 기업에서, 권력, 부, 그리고 영향력이 증가하는 추세는 저절로 멈추지 않을 것이다. 기후변화와 마찬가지로 그것은 점차적으로 그리고 거의 눈에 띄지 않게 발생한다. 또한 기후변화와 마찬가지로 우리는 위험을 무릅쓰고 그것을 무시한다.

중요한 경제 문제를 무시하기보다 정면으로 해결하기 위한 집단행동의 필요성은 우리나라가 경기침체와 관련하여 배운 교훈이다. 대공황(Great Depression) 이후, 사람들은 정부가 경기침체에서 벗어나 경기 순환의 변동을 완화하는 데 도움을 줄 것으로 기대하게 되었다. 이를 위해 정부가 사용하는 수단은 이 책의 다음 부분의 주제이다.

PART IV

경기 순환

10

버블의 형성과 붕괴(Boom and Bust)

올라간 것이 내려와야 하는가?

"경기침체란 내 이웃이 실직자가 되는 것을 말한다. 不況(불황)이란 내가
실직자가 되는 것을 말한다. 경기회복이란 지미 카터(Jimmy Carter)가 실
직자가 되는 것을 말한다."

– 1980년 대선 당시 로널드 레이건(Ronald Reagan)

경기침체란 무엇인가?

코로나바이러스 관련 경기침체(recession)와 2008년의 대침체(Great Recession)
는 가장 최근에 발생한 경기침체이다. 많은 집계에 따르면, 1930년대 초 대공황
(Great Depression) 이후 적어도 12번의 다른 경기침체가 있었다. 이러한 경기침체
는 정확히 무엇이며, 왜 계속 발생하는가?

일반적으로 "경기침체"는 연속 2분기 동안 생산량(즉 GDP)이 감소하는 것으로 정의된다. 따라서 지난 분기의 생산량이 감소하고, 이것이 다음 분기에 다시 발생하면, 일반적으로 경제는 경기침체에 빠진 것으로 간주된다. "불황(depression)"이라는 용어는 "경기침체"라는 용어와 같이, 널리 받아들여지는 정의가 없지만, 일반적으로 특히 심각한 경기침체를 의미한다. 얼마나 심각한가? 지난 100년 동안, 1930년대에 발생한 "대공황"만이 일관되게 불황이라고 불린다. 2008년에 발생한 경기침체는 대부분의 경기침체보다 심했지만, 대공황만큼 심하지는 않았기 때문에, 일반적으로 "대침체(Great Recession)"라고 불린다.

우리 대부분은 분기별 GDP 수치를 따르지 않는데, 경기가 침체에 빠졌다는 것을 어떻게 알 수 있을까? 제4장에서 논의한 것처럼 경제의 상품과 서비스의 총생산량은 총소비 및 총소득과 같다. 따라서 생산량이 감소하면 소비와 소득도 함께 감소한다. 이것은 우리가 더 큰 실업률(더 적은 생산량을 생산하기 위해 더 적은 수의 노동자가 필요하기 때문에), 소득 감소(더 많은 노동자가 해고됨에 따라), 대부분 가격 하락(기업이 더 작고 덜 부유한 고객에게 판매하기 위해 경쟁함에 따라), 그리고 더 많은 파산, 압류 및 퇴거를 보게 될 것임을 의미한다.

그렇다면 소득이 줄면 어떻게 될까? 사람들은 훨씬 더 적게 소비한다. 사람들이 더 적게 소비하면 어떻게 될까? 소득은 더 많이 줄어든다. 소득이 더 많이 줄어들면 어떻게 될까? 나는 당신이 "경제는 하향곡선에 접어든다"는 그림을 떠올릴 것으로 생각한다. 이것은 "이 하향곡선은 처음에 어떻게 시작되는가?"라는 질문을 제기한다.

경기침체의 원인은 무엇인가?

수요충격

심각한 침체에 대한 경제적 용어가 심각한 침체에 대한 심리학 용어인 "우울증

(depression)"과 동일하다는 사실은 그 원인에 대한 실마리를 제공한다.[1] 전형적인 불황(또는 더 일반적으로 경기침체)에서 변화하는 것은 사회의 전반적인 분위기와 전망이다. 전염성 우울이 이어지고, 사람들은 덜 쓰고, 생산량이 감소하며, 소득이 줄어든다. 이러한 전망 변화를 "수요충격(demand shock)"이라고 한다. 사람들의 소비 의향이 갑자기 감소하고 더 적은 상품과 서비스를 "수요(demand)"하기 때문이다.

수요충격은 대규모의 심리적 현상이다. 경기가 침체되더라도 공장은 무너지지 않고 노동자들은 자신의 기술을 잊지 않으며 경제의 자원은 사라지지 않는다. 일반적인 불황이 시작되기 직전과 시작된 직후에, 당신은 공장의 산업 능력, 기업의 생산 잠재력, 노동자의 기술 수준을 테스트할 수 있으며, 당신은 어떤 차이도 알아채지 못할 것이다. 변화하는 것은 사람들의 관점이다. 경기침체는 순전히 심리적 현상으로 시작될 수 있지만, 그것은 매우 빠르게 실제 결과를 초래한다.

왜 사람들은 갑자기 관점을 바꾸고 비관적이 되며 소비를 줄이고 소득이 줄어드는 악순환을 시작하는가? 경제학자와 기업가들은 종종 주식, 부동산, 또는 그 가치가 급격하게 상승한 기타 자산의 가치가 갑작스럽게 폭락하는 것을 우울의 원인으로 지적하고 있다. 이러한 현상을 자산 "거품(bubble)"이라고 하며, 가격 폭락을 거품의 "붕괴(bursting)"라고 한다. 그 자산이 1929년의 주식이나 2008년의 주택과 같이 많은 사람들에게 영향을 미칠 때, 거품의 붕괴는 수요충격과 그에 따른 경기침체를 일으킬 가능성이 있다. 이것은 처음에 거품이 형성되는 이유에 대한 의문을 제기한다. 왜 일부 자산의 수익은 나중에 폭락하고 소각될 때만 갑자기 팔려나가는가?

대답은 (또 다시) 집단 심리학(mass psychology)이다. GDP가 성장하는 호황기에는 사람들이 낙관적이 된다. 사람들은 큰 수익을 올릴 것이라는 기대를 가지고 주식, 부동산, 기업, 기타 자산에 투자한다. 많은 경우에 특히 높은 수익을 내는 자

---

1 나는 심리학 용어 "우울증(depression)"을 비공식적으로 사용하고 있으며, 화학적 불균형이나 생리적 문제로 인해 유발될 수 있는 특정 임상 증상 세트를 언급하지 않는다.

산이 이례적인 관심을 끈다. 그것은 많은 수의 투자자들을 끌어들여 합리적인 분석이 예측하거나 정당화할 수 있는 모든 것을 능가하여 훨씬 더 가격을 치솟게 한다. 존 메이너드 케인즈는 이 현상을 "야성적 충동(animal spirits)의 결과 — 양적 확률을 곱한 양적 이익의 가중 평균 결과가 아니라 행동하지 않기보다는 행동에 대한 자발적인 충동."이라고 말했다.

자산 거품에 휩싸인 많은 투자자들은 그들이 지불하고 있는 가격과 상승하는 자산을 사기 위해 취할 수 있는 대출이 어리석을 수 있음을 깨닫는다. 그럼에도 불구하고 투자자들은 이익을 남기고 자신의 투자대상을 팔 수 있는 더 큰 바보가 항상 있을 것이라고 생각한다. 집단심리, 다른 투자자들이 어떻게 부자가 되었는지에 대한 끊임없는 일화, 그리고 놓치는 것에 대한 두려움 때문에, 많은 사람들이 어리석게 행동할 수 있다. 경제학자들은 이것을 "더 큰 바보 이론(greater fool theory)"이라고 부른다. 그리고 그것은 더 이상 바보가 남지 않고, 내가 "더 큰 바보"라고 부르는 투자자가 마침내 거품이 터질 때 자산에 갇히게 될 때까지 작동한다.

이 현상에 대해 더 알아보기 위해 2008년의 대침체(Great Recession)를 살펴보자. 경기가 호황이었던 2000년대 초반, 대출기관들은 주택시장에 대한 낙관론에 사로잡혔다. 주택담보대출(mortgage loans)에 대한 대출자격을 갖추는 데 더 자유로워졌다. 많은 대출기관은 심지어 신용이 의심스러운(또는 실제로 나쁜) 사람들에게 주택담보대출을 제공하기 시작했고, 대출을 받은 사람들은 감당할 수 없는 주택을 구매할 수 있게 되었다. 주택담보대출에 대한 더 많은 돈은 더 많은 주택 구매로 이어져 주택 가격 상승으로 이어졌다. 이것은 집을 빠르게 재판매하거나 세입자에게 임대하기 위해(그리고 투자자들이 계속 인상되는 임대료를 받기 위해) 주택을 구입하기 시작한 투자자들의 관심을 끌었다. 주택 가격이 상승함에 따라, 대출기관은 업계에서 "NINJA" 대출[2]이라고 부르는 일부 대출기관과 함께 기준을 더욱

---

2 NINJA 대출(소득 없음, 직업 없음, 자산 대출 없음)은 대출기관이 신청자의 상환 능력을 예측하는 특정 속성을 확인하려는 시도가 거의 또는 전혀 없이 차용인에게 확장된 대출을 설명하는 데 사용되는 용어이다. 닌자 대출은 2008년 글로벌 금융위기, 즉 주택시장의 붕괴에 기여한 요인이

낮췄다.

이 구매 행위와 주택 가격 폭등에 자금을 지원하는 대출기관은 무엇을 생각하고 있었을까? 많은 사람들은 이 대출을 다른 투자자들에게 판매함으로써 빠른 이익을 얻을 수 있다고 믿었기 때문에, 그들은 더 이상 대출금 상환 여부에 신경을 쓸 필요가 없었다. 그리고 대부분 정확했다. 그럼에도 불구하고 이러한 대출의 소유권이 몇 번이나 바뀌더라도, 각 대출에는 자금을 조달할 최종 구매자가 있었다. 그래서 그들은 무슨 생각을 했을까?

이러한 대출의 최종 구매자가 투기 열풍에 휘말리는 대신 실제로 자신이 무엇을 하고 있는지 생각하고 있는 한, 그들은 두 가지 일 중 하나가 일어날 것이라고 생각했다. 즉 차용인은 주택담보대출을 상환하거나, 또는 상환을 하지 않을 것이다. 차용인이 돈을 갚으면, 대출 구매자는 신용이 있는 차용인에게 이루어진 대출을 사는 것보다 더 많은 돈을 벌게 될 것이다. 왜냐하면 더 위험한 대출은 이자율이 더 높기 때문이다. 차용인이 돈을 갚지 못하면, 그들은 단순히 집을 되찾아(즉 압류) 부동산 가격이 영원히 오르는 시장에 이익을 남기기 위해 팔 것이다. 그들은 어느 쪽이든 생각했고, 그들은 이겼다. 그렇다, 권위 있는 학위, 멋진 스프레드시트(spreadsheets), 그리고 막대한 수입을 가진 정교한 투자자조차도, 전염성 있는 낙관주의의 희생양이 되어 우리 모두가 알고 있는 것을 잊을 수 있다. 즉 우리 모두는 어떤 주요 자산의 가격도 영원히 지속적으로 치솟을 수는 없다는 것을 알고 있다. 그것은 맞는 것처럼 들리는데, 왜 맞는 걸까?

대침체 이전 10년 동안(1996~2006년) 주택 가격은 총 93% 상승했다. 그러나 그 기간 동안 중간 소득은 전체 약 36% 증가했다. 주택 비용이 각 가구 총예산의 점점 더 많은 부분을 차지하는 상황은 점점 더 적은 수의 미국인들이 집을 살 여유가 있게 만들 것이다.[3] 이 상황은 언젠가는 끝나야 한다. 그 시점은 2007년으로 주

었다. 이후 미국 정부는 신용 시장 전반에 걸쳐 대출 기준을 개선하기 위해 새로운 규정을 발표했다(역자 주).

3 맨해튼(Manhattan)이나 샌프란시스코(San Francisco)와 같은 특정 시장의 주택 가치는 전체 경

택 가격 상승세가 둔화되어 연말에 마이너스로 돌아섰다.

의문이 남아 있다: 더 지속 가능한 성장 수준으로 천천히 수축하여, 수요에 대한 "충격"을 작게 일으키지 않고 거품이 갑자기 붕괴하는 이유는 무엇인가? 답은 역시 인간의 본성에서 찾을 수 있다.

2000년대 중반에 주택시장에 끌린 투자자들은 큰 수익을 기대했고, 수년 동안 그러한 기대는 충족되었다. 그러나 2007년 주택 가격이 점점 하락하고 가격 상승세가 둔화되면서 새로운 투자자들은 투자할 다른 곳을 찾기 시작했다. 또한 많은 기존 투자자들은 시장 최고점처럼 보이기 시작한 것을 현금화하거나, 단순히 광택을 잃기 시작한 자산을 팔아 버리기 위해 집을 시장에 내놓기 시작했다. 매수자 감소와 매도자 증가로 집값 상승세는 더욱 둔화됐다. 결과적으로 훨씬 더 많은 부동산 투자자들이 자신들의 이익을 팔고 고정시키려 했다(또는 미래의 손실을 피하기 위해). 투자자들이 가격 하락을 알아채기 시작하고, 출구를 향해 달려가고, 시장이 범람하고, 그리고 거품이 터지면서 하락세는 시작되었다. 2007년 집값 정체에 이어, 2년 동안 매년 평균 6% 이상 주택 가격이 하락했다.

부동산 구매에 레버리지(부채의 또 다른 동의어)를 광범위하게 사용하면서 시장 붕괴가 가속화되었다. 왜 그랬을까? 내 돈으로 50만 달러를 써서 집을 샀는데 집값이 35만 달러로 떨어졌다면, 나는 여전히 그 집에 35만 달러에 대한 이자를 갖고 있기 때문이다. 내가 집을 보유하기로 선택하면, 저점에서 집 가치가 상승하는 모든 달러는 내 주머니에 있는 달러이다. 내가 집을 팔기로 선택하면, 150,000달러의 손실이 발생한다.

반면 내가 내 돈 10만 달러와 주택담보대출 40만 달러를 사용해서 집을 샀다면, 그 집에 대한 이자는(10만 달러 투자금 전액) 완전히 사라진다. 또한 집값이 오르더라도 대출금이 여전히 집값을 초과하기 때문에, 첫 50,000달러 인상분 중 1달러도 내 주머니에 들어가지 않을 것이다. 아마 더 중요하게도, 나는 이제 겨우

제보다 빠르게 성장할 수 있다. 이러한 가치는 소득이 경제보다 빠르게 성장하는 비교적 소수의 사람들의 지출에 의존하기 때문이다.

350,000달러 가치가 있는 집에 대한 400,000달러 주택담보대출을 매월 지불해야 한다는 것이다. 본질적으로 나는 단순히 집을 포기하는 것만으로도 순자산을 5만 달러 늘릴 수 있다. 즉 나는 350,000달러 짜리 집을 잃었지만 400,000달러의 빚에서 벗어났다.[4] 시장이 침체되기 시작했을 때, 2008년 대침체 이전 몇 년 동안 만들어진 위험한 주택담보대출이 그렇게 많이 망가진 것은 놀라운 일이 아니다.

우리는 거품이 붕괴하는 이 현상을 쉽게 이해할 수 있지만, 이벤트 시점은 미스터리로 남아 있다. 투자자들은 자산 거품을 타고 거품이 붕괴하기 직전에 매도함으로써 많은 돈을 벌 수 있다. 주가 하락부터 장기 채권 금리를 초과하는 단기 채권 금리(많이 인용되는 "역 수익률 곡선")에 이르기까지 각종 지표가 경기침체 직전에 관한 가능한 실마리로 거론되고 있다. 여러 세대에 걸쳐 대학생들이 사용하는 경제학 입문 교과서의 저자인 폴 새뮤얼슨(Paul Samuelson)은 주식시장이 지난 5번의 경기침체 중 9번을 예측했다고 빈정댔다. 경제학자들도 경제의 미래를 예측하는 데 큰 성공을 거두지 못하고 있다. 심리학자와 그 문제에 대해 다른 모든 사람들과 마찬가지로 경제학자들은 국가 분위기가 바뀔 정확한 시간을 예측하는 데 어려움을 겪는다.

즉 소수의 사람들이 그러한 예측을 성공적으로 수행했다. 전설에 따르면 케네디 대통령의 아버지인 조셉 케네디(Joseph Kennedy)는 1929년 구두닦이 소년이 그에게 주식 정보를 준 후, 주식이 폭락하기 직전에 주식을 매도하기로 결정했다고 한다. 그는 구두닦이 소년이라도 주식을 사고팔면 주식시장이 최대한 올라간다고 생각했다. 즉 모든 여분의 달러는 이미 시장에 투자되었으므로 시장이 갈 수 있는 유일한 방향은 하락하는 것으로 생각했다. 최근에는 헤지펀드 매니저 마이클 버리(Michael Burry)가 파생증권(구체적으로는 CDS)을 이용해 주택 가격이 급락

---

4 주택 구입과 관련하여 이루어진 대부분의 담보 대출은 비소구 대출이다. 즉 대출기관은 채무 불이행 시 주택을 취득할 수 있지만 다른 것은 취득할 수 없다. 대출기관은 차용인의 다른 자산이나 수입을 가져갈 수 없다. 그러나 대출기관은 채무불이행을 신용 보고 기관에 보고할 것이며. 채무불이행 차용인이 새로운 대출을 받을 경우 피해를 입을 수 있다.

할 수 있다는 데 베팅했다. 그는 정기적으로 베팅에서 돈을 잃었기 때문에, 자금 제공자들로부터 몇 년 동안의 회의론을 견뎌냈다. 책과 영화 <빅 쇼트: Big Short>에 묘사된 것처럼 그는 주택 거품이 결국 터질 때까지 간신히 버텼고 많은 돈을 벌 수 있었다. 그럼에도 불구하고 조셉 케네디와 마이클 버리에게 좋은 것은 경제에 매우 나빴다.

공급충격

때때로 수요충격 이외의 요인이 경기침체를 유발한다. 또한 경기침체는 국가에 대한 직접적인 물리적 피해로 인해 촉발될 수 있으며 이로 인해 상품 및 서비스 생산 능력이 감소한다. 상당한 수의 사람들이 일을 할 수 없거나 사망한다면(예: 전쟁 또는 전염병으로 인해), 또는 생산에 필요한 물리적 기반시설 또는 공급품의 상당 부분이 파괴되거나 쉽게 구할 수 없다면(예: 자연재해 또는 적대적 행동으로 인해), 생산이 감소할 것이다. 경제학자들은 상품과 서비스의 공급에 직접적인 영향을 미치고, 특히 어려운 경기침체를 야기할 수 있는 이와 같은 사건을 "공급충격(supply shocks)"이라고 부른다.

2020년 이전에는 공급충격 침체의 고전적인 예는 석유수출국기구(OPEC) 회원국이 부과한 석유 금수 조치에 뒤이은 것이다. 금수 조치는 1973년 욤 키푸르 전쟁(Yom Kippur War) 동안 이스라엘을 지원하는 것으로 OPEC이 인식한 미국과 다른 국가를 표적으로 삼았다. 석유는 사실상 모든 생산 활동에 필수적이기 때문에 (작가들도 컴퓨터에 전기를 필요로 함), 석유 공급 감소와 가격 상승으로 거의 모든 유형의 생산이 훨씬 더 비싸고 어려워졌다. 예상대로 심각한 경기침체가 뒤따랐다.

훨씬 더 최근에 불행하게도 공급충격으로 인한 경기침체의 또 다른 예가 있다. 코로나바이러스로 인해 정부는 경제의 전체 부문을 폐쇄하여 많은 상품과 서비스의 공급을 갑자기 줄였다. 정부가 경제의 많은 부분을 폐쇄하지 않았다면, 아마 겁에 질린 직원들의 주요 결근과 함께 훨씬 더 많은 사망자가 발생했을 것이며, 잠재적으로 생산량이 훨씬 더 감소했을 것이다. 그러나 국가는 코로나바이러스가 경제를 방해하고, 물건을 덜 생산하고, 물건을 덜 사고, 돈을 더 적게 벌게 할 운명이라고 반응했다. 당신이 예상할 수 있듯이, 공급충격은 소비자 심리를 위축시키며, 일반적으로 수요충격을 유발한다.

당신은 사람의 침체 원인을 보는 방식으로 경기침체의 원인을 볼 수 있다. 심리적 불안에 시달리는 사람은 수요충격에 시달리는 경제와 비슷하다. 비관적이고 우울한 전망이 사람과 경제를 압도하여 생산성을 떨어뜨린다. 다리가 부러지거나 동맥이 막히는 것과 같은 심각한 신체적 질병을 앓고 있는 사람은 공급충격에 시달리는 경제와 같다. 신체에 대한 직접적인 손상은 생산성을 떨어뜨린다. 신체적 질병으로 고통받는 사람도 사기를 잃을 가능성이 높으며, 공급충격이 자체 수요충격을 유발할 가능성이 있는 것처럼 잠재적으로 생산성 회복을 더욱 어렵게 만든다.

지금까지 우리는 경기침체의 원인에 대해 논의했으므로, 정부가 경기침체에 대해 무엇을 해야 하는지에 대한 질문으로 넘어갈 수 있다. 제11장과 제12장에서 우리는 연방준비제도(Federal Reserve System)와 경기침체에 대처하는 데 사용되는 두 가지 주요 수단 중 하나인 통화정책에 대해 논의할 것이다. 제13장에서 다른 주요 수단인 재정정책(정부 지출 및 조세 정책)에 대해 논의할 것이다.

11

연방준비제도(FRS)와 은행

연준(Fed)의 역할은 무엇이며 새 돈은 어떻게 만들어지는가?

국민이 우리의 은행 및 통화 시스템을 이해하지 못하는 것은 좋은 일이다. 만약 그들이 이해한다면 내일 아침 이전에 혁명이 있을 것이라고 나는 믿는다.

— 헨리 포드(Henry Ford)

연준은 무엇이며, 무엇을 하는가?

거의 항상 "Fed"라고 불리는 미국 연방준비제도(Federal Reserve System)는 미국의 중앙은행이다. 가장 작은 국가를 제외한 모든 국가에는 중앙은행이 있다. 영란은행(Bank of England), 호주준비은행(Reserve Bank of Australia), 스위스 국립은행(Swiss National Bank)과 같은 이름은 연준과 다르지만, 중앙은행은 모두 국가의 통화정책을 수행할 책임이 있다. 즉 국가의 화폐공급을 통제하여 이자율과 경제 활동에 영향을 미친다. 유로(euro)를 사용하는 국가들은 예외이다. 이들 국가들은 하나의 공동 중앙은행인 유럽중앙은행(ECB: European Central Bank)을 가지고 있다.

연준은 1913년 미국 정부에 의해 독립기관으로 설립되었다. 연준의 본부는 워싱턴 D.C.에 있고, 미국 전역의 주요 도시에 12개의 지역 연방준비은행(regional reserve banks)이 있으며, 관할 지역의 은행을 감독할 책임이 있다. 14년 임기로 대통령이 지명하고 상원에서 인준한 7명으로 구성된 이사회가 연준을 감독한다. 대통령은 7명 중 1명을 상원의 동의를 얻어 4년 임기의 연준 의장으로 선출한다. 이사들은 일반적으로 금융산업 및 학계에서 매우 저명한 사람들이다. 일단 이사로 임명되면 정책 견해를 이유로 해임될 수 없다. 이사의 긴 임기는 일상적인 정치적 압력으로부터 그들을 보호하기 위한 것이다. 여러 면에서 연준은 미국 법원 시스템과 같은 구조를 가지고 있다. 독립성을 유지하기 위해 장기간 복무하는 공무원이 있는 정부와는 별개이다.

연준에는 두 가지 임무가 있다. 첫 번째는 은행을 위한 은행 역할을 하는 것이다. 개인, 기업, 정부 기관, 그리고 사실상 모든 공공 및 민간 조직(은행 제외)은 모두 은행에 예금한다. 은행은 연준에 예금한다.[1] 당신이 은행에 100달러를 예금할 수 있는 것처럼 은행은 당신의 100달러를 연준의 은행 계좌에 예금할 수 있다. 은행에 있는 당신의 기본 계좌를 당좌계좌(checking account)라고 한다. 연준에 있는 은행 계좌를 "준비금 계좌(reserve account)"라고 한다.

당신이 통화를 은행에 예금하는 대신 보유할 수 있는 것처럼 은행도 예금자의 돈을 연준에 예금하는 대신 통화로 보유할 수 있다. 그러나 실질적으로 사람들이 대부분의 돈을 집이 아닌 은행에 보관하는 것과 같은 이유로, 은행은 예금의 대부분을 금고가 아닌 연준에 보관한다. 그것이 더 쉽고 더 안전하기 때문이다. 은행 "준비금"은 단순히 은행이 연준에 예금한 금액에 은행이 보유하고 있는 상대적으로 적은 양의 통화를 더한 것이다. 또한 연준은 국가의 은행 시스템을 감독하고 안

---

1 중앙은행 디지털 통화에 대한 일부 제안(제3장에서 언급)에 따라, 연준은 모든 사람에게 계좌를 제공하기 시작할 것이다.

전과 건전성을 보장하기 위한 정책을 수립한다.

연준의 또 다른 주요 역할은 ― 경기침체에 관한 논의에서 중요한 것 ― "이중 임무(dual mandate)"를 수행하는 것이다. 한편으로 연준은 완전고용을 달성할 책임이 있다(본질적으로 경제성장을 유지하는 것을 의미함). 다른 한편으로 연준은 물가안정(연준은 연평균 2% 이상의 인플레이션을 방지하는 것으로 해석함)을 달성할 책임이 있다.

정부가 연준을 설립하기 전에 경제는 훨씬 더 불안정했다. 우리가 논의한 바와 같이 뱅크런과 금융 "패닉"(은행 파산, 시장 붕괴, 경제적 난기류, 대량 해고 등)은 흔한 일이었다. 연준이 설립되기 전 세기에 적어도 13번의 별도의 금융 패닉이 발생했다. 우리 경제는 여전히 기복이 있지만, 일반적으로 연준이 설립된 이후 그 변동폭은 덜 극단적이었다.

그러나 이중 임무(완전고용과 물가안정의 동시 달성)는 다소 모순적인 목표를 부과한다. 나는 제3장에서 많은 돈을 경제에 투입하면 사람들이 더 많이 소비하게 될 것이라고 언급했다. 기업은 가능한 한 더 많이 고용하고 생산함으로써 반응할 것이다. 그러나 화폐량의 증가가 생산량의 증가보다 크면 인플레이션이 발생한다. 반면에 인플레이션을 방지하기 위해 화폐 발행을 제한하면 완전고용을 달성할 수 있는 충분한 지출을 촉진하지 못할 위험이 있다. 연준의 목표는 최적의 지점을 찾는 것이다. 즉 완전고용을 달성할 만큼 충분히 경제를 자극하지만 인플레이션을 부추기기에는 충분하지 않은 경우이다.

화폐량(금융경제에서 오는 것)의 증가가 어떻게 고용과 생산(실물경제)에 그렇게 큰 영향을 미치는지 논의하기 전에, 먼저 새 돈이 어떻게 만들어지는지 논의하는 것이 필요하다.

돈은 어떻게 만들어지는가?

다작의 경제학자이자 여러 미국 대통령의 고문인 존 케네스 갤브레이스(John

Kenneth Galbraith)는 "돈이 만들어지는 과정은 너무 단순해서(simple) 생각이 끼어들 틈도 없다(The process by which money is created is so simple that the mind is repelled)"고 말했다. "단순"에 대한 그의 정의는 나의 생각과 많이 다르며, 당신도 그렇게 생각할 것 같다.

우리가 논의한 바와 같이 "화폐(money)" 또는 "화폐공급(money supply)"은 단순히 유통되는 통화와 당좌예금 잔액을 의미한다. 경제에서 구매력의 양을 나타내는 화폐의 양은 거의 항상 증가하고 있다. 예를 들어 1960년에 화폐공급은 약 1,400억 달러였다. 2022년 1월에는 약 20조 7,000억 달러로 거의 150배 증가했다. 어떻게 이런 일이 발생했으며, 누가 그 엄청난 양의 새 돈을 얻었는가?

의회는 돈이 만들어지는 과정에 대한 통제권을 연준에 부여했으며, 연준이 돈을 만들어 개인, 기업, 사실상 의회나 미국 재무부를 포함한 정부의 모든 부서에 돈을 넘기는 것을 금지했다. 따라서 현재 시스템에서는 정부가 더 많은 돈을 쓰려고 할 때, 추가 돈을 창출하기 위해 인쇄기를 회전시킬 수는 없다. 의회는 과세 또는 차입을 통해 필요한 모든 달러를 조달해야 한다.

의회는 이러한 제약을 자체적으로 부과하고 연준을 설립하는 법률을 제정할 때 연준에 화폐 창출 능력을 위임했다. 우리는 연준이 화폐를 통제하는 것이 천부적으로 정해진 것이 아니라는 점을 명심해야 한다. 이것은 100여 년 전에 의회에서 내린 선택이었다. 따라서 미래의 의회는 이 제약을 쉽게 제거하고 자체적으로 화폐를 창출할 수 있는 권한을 되찾거나 화폐를 창출하기 위한 새로운 시스템을 설정할 수 있다.

미국 및 대부분의 정부가 이런 식으로 스스로를 제약하고 국가의 화폐 창출 권한을 중앙은행에 위임한 이유는 그러한 제약이 없으면 재앙이 될 수 있기 때문이다. 화폐 창출 기계에 직접 접근할 수 있는 정부는 자신의 지출에 대한 통제력을 잃은 채 너무 많은 돈을 창출하여 돈이 가치가 없게 될 수 있다.

정확히 어떻게 이런 일이 발생하는가? 한 국가의 정부는 세금을 올리거나(이것은 인기가 없다) 차입(어렵거나 비쌀 수 있다)하는 대신, 새롭거나 성장하는 정부 프로그램, 특히 그들이 권력을 유지하는 데 도움이 될 것이라고 생각하는 프로그램의 비용을 충당하기 위해 단순히 돈을 창출한다. 더 많은 돈을 창출하면 인플레이션이 발생하여 프로그램 비용이 상승한다. 따라서 정부는 점점 더 비용이 많이 드는 프로그램을 감당하기 위해 더 많은 돈을 창출한다. 그러나 인플레이션은 훨씬 더 증가하므로 정부는 훨씬 더 많은 양의 돈을 창출해야 한다. 이로 인해 "하이퍼인플레이션"이라고 하는 지속적으로 가속화되는 인플레이션이 발생하여 궁극적으로 국가의 통화 시스템이 붕괴되고 불타게 된다.

예를 들어 1920년대 독일의 바이마르 정부는 사람들이 집을 난방하기 위해 장작 대신 화폐를 태우고 빵을 사기 위해 화폐로 가득 찬 손수레를 끌고 왔다고 보고될 정도로 많은 새로운 화폐를 창출했다. 음식을 주문했을 때보다 청구서가 나왔을 때 식당 식사 비용이 더 많이 든다는 이야기가 있다. 제2차 세계대전 직후 사상 최악의 하이퍼인플레이션 중 하나인 헝가리의 물가 상승률은 매달 41.9조 퍼센트에 이르렀고 이로 인해 유통되는 모든 헝가리 통화의 총 가치는 미국 페니의 일부에 불과했다. 최근에 짐바브웨 정부는 100조 달러 지폐를 인쇄했고(이 책을 쓰는 시점에 이베이(eBay)에서 약 10달러에 판매된다) 인플레이션은 매달 796억 퍼센트에 달했다. 이런 식으로 돈이 그 가치를 상실하면 그 결과의 범위는 짐바브웨에서와 같은 단순한 경제 붕괴에서부터 독일에서와 같이 대량 사망과 세계 문명에 대한 심각한 위협에 이르기까지 다양하다.

연준이 화폐를 창출하고 화폐공급을 늘리는 특권을 행사할 때 사람들은 종종 연준이 돈을 "찍어 낸다(printing)"고 말한다. 나는 단순화를 지지하지만 지나친 단순화는 지지하지 않는다. 당신은 단순히 통화를 인쇄하는 것만으로 화폐공급이 증가하지 않는 이유를 이미 알고 있을 것이다. 새로 인쇄된 통화는 정부 금고에 보관되며 누구도 (법적으로) 사용할 수 없다. 새로 인쇄된 통화가 실제로 그것을 사용할 수 있는 사람의 손에 들어가지 않는 한, 새 통화는 누구에게도 구매력을 생성하지 않고, 경제에 영향을 미치지 않으며, 거대한 녹색 전표 이상의 의미가 없다. 우리가 논의한 것처럼 새 통화는 어떻게든 "유통"되기 전까지는 "돈"의 자격조차 없다.

그렇다면 돈은 어떻게 빠져나갈까? 은행 대출을 통해서이다. 은행은 대출을 할 때 새로 찍어낸 돈으로 대출을 한다. 은행은 우리의 당좌예금에서 인출하지 않으며 대출을 원할 때 우리 돈의 일부를 넘겨달라고 요구하지도 않는다. 은행들은 단순히 허공에서 대출 자금을 창출한다. 차용인이 이 새로 창출된 달러를 통화(필요한 경우 연준이 차용인에게 공급하기 위해 은행에 공급할 것임)로 받든, 자신의 당좌예금에 대한 신용으로 받든, 화폐공급은 이 대출의 전체 금액만큼 증가한다. 경제학자들이 즐겨 말하듯이: 새로운 돈은 대출되어 존재하게 된다.

연준이 은행을 통해 화폐공급을 변경하는 이 시스템을 "부분 (지급) 준비금 (fractional reserve)" 은행 업무라고 한다. 기본적으로 당신이 은행에 돈을 넣으면 은행은 그 돈의 "일부"만 "준비금"으로 보유하고 나머지는 대출할 수 있다. 이 책을 쓰는 시점에 은행이 준비금으로 보유하는 예금의 비율은 은행에 달려 있다. 2020년 이전에 은행은 전체 예금의 최소 10%를 준비금으로 보유해야 했다. 예를 들어 당신이 당좌예금계좌에 1,000달러를 넣으면, 은행은 100달러를 준비금으로 남겨두고 나머지 900달러를 빌려줄 수 있다. 당신은 여전히 당신의 1,000달러를 가지고 있고, 당신이 원할 때마다 그것을 쓸 수 있다. 그러나 누군가에 대한 은행의 대출로 인해 그 차용인이 지출할 수 있는 900달러의 새 돈도 있다. 화폐공급이 900달러 증가했다(대출 전에 1,000달러가 있었고, 은행 시스템의 마법을 통해 대출 후 1,900달러가 있다).

이 시점에 당신은 아마 이것이 몇 세기 전에 부정직한 은행가들이 했던 것과 매우 흡사하다고 생각할 것이다 — 개인의 이익을 위해 사람들의 예금을 대출에 사용 — 그리고 당신이 대부분 옳을 것이다. 그러나 은행 시스템에 적용된 두 가지 중요한 개선 사항이 있다.

첫째, 오늘날의 은행가들은 "안전하고 건전한(safe and sound)" 상태인지 확인하고 충분한 준비금을 보유하고 있으며 다른 사람에게 대출을 제공할 목적으로만 준비금을 사용하도록 엄격한 규제를 받고 있다. 차용인이 대출금을 상환하면 그 돈은 은행 준비금으로 돌아가고 신규 대출에만 사용할 수 있다. 당신은 은행 준비금을 모든 차용인에게 지속적으로 대출이 이루어지고 상환되며 다시 대출이 만들어지는 풀(pool)로 생각할 수 있다. 연준이 은행의 준비금 수준이 부적절하다고 판단하면 은행에 준비금을 늘리거나 대출을 줄이도록 요구할 수 있다.

둘째, 은행업 초기와 달리 오늘날 뱅크런의 가능성은 크게 줄었다. 초기 은행가들이 보유하고 있는 준비금인 귀금속보다 더 많은 인출에 직면했을 때 은행은 파산했고 은행가들은 목숨을 걸고 도망쳤다. 오늘날에는 그런 일이 일어날 수 없다. 왜일까? 연방예금보험이 있기 때문이다. 연방정부 산하 연방예금보험공사(FDIC: Federal Deposit Insurance Corporation)는 미국 은행의 예금을 계좌당 최대 250,000달러까지 보장한다. 따라서 극히 드물게 예금자들이 어느 날 은행 준비금을 초과하는 금액을 인출하기로 결정하는 경우 은행은 파산할 수 있지만 FDIC가 개입하여 대다수의 예금자들이 전액을 지불받도록 할 것이다. 이 예금보험이 있다는 단순한 사실만으로도 뱅크런 가능성이 훨씬 낮아진다. 은행이 파산하더라도 돈을 받을 수 있다는 것을 알면서 돈을 인출하기 위해 지점으로 달려가는 이유는 무엇인가?[2]

이 과정은 복잡해 보이지만 모든 주요 국가가 돈을 만드는 과정이다. 노벨상 수상 경제학자 밀턴 프리드먼(Milton Friedman)은 화폐공급을 늘리는 훨씬 간단한 방법을 논의한 것으로 유명하다. 그는 이를 "헬리콥터 머니(helicopter money)"라고 불렀다. 특히 그는 통화를 인쇄한 다음 헬리콥터에서 뿌리는 것에 대해 썼다. 사람들은 그것을 주워들 것이고, 화폐공급(유통 통화)이 증가할 것이다. 나는 그의 예가 은유이고 그가 그런 식으로 사람들에게 문자 그대로 돈을 뿌리는 것에 대해 진지하지 않았다고 생각한다. 사람들에게 우편으로 보내는 것이 훨씬 더 질서 정

---

2 또한 연준은 도움이 필요한 은행에 직접 대출할 수 있다. 이는 연준이 주요 금융 혼란을 피하기 위해 분명히 이렇게 할 것이기 때문에, 예금자들을 위한 또 다른 보호 장치이다.

연할 것이다. 그럼에도 불구하고 그의 예는 두 가지 중요한 점을 강조한다. 첫 번째는 은행 대출 외에 돈을 창출하는 추가 방법이 있다는 것이다. 두 번째는 돈이 단순히 허공에서 창출된다는 것이다(그리고 그의 예에서는 허공에서도 배포되었다).

돈을 만들면 누가 이익을 얻는가?

새 통화가 인쇄되어 헬리콥터에서 뿌려지거나 (덜 혼란스럽게) 개별 시민에게 우편으로 발송되면 누가 얼마나 많은 혜택을 받는지 쉽게 알 수 있다. 1920년대 독일 정부가 그랬던 것처럼 정부가 단순히 인쇄기에서 나오는 통화를 집어서 사용하면 돈이 어디로 가는지 쉽게 알 수 있다. 화폐공급을 늘리기 위한 이러한 대안적(그리고 더 간단한) 시스템의 공통점은 새 돈으로 누가 부자가 될지와 언제 부자가 될지를 결정하는 정부를 포함한다는 것이다 — 쉽게 남용되고, 손상되며, 오늘날 일반적으로 사용되지 않는 시스템이다.

그렇다면 은행이 대출을 위해 새로운 돈을 창출하면 누가 부자가 될까? 차용인은 (이자 포함) 돈을 은행에 갚아야 하므로 차용인은 아니다. 그들은 대출을 감사하고 혜택을 받을 수 있지만, 대출로 인해 더 부유해지지는 않았다. 이 거래의 상대방인 은행은 이익을 얻는다. 불행하게도 그들이 어떻게 이익을 얻는지는 누군가가 헬리콥터에서 뿌려진 현금을 주워드는 경우처럼 분명하지 않다.

기억하라, 은행은 대출을 위해서만 돈을 창출할 수 있다 — 다른 목적으로는 돈을 창출할 수 없다. 대출로 창출된 돈은 은행에서 부과하는 20달러의 당좌 인출 수수료와 다르다. 모든 은행 수수료와 마찬가지로 그 수수료는 큰 보너스를 지불하거나, 국회의원에게 로비하거나, 주요 도시에서 과도한 공간을 임대하는 데 사용할 수 있는 은행의 수입이다. 대출로 창출된 새 돈은 차용인에게 전달된다. 그러나 대출에 대한 이자는 20달러 초과 인출 수수료와 같다. 은행이 대출 이자로 벌어들이는 것은 무엇이든 은행의 수입이다 — 이 화폐 창출 시스템이 은행에 주는 혜택이다. 나쁜 말장난을 할 위험을 무릅쓰고, 이것이 은행이 돈을 버는 방법이다. 즉 화폐공급을 늘리고 대출에 부과하는 이자를 통해 스스로 이익을 얻는 방법이다.

사실 은행이 예금이자를 지급하기 위해 대출이자의 일부를 사용해야 하기 때문에, 은행이 새 돈으로 얻는 혜택은 대출이자보다 적다. 그럼에도 불구하고 미결제 대출(예: 신용카드 부채)과 은행에 돈을 동시에 가지고 있는 사람이라면 누구나 증명할 수 있듯이, 대출에 부과되는 이자율과 예금에 대해 지급하는 이자율 사이에는 상당한 차이가 있다. 은행가들이 "스프레드"라고 부르는 그 차이는 은행의 중요한 수익원이다. 당신은 스프레드를 저축하려는 사람(예금자)의 자금과 빌리려는 사람의 자금을 연결해 주는 은행의 수수료라고 생각하면 된다.

은행은 분명히 통화 시스템에서 중요한 역할을 하므로, 다음과 같은 의문이 남아 있다: 은행은 그 역할을 잘 수행하고 있는가? 구체적으로 누가, 어떤 금액으로, 어떤 조건으로 대출을 받는지를 결정하는 권한과 예금자에게 얼마를 지급하고, 어떤 수수료를 부과할지를 결정하는 권한을 어떻게 사용했는가? 은행의 결정은 공정성, 형평성, 기회에 상당한 영향을 미칠 수 있다.

일반적으로 은행의 의사 결정권자는 성별 및 인종적 관점에서든 소득 및 경제적 관점에서든(후자는 그러한 사람들에게 지급되는 평균보다 훨씬 높은 급여로 인해) 사회를 대표하지 않는다. 은행은 특정 그룹의 신용도, 예금자 유치의 바람직함, 그리고 특정 지역에서의 대출에 관하여 추정할 수 있다. 예를 들어 소수 민족과 인종이 주로 거주하는 도시 지역은 수년 동안 대출이 거부되어 해당 지역 주민들이 대부분의 부동산 대출을 받을 수 없었다. 이 관행은 1960년대에 금지되었지만, 그 지역 사회에 대한 투자 부족의 영향으로 부패와 도시 황폐화가 발생했다. 또한 그것은 제2차 세계대전 이후 주택 가치의 붐을 통해 많은 소외된 사람들이 자산을 쌓아 올리는 것을 방해했다. 이러한 영향과 그들이 기여한 막대한 부의 격차는 오늘날 쉽게 알 수 있다.

은행의 고객 기반을 확대하면 이익에 해를 끼칠까? 산업의 인구 통계를 감안할 때, 은행 업계 자체에서 이 질문에 대한 답을 찾기는 어렵다. 그럼에도 불구하고 은행은 정부의 허가를 받기 때문에 정부는 허가 조건으로 더 광범위하고 포괄적인 의무를 요구할 수 있다. 그렇게 된다면 우리는 더 강력한 은행 서비스가 소외계층에 미치는 영향과 이러한 추가 서비스가 은행 이익에 미치는 영향을 보게 될 것이다. 우리(우리 중 은행가 포함)는 기분 좋게 놀랄지도 모른다.

마지막으로 당신이 은행 시스템의 서비스를 잘 받고 있다고 느끼든 그렇지 않든, 당신은 은행 대출을 통한 이 돈 창출 시스템이 당신과 경제 전반에 어떤 영향을 미치는지 궁금할 것이다. 이 시스템이 우리의 삶과 경기침체에 대처하는 능력에 어떤 영향을 미치는지는 다음 장의 주제이다.

지금은 약간 독립적인 기관인 연준이 돈의 공급을 규제하고, 탐욕스러운 은행가나 정부 관리가 새 돈을 창출하여 주머니에 넣을 수 없다는 사실을 아는 것이 위안이 될 수 있다. 그러나 이 시점에 당신의 위안 수준이 무엇이든, 연준이 다음 섹션에서 돈의 양을 통제하는 방법과 그것이 우리 경제에 미치는 영향을 정확히 논의한 후에 변경될 수 있다.

연준은 돈의 양을 어떻게 변화시키는가?

은행은 대출로 얻은 이자로 예금자에게 빚진 이자를 갚고 스스로 이익을 얻을 수 있기 때문에 돈을 빌려주고 싶어한다. 연준은 은행들이 대출을 얼마나 열망하는지를 알고 있으며, 따라서 창출되는 새로운 돈의 양에 영향을 미칠 수 있는 수단을 가지고 있다.

연준은 2008년 후반에 대출 및 화폐 창출에 영향을 미치는 새로운 수단을 추가했다. 즉 연준은 은행 준비금 계좌에 소액의 이자를 지급하기 시작했다. 은행은 이전에 연준에 보유하고 있는 준비금에 대해 이자를 받지 못했다. 개념은 은행이 준비금에서 더 많은 이자를 받을수록, 대출을 위해 준비금을 인출해야 하는 유인이 줄어든다는 것이다. 비슷하게 은행이 준비금에 대한 이자를 적게 받거나 전혀 받지 못하면, 대출을 위해 준비금을 인출할 유인이 더 커진다. 연준은 이 금리를 설정할 수 있는 능력이 있으며, 이 금리는 현재 0.15%에 불과하다. 당신의 은행 계좌에 돈을 남겨두려는 당신의 의지가 당신의 은행이 지불하는 이율에 의해 어떤 영향을 받을 수 있는지 생각해 보라. 그리고 당신은 연준이 이 수단을 사용하여 은행이 대출을 위해 준비금을 사용하려는 의지에 영향을 미치는 방법을 이해하게 될 것이다.

그러나 대출에 영향을 미치는 연준의 오래되고 관례적인 방법은 은행 준비금의 양을 직접 변경하는 것이다. 은행 준비금이 증가하면 대출과 화폐 창출이 증가할 가능성이 높다. 마찬가지로 은행 준비금의 감소는 대출과 화폐 창출을 감소시킬 가능성이 높다. 연준은 어떻게 은행 준비금의 양을 늘릴 것인가? 은행에서 부채(debt)를 사는 것이다. 한 예는 이것이 어떻게 작동하는지를 보여준다.

시티은행(Citibank)이 준비금의 대부분 또는 전부를 대출했다고 가정하자. 시티은행은 모든 대출에 대해 무엇을 보여주어야 하는가? 시티은행에서 돈을 빌린 개인, 기업, 정부와 같은 차용인의 부채(debt) 더미이다. 이제 연준이 씨티은행에서 이 부채 중 50억 달러를 사들였다고 가정해 보자. 그것은 매입가 50억 달러를 씨티은행 준비금 계좌로 입금하겠다는 것이다. 시티은행은 이제 준비금으로 50억 달러를 더 갖게 되었고, 따라서 신규 대출을 만들어서 새로운 돈을 창출할 수 있는 능력뿐만 아니라 신규 대출을 하는데 더 큰 관심을 갖게 될 것이다.

연준은 부채를 사기 위해 50억 달러를 어디서 얻었는가? 연준은 간단히 50억 달러를 만들었다(기억하라, 우리는 지금 법정화폐를 쓰고 있다－정부, 특히 시티은행과 같은 민간 은행의 도움으로 중앙은행이 단순히 만든 돈). 연준은 시티은행으로부터 50억 달러의 부채를 가져와, 컴퓨터에 있는 시티은행의 준비금 계좌 잔액을 50억 달러 늘리는 것만으로 지불했다.

"공개시장조작(open market operations)"은 연준이 은행으로부터 부채를 사고 파는 특정 과정의 이름이다. 왜냐하면 연준은 다른 기관들이 부채를 사고 파는 것과 동일한 "공개시장"에서 이를 수행하기 때문이다. 이러한 공개시장조작은 워싱턴 D.C.(Washington, D.C.)에 있는 연준 본부에서가 아니라, 미국의 금융 수도인 뉴욕(New York City)에서 수행된다. 12개의 지역 연방준비은행 중 하나인 뉴욕 연방준비은행(Federal Reserve Bank of New York)은 맨하탄의 르네상스 궁전 본부에서 이러한 작업을 수행한다.

연준이 매입하는 특정 부채는 일반적으로 미국 국채이며 연준은 다른 국채 매입자와 동일한 방식으로 국채를 매입한다: 국채 매입자는 은행이 판매할 수 있는 가장 낮은 가격으로 국채를 매입하려고 한다. 연준은 이런 방식으로 수조 달러의 채권을 매입했으며 2021년 12월 현재 8조 달러 상당의 국채를 보유하고 있다. 연준이 보유한 국채에서 받는 이자는 운영 자금에 쓰인다. 비용을 초과하는 금액은 미국 재무부에 전달되며 세금에서 받는 돈을 사용하는 것과 동일한 방식으로 정부에서 사용한다. 2020년 연준은 이런 방식으로 정부에 885억 달러를 송금했다.

연준이 채권 매입에 몰두한다면(2008년 대침체 이후와 2020년 3월 코로나바이러스가 강타한 이후 다시),[3] 은행 준비금은 크게 증가할 것이다. 준비금이 증가함에 따라 은행은 신규 대출에 더 많은 관심을 갖게 된다. 왜 그럴까? 우리가 논의한 것처럼 은행은 대출을 통해 벌어들인 이자로 이익을 내기 때문이다. 그러나 은행은 더 많은 사람들이 돈을 빌릴 수 있도록 무언가를 해야 한다. 즉 은행은 대출에 부과하는 이자율을 낮출 필요가 있다.

항공료가 비행기 여행 비용인 것처럼 이자율은 대출 비용이다. 정부가 각 항공사에 갑자기 새 비행기를 많이 건네준다면, 항공사들은 더 많은 승객을 태우기 위해 항공료를 낮춰야 할 것이다. 그것이 항공사가 추가 승객을 유치하고 새 비행기를 채우며 수익을 올릴 수 있는 유일한 방법이다. 마찬가지로 연준이 은행 준비금

---

3 연준은 일반적으로 공개시장조작을 통해 만기가 5년 미만인 미국 재무부 발행 채권을 매입한다. 대침체 이후, 연준은 "양적 완화(quantitative easing)"에 참여했다. 즉 다른 기관에서 발행하고 듀레이션이 더 긴 채권을 포함하여 훨씬 더 광범위한 채권을 매입하기 시작했다.

을 늘리면, 은행은 더 많은 사람들이 돈을 빌릴 수 있도록 금리를 낮춰야 한다.

연준은 위에서 설명한 과정을 반대로 하여 은행 준비금을 줄일 수도 있다. 연준은 은행에 채권을 판매하고 은행의 준비금 계좌에서 채권 가격을 공제할 수 있다. 연준이 은행의 준비금 계좌에서 공제한 준비금은 단순히 사라진다. 낮은 은행 준비금은 은행의 대출 능력을 감소시킨다. 은행은 늦은 시간에 대출을 신청하는 고객들에게 대출 준비금이 소진됐다고 알리기보다, 단순히 금리를 인상해 대출 수요를 수용할 수 있는 수준으로 줄인다. 따라서 이자율이 올라가고 대출이 줄며 돈이 적게 만들어진다. 실질적으로 연준이 일반적으로 화폐공급을 줄이는 방법은 단순히 포트폴리오의 채권을 만기 상태로 두는 것이다(즉 채권에 따라 빚진 원금을 지불해야 한다). 그런 다음 연준은 채권 발행인으로부터 원금을 다시 받고 해당 상환금을 사라지게 한다.

이것이 연준이 화폐공급을 변경하여 금리를 정하는 방법이다. 연준은 정부가 세율을 정하는 방식으로 금리를 정하지 않는다. 오히려 금리는 대부분의 물건의 가격이 결정되는 방식인 시장에 의해 결정된다. 대출자가 차입자보다 많으면 금리는 떨어지고, 차입자가 대출자보다 많으면 금리는 올라간다.

연준은 특히 중요한 금리인 "연방기금금리(federal funds rate)"에 대해 목표 범위(일반적으로 0.25% 범위)를 가지고 있다(2022년 초 이 책을 쓰는 시점에 연방기금금리의 목표 범위는 역사적 최저치인 0~0.25%이지만, 연준은 2022년 후반에 금리를 여러 차례 인상할 계획이라고 발표했다). 연방기금금리가 이 범위를 벗어나면, 연준은 공개시장조작을 통해 은행에 채권을 사거나 팔아 범위 안으로 밀어 넣을 수 있다. 우리가 논의한 바와 같이 연준은 은행 준비금 계좌에 지불하는 금리도 변경할 수 있으며 이에 따라 은행 대출 및 연방기금금리에 영향을 미칠 수 있다.

연방기금금리는 얼마인가? 하룻밤 사이에 대출을 받을 때 은행이 서로 부과하는 금리이다. 예를 들어 은행은 너무 많은 대출을 약속할 수 있다. 그런 다음 은행은 다른 은행에서 준비금을 빌릴 수 있고, 해당 대출에 대해 연방기금금리와 동일한 금리를 지불한다.

이 모호하게 들리는 이자율은 대부분의 사람들에게 무관해 보일 수 있다. 그럼에도 불구하고 연방기금금리는 주택담보대출 금리에서부터 신용카드 잔액 금리, 사업을 시작하기 위해 대출이 필요한 경우 지불하는 금리에 이르기까지, 다른 모든 금리에 영향을 미친다. 연방기금금리는 본질적으로 위험이 없는 대출(예: 은행에 대한 하룻밤 대출)에 대한 이자율이다. 그러므로 연방기금금리는 다른 모든 대출에 대한 이자율의 하한선을 설정한다. 특정 대출에 대한 이자율은 차용인의 신용도, 대출 기간, 대출 목적, 그리고 기타 여러 요인에 따라 달라진다.

당신은 특정 자동차에 대한 보험료와 같은 특정 대출에 대한 이자율을 생각할 수 있다. 보험사는 완벽한 차가 있는 완벽한 이웃에 있는 완벽한 운전자에 대한 기본 가격을 가지고 있다. 현실 세계의 실제 사람은 보험료가 더 높을 것이다. 실제로 사람들은 나쁜 운전 기록, 이전의 보험 청구, 범죄율이 높은 지역에 거주하거나, 또는 스포츠카를 소유하는 것과 같은 모든 종류의 이유로 인상된 기본 가격을 지불할 것이다.

대출과 관련하여 그 기본 가격은 연방기금금리이다. 특정 대출에 대한 실제 금리는 특정 차용인 및 특정 대출과 관련된 위험에 대해 대출자를 보상하기 위해 인상된 기본 이자율이다. 애플(Apple Inc.)이 돈을 빌릴 때와 같이 때때로 추가 위험이 적고 대출 금리는 연방기금금리에 가깝다. 사채업자가 도박꾼에게 돈을 빌려주는 경우와 같이 추가 위험이 높고 대출 금리는 연방기금금리보다 훨씬 높은 경우도 있다.

연방기금금리가 떨어지면 일반적으로 모든 금리가 떨어지고, 사람들은 더 많이 빌리고 더 많은 돈이 창출된다. 연방기금금리가 오르면 일반적으로 모든 금리가 오르고, 사람들은 덜 빌리고 더 적은 돈이 창출된다. 금리 변화가 어떻게 경제에 영향을 미치고 경기침체에 도움이 되는지(당신이 이미 예상할 수 있는 것)는 다음 장의 주제이다.

12

통화정책

연준은 경기침체에 어떻게 대처하는가?

1913년 창립 이래로 연준은 스스로를 통화정책을 통해 경제를 "미세 조정"
하기 위해 노력하는 사심 없는 공무원이 운영하는 "독립적인" 기관이라고
설명했다. 그러나 실제로 비정치적인 정부 기관은 짖는 고양이와 같다.
— 토마스 딜로렌조(Thomas DiLorenzo), 경제학 교수,
Loyola University Maryland Sellinger School of Business

돈의 양의 변화는 경제에 어떤 영향을 미치는가?

인플레이션에 대한 우리의 논의는 국가 경제와 모든 참가자에게 전시된 상품
을 구매할 수 있는 일정 금액의 게임 "달러"가 제공되는 경매 사례 사이의 비유를
만들었다. 판매할 상품의 수를 늘리지 않고 게임 달러의 수를 늘리면, 사람들은 각

상품에 대해 입찰하고 더 많은 비용을 지불한다. 금융경제의 변화(통화량의 증가)는 금융경제에만 영향을 미쳤다(인플레이션 유발) – 실물경제(판매할 상품의 양)에 영향을 미치지 않았다.

이제 게임 달러 수를 늘리면 경매에서 판매할 상품 수가 증가한다고 상상해 보자. 경기침체와 같이 경제가 능력 이하로 작동하고 새로운 화폐가 창출될 때 정확히 발생한다. 금융경제는 실물경제에 영향을 미친다: 더 많은 돈은 더 많은 상품과 서비스로 이어진다. 어떻게 그럴까?

이 의문에 대한 답은 이 책에서 제기된 많은 의문에 대한 답과 마찬가지로 심리학 영역에서 찾을 수 있다. 더 많은 돈은 사람들을 더 낙관적이고 희망적으로 만든다. 그들은 금융경제와 실물경제를 구분하는 것보다, 지갑의 현금과 은행 계좌의 잔액에 더 초점을 맞춘다. 사업주들은 이익을 얻을 수 있는 능력에 대해 낙관하고(어떤 사람들은 그들의 탐욕이 시작되었다고 말할 것이다), 실업자들을 다시 일터로 돌려놓고, 활용도가 낮은 공장을 다시 최대한 활용하고, 유휴 자원을 다시 생산에 투입하기 시작한다. 더 많은 돈이 떠다니면서 소비자들이 이 새로운 생산품에 지출하도록 장려한다. 간단히 말해서 이것은 연준이 "통화정책"에 관여하는 방식이다.

경기 침체기에 더 많은 돈을 창출하면 더 많은 경제 활동을 창출할 수 있다는 생각이 이 복잡한 과정에서 직관적으로 분명한 부분 중 하나일 수 있지만 몇 가지 예는 무슨 일이 일어나고 있는지 실제로 이해하는 데 유용하다.

내 집에 증축이 좋을 것이라고 생각하고 주택담보대출(또는 그 문제에 대한 모든 대출)에 대한 이자율이 낮아지면, 나는 돈을 빌려 증축을 할 가능성이 더 크다. 기업이 새로운 공장을 지을 생각을 하고 있고 그것을 짓기 위한 대출금의 이자율이 낮아진다면, 건물 프로젝트가 수익성이 있을 가능성이 높아지고 공장이 지어질 가능성이 높아진다. 두 경우 모두 연준이 은행에 준비금 대출을 장려했기 때문에 또 금리가 하락했기 때문에 실물경제 활동이 증가했다.

그러나 이것은 새로 창출된 돈으로 인한 1차 경제활동에 불과하다. 주택소유자는 건축가, 도급업체, 몇 명의 노동자를 고용하여 추가 건물을 짓는데, 이들은 주택 소유자가 지불하는 많은 돈을 소비한다. 위의 노동자들은 저녁을 먹으러 나가거나, 여분의 옷을 사거나, 더 비싼 휴가를 가거나, 또는 심지어 자신의 집을 확장할 수도 있다. 마찬가지로 기업은 공장을 짓고 운영하기 위해 온갖 종류의 사람들을 고용하고 있으며, 고용된 사람들은 차례로 모든 종류의 일에 지불되는 많은 돈을 소비한다.

따라서 최초의 은행 대출에 의해 가능해진 새로운 지출은 더 많은 경제 활동을 가져온다. 재택 근무자가 식사를 한 식당의 주인도 소득이 어느 정도 증가하는 것을 보게 될 것이고 그 돈 중 적어도 일부는 소비할 것이다. 사람들이 번 돈을 모두 쓰지 않고 일부를 저축하기 때문에, 각각의 연속적인 지출은 이전의 경우보다 적다. 그럼에도 불구하고 총지출 및 경제적 생산량의 증가는 최초 대출 금액의 몇 배가 될 수 있다. 이것은 우리가 수출로 번 돈과 관련하여 논의한 승수 효과의 또 다른 예이다. 즉 지출의 총 변화는 이 경우 은행 대출로 인한 초기 지출의 "배수"이다.

대출 증가는 소비 증가로 이어지고 소비 증가는 소득 증가로 이어진다. 소득이 증가하면 무슨 일이 일어날까? 사람들은 더 많이 투자하고 지출한다. 사람들이 더 많이 투자하고 지출하면 어떻게 될까? 소득은 더욱 늘어난다. 이것은 경기침체와 관련하여 제10장에서 논의한 암울한 현상에 대한 낙관적인 대응이다. 이 경우 경제는 소비와 소득이 증가함에 따라 성장 단계에 들어간다. 이를 "상향곡선"이라고 부르는 것은 과장이지만, 경기침체의 하향곡선과는 반대이다.

이런 방식으로 경제활동을 활성화하는 것을 "확장 통화정책(expansionary monetary policy)"이라고 한다. 연준은 제11장에서 논의한 인센티브를 사용하여 은행이 대출을 하도록 장려한다. 따라서 은행은 더 많은 대출을 하기 위해 이자율을 낮추어 소비와 경제를 자극한다. 대부분의 사람들은 이 복잡한 과정을 단순히 "금리 인하(lowering interest rates)"라고 부른다. 왜냐하면 그것이 확장 통화정책의 초점이자 경제 활동을 촉진하는 메커니즘이기 때문이다.[1]

---

1 금리가 제로에 가까워지거나, 일부 유럽 국가에서와 같이 제로 아래로 약간 떨어지면, 금리를 더 낮춤으로써 경기를 부양할 수 있는 능력은 더 이상 선택 사항이 아니다. 차입 비용은 이미 너무 낮

그렇다면 왜 연준은 계속해서 더 많은 돈을 경제에 투입하여 더 큰 경제 활동을 촉진하지 않을까? 이러한 행동은 연준이 완전고용을 달성하는 이중 임무의 한 부분을 달성하도록 보장할 것이다. 그러나 당신은 이미 알고 있겠지만, 연준은 이중 임무의 다른 부분인 물가안정을 달성하지 못하게 될 것이다.

어느 시점에 일자리를 원하고 일자리를 유지할 능력이 있는 거의 모든 사람들이 일자리를 얻고 경제는 다시 최대 가동 상태로 돌아간다. 여전히 약간의 실업이 있는가? 물론이다. 호황기에도 일부 사람들은 직업을 유지하는 기술이 부족하거나, 직장을 옮기거나, 또는 더 나은 기회를 위해 기다리고 있다. 그러나 일단 불황이 끝나고, 일자리를 유지하기를 원하고, 능력이 있는 모든 사람들에게 적어도 약간의 기회가 생기면, 더 많은 돈과 소비는 더 많은 일자리와 생산으로 이어지지 않을 것이다. 경제는 최대 용량으로 운영되고 있으며, 더 많은 돈은 인플레이션을 가져올 것이다. 즉 돈의 양은 증가하지만, 생산량은 증가하지 않는다.

경기가 뜨거워지고 인플레이션이 가속화되는 경우(너무 많은 돈이 너무 적은 상품을 쫓는 경우), 연준은 경기침체 동안에 할 수 있는 예비 조치를 취할 수 있다. 즉 연준은 통화공급을 줄일 수 있다. 돈이 적으면 인플레이션이 줄어든다. 이 조치를 "긴축 통화정책(contractionary monetary policy)"이라고 하며 확장 통화정책의 반대이다. 대부분의 사람들은 긴축 통화정책을 "금리 인상(raising interest rates)"이라고 부른다. 금리 인상이 정책의 목적이기 때문이다.

연준은 통화정책을 어떻게 결정하는가?

연준은 경기가 부양책을 사용할 수 있다고 생각할 때 확장 통화정책을 사용한

아, 더 많은 차입을 장려하기 위해 더 낮출 여지가 없다(이자율이 0 이하로 크게 떨어질 수는 없다. 그렇게 된다면, 사람들은 대출을 아예 중단하고 예금을 현금으로 보유하게 될 것이기 때문이다). 경제학자들은 이것을 "제로 바운드(zero bound)" 문제라고 부르며, 이는 통화정책이 경기침체와 싸우는 데 비효율적이게 만든다.

다. 그렇다면 연준은 경기가 부양책을 사용할 수 있는 시기를 어떻게 알 수 있는가? 경기가 침체기에 있을 때와 같이 때때로 그것은 분명하다. 그러나 경기가 순조롭게 진행되고 있지만 경기침체가 임박한 경우(또는 일부 사람들이 경기침체가 어렴풋이 보일 수 있다고 생각하는 경우)처럼 명확하지 않은 경우가 많다. 연준은 소비, 소득, 재고 변동, 차입 활동, 자산 가격, 사업 이익, 건설 활동, 그리고 경제가 어디로 향하고 있는지에 대한 단서를 제공할 수 있는 거의 모든 것에 대한 모든 종류의 데이터를 살펴본다.[2]

이 과정의 정교함에도 불구하고, 경제가 진정한 잠재력 이하로 수행되고 있는지 또는 곧 진정한 잠재력 이하로 수행될 것인지를 평가하는 것은 과학이라기보다는 예술에 가깝다. 아주 오래 전 내가 대학에 다닐 때, 우리는 연준이 실업률을 6% 이하로 낮추려는 어떤 시도도 인플레이션을 가속화시킬 것이라 배웠다. 그 이론은 그 시점에 일자리에 뛰어들 준비가 되어 있는 노동자가 너무 적기 때문에, 경기를 부양시키려면 화폐공급의 지속적인 증가가 필요하며, 그 결과 인플레이션이 지속적으로 증가할 것이라는 이론이었다. 그럼에도 불구하고 코로나바이러스 이전에는 인플레이션이 증가할 조짐 없이 몇 년 동안 실업률은 평균 6%를 크게 밑돌았다. 내가 배운 교훈은 정확한 숫자를 산출하는 수학적 모델이 과학에서는 매우 유용할 수 있지만 경제를 움직이는 요소인 인간 행동을 예측하는 데는 훨씬 덜 유용하다는 것이다.

연준은 긴축 통화정책을 수행하여 경기를 식히기 전에 어느 정도의 인플레이션을 허용해야 하는지를 결정할 때 유사한 문제에 직면한다. 연준의 현재 목표는 연평균 2%이다. 왜 0%가 아니라 2%인가? 천천히 오르는 물가는 사람들에게 돈을 쓰고 경제를 강하게 유지하도록 약간의 자극을 주기 때문이다. 예를 들어 새 차의 가격이 그대로 유지되기보다는 매년 2%씩 오를 것으로 예상되는 경우 일부 사람들은 차를 빨리 사도록 유인될 수 있다. 또한 높은 인플레이션은 금리를 상승시켜

---

2 연준의 연방공개시장위원회(FOMC: Federal Open Market Committee)가 이 과정을 담당한다. FOMC는 12명으로 구성되어 있다. 즉 7명의 Fed 이사, 뉴욕 연방준비은행 총재, 그리고 나머지 11명의 중앙은행 총재 중 4명은 1년 임기를 교대로 수행한다.

연준이 필요할 경우 금리를 낮출 수 있는 여지를 더 많이 준다. 따라서 약간의 인플레이션은 연준이 물가를 상대적으로 안정적으로 유지하면서 완전고용을 달성한다는 목표를 달성하는 데 도움이 된다.

연평균 2% 인플레이션 목표의 객관적인 특성에도 불구하고, 연준이 목표가 달성될 것이라고 생각하는 시점과 그에 대해 무엇을 해야 하는지는 매우 주관적이다. 다시 말해 인플레이션이 목표치보다 훨씬 낮지만 가까운 미래(또는 그리 멀지 않은)의 어느 시점에 평균 2% 이상이 될 것이라고 생각한다면 긴축 통화정책을 사용하는 것이 좋다 — 아니면 그렇지 않다. 연준이 많은 재량권을 가지고 있고 무엇을 해야 하는지에 대해 많은 불확실성에 직면한 것처럼 들린다면, 나는 이 과정을 잘 설명한 것이다.

2018년까지만 해도 연준은 금리를 인상하는 긴축 통화정책을 시행했다. 인플레이션은 목표치인 2%보다 훨씬 낮았지만 연준은 이대로 유지되지 않을 것을 우려했다. 그 두려움이 경기 냉각을 정당화하여 잠재적으로 일부 노동자가 일자리를 잃게 만들었는가? 일자리를 잃지 않은 훨씬 더 많은 노동자에게 미치는 영향은 어떠한가? 대체 일자리의 감소와 경제 활동의 감소로 인해 노동자의 임금이 인상되고 노동자가 경제 사다리를 오르는 것이 더 어려워졌다. 연준의 의사결정자들이 단순히 인플레이션에 대한 두려움 때문에 일자리와 경제적 기회를 희생하는 것이 공정한가? 우리가 인플레이션을 가속화하지 않고는 실업률이 6% 이하로 떨어질 수 없다는 교수들의 말을 믿었다면, 우리는 생산이 증가하고 수백만 명의 미국인에게 일자리와 기회가 제공된 실업률을 3.5%(코로나바이러스 대유행 이전의 수준)까지 끌어내리지 못했을 것이다.

1950년대와 1960년대 연준 의장이었던 윌리엄 맥체스니 마틴(William McChesney Martin)은 경제가 슬럼프에서 벗어나기 위해 금리를 얼마나 낮추어야 할지 결정하는 것이 어렵다고 말했지만, 그것이 인플레이션을 일으킬 정도로 많지는 않다. 그는 연준의 임무는 파티가 시작되자마자 펀치볼(punch bowl)3을 제거하는 것이라고 말했다. 손에 잡히지 않는 파티를 열어본 사람이라면 누구나 알고 있듯이, 펀치볼을 언제 치워야 하는지는 종종 너무 오랫동안 밖에 있었던 후에야 명확해진다.

경제 활동 수준을 관리하는 연준의 임무는 모든 미국인에게 막대한 영향을 미친다. 이러한 판단은 최선의 방법으로 이루어지고 있는가? 텍사스의 론 파우(Ron Paul) 하원의원이 주장한 것처럼 우리는 "연준을 끝내야 하는가?"

연준을 끝내야 하는가?

윈스턴 처칠(Winston Churchill)은 민주주의는 다른 모든 정부 형태를 제외하고는 최악의 정부 형태라고 결론지었다. 나는 연준도 마찬가지라고 생각한다. 수백 년간의 시행착오를 통해, 오늘날 대부분의 국가는 화폐공급 통제권을 중앙은행에 위임했다. 우리가 금본위제를 사용했을 때처럼 우리는 귀금속 더미의 크기와 연결하여 이 중요한 기능에 대한 통제를 포기하지 않았다. 우리는 화폐공급 통제권을 민간부문 은행가 또는 (대부분의 가상 통화의 경우) 익명의 사이버 괴짜에게 위임하지 않았다. 이러한 각각의 방법은 경기침체에 대응하고 사람들의 일자리와 소비력을 구하는 국가로서의 능력을 제한할 것이다. 이러한 방법은 일부 이론적 모델에서는 작동할 수 있지만 지저분한 현실 세계에서는 경제정책에 대한 속박을 지우고 사람들이 고통받는 동안 멍하니 앉아 있게 만들 것이다.

그 대신 우리 정부는 경제, 금융, 은행 분야에 경험이 있는 사람들이 감독하는 독립기관을 설립했다. 화폐공급(그리고 결과적으로 금리)에 대한 연준의 통제는 시간이 지남에 따라 경기순환의 변동을 줄였다. 연준은 경기침체와 경기침체가 많은 사람들에게 가하는 실질적인 고통을 줄이는 데 도움이 되었다.

그럼에도 불구하고 경제활동을 확대할 것인지 축소할 것인지에 대한 판단은

---

3 펀치볼은 대형 칵테일과 혼합 음료에 사용되는 고전적인 서빙 용기로, 바텐더가 말하는 말 그대로 술 양동이를 의미한다. 펀치볼은 미리 배치된 음료에 적합하며, 일반적으로 파티 또는 기타 축제 모임에 사용된다(역자 주).

사회를 대표하지 않는 사람들에 의해 이루어지고, 이 판단은 일반인과 동떨어져 있을 수 있다. 대통령이 지명하고 상원에서 인준된 연준 이사들과 연준 및 지역 연방준비은행에서 정책을 결정하고 실행하는 데 도움을 주는 훨씬 더 큰 그룹의 사람들은 대부분의 직장인들과 매우 다른 견해를 가질 가능성이 높다. 많은 미국인들은 청구서를 지불하기 위해 고군분투하고 직업 불안을 경험하며(대부분의 사람들은 연준 이사들처럼 14년 계약을 맺지 않기 때문에) 재정적으로 위기에 처할 수 있는 수많은 사건에 대해 걱정한다.

이 책을 쓰는 시점에 연준 이사 4명(공석 3명 있음) 중 의장을 포함한 3명은 공화당 1명은 민주당이며 모두 금융산업에서 중요한 고위직을 역임했다. 인플레이션 위험과 경기 둔화를 통해 잠재적으로 수백만 명의 직장인에게 경제적 고통을 야기하는 것 사이의 선택을 고려할 때, 나는 이 사람들이 평균적인 미국인이 내리는 것과 동일한 선택을 할 것인지 궁금하다.

대부분의 사람들은 대법원에 대한 대통령의 선택보다 연준에 대한 그의 선택에 훨씬 덜 관심을 기울인다. 금융산업은 이러한 선택을 철저히 따르고 대부분의 후보자를 제공하며 취임 후에도 긴밀한 연락을 유지한다는 점에서 예외이다. 우리는 대법원 판사가 시민으로서 우리의 권리에 영향을 미치는 것과 마찬가지로 연준의 이사들이 우리 경제에 영향을 미친다는 사실을 인식해야 한다. 따라서 우리는 대법원 판사에 누가 임명되는지 만큼, 연방준비제도이사회에 누가 임명되는지에 대해 경계를 늦추지 말아야 하고 누가 백악관에 앉아 연준 이사를 임명하는지에 대해서도 경계를 늦추지 말아야 한다.

이제 우리는 경기침체에 대처하는 데 사용되는 또 다른 주요 수단인 재정정책을 살펴보겠다.

13

재정정책

정부 지출 및 조세 정책은 경기침체에 어떻게 대처할 수 있는가?

존 메이너드 케인즈의 공헌은 단지 경기 침체기에 정부 자금을 지출하는 것을 옹호하기 위한 것이 아니다. 모든 정부는 아일랜드 감자 기근 시대로 돌아가서 그렇게 했다. 그가 우리에게 준 것은 규모와 범위에 대한 사고방식이었다.　　　　 − 폴 새뮤얼슨(Paul Samuelson), 노벨상 수상 경제학자

경기침체와 싸우기 위한 정부의 역할은 무엇인가?

우리가 제12장에서 논의한 바와 같이 연준의 역할은 확장 통화정책을 채택함으로써 경제성장을 유지하고 실제 또는 다가오는 경기침체에 대응하는 것이다. 즉 금리를 낮추고 차입과 지출을 장려하는 것이다. 그러나 경기 침체기에는 사람들이 지출을 줄인다. 따라서 경기 침체기의 거의 모든 것의 낮은 비용과 마찬가지

로 낮은 대출 비용은 신규 고객을 유치하지 못할 수 있다. 또한 경기침체가 심할수록 낮은 대출 비용은 새로운 차입과 지출로 이어질 가능성이 낮다. 경제가 필요로 하는 것은 연준이 제공할 수 없는 것이다. 즉 연준은 상품 및 서비스에 대한 실제 지출 급증을 제공할 수 없다. 소비자가 지출을 하지 않고 기업이 지출을 하지 않을 때 지출을 하게 하고 경제를 다시 움직이게 하는 일은 정부(의회와 대통령)에게 맡겨진다.

그러나 1930년대 이전에 대부분의 경제학자들은 우리가 날씨를 보는 방식으로 경기순환을 보았다. 날씨는 좋은 날과 나쁜 날 사이에서 다양하며, 우리가 날씨에 영향을 미치기 위해 할 수 있는 일이 많지 않다는 것이다. 그들은 시장이 "자체교정(self-correcting)"되고 "장기적으로" 나쁜 경제가 일종의 정상적인 수준의 활동으로 돌아가는 길을 찾을 것이라고 믿었다. 구체적으로 그들은 경기가 나빠지면 유휴 공장과 작업장을 소유한 고용주가 실업자들을 재고용하는 데 관심을 가질 때까지 실업자들은 임금 요구를 계속 줄이게 될 것이라고 생각했다. 오늘날에도 경제를 돕기 위한 정부의 조치에 반대하는 경제학자는 거의 없지만 여전히 일부 경제학자들이 있다. 그들의 생각은 "YOYO" 경제학이라는 용어로 잘 요약되는데, 이 용어는 "당신은 혼자이다(you're on your own)."

YOYO 경제학을 믿는 사람들은 고용주의 비용 절감에 초점을 맞추지만 고용주 장부의 다른 면은 잊어버리고 있다. 고용주의 제품이나 서비스에 대한 수요가 거의 없다면 낮은 임금이 얼마나 떨어지는지에 관계없이 생산을 늘리고 새로운 직원을 고용하는 데 별로 관심이 없을 것이다.

당신은 왜 초기 경제학자들은 소비자들이 사지 않을 것을 생산자들이 생산하지 않을 것이라는 사실을 인식하지 못했는지 궁금할 것이다. 초기 경제학자들은 대부분의 노동자들에게 가해지는 경기침체의 피해로부터 자신들을 보호해 주는 가족의 부나 대학교수직(또는 둘 다)을 향유하는 거의 독점적인 특권층 남성들이었다는 사실이 아마 초기 경제학자들이 이 문제에 대해 대부분 눈이 먼 이유일 것이다. 초기 경제학자들 중 한 명인 존 메이너드 케인즈는 1930년대 초에 동료들과 의견을 달리했다. 그는 정부가 대공황의 결과로 많은 사람들이 겪고 있는 현실적인 고통에 대응해야 한다고 생각했다. 케인즈는 앞서 인용한 바와 같이, "장기적으로 우리 모두가 죽기(In the long run, we are all dead)" 때문에 장기적으로 모든 것이 잘 될 것이라는 예측에 위안을 얻지 못했다.

아무 것도 하지 않고 경기침체가 끝나기를 기다리는 것은 실업과 저소득의 고통에 더해 큰 희생을 치르게 한다. 정리 해고된 노동자는 기술을 잃기 시작하고 경기침체가 끝난 후 이전 직장으로 돌아갈 가능성이 줄어든다. 경기침체가 오래 지속될수록 그들이 구직 시장에 다시 진입하지 못할 가능성이 커진다. 특히 나이가 많거나 경력이 불규칙한 경우는 더욱 그렇다. 노동인구에 새로 진입한 사람들은 자신의 기술 개발을 시작할 수 없어 생산적으로 될 수 없다. 침체된 경제에서 노동인구에 진입한 사람들은 호황기에 진입한 사람들에 비해 첫 직장에서 더 낮은 임금을 받을 뿐만 아니라 평생 동안 더 낮은 임금을 받는다. 마지막으로 장기 침체는 기존의 사회적 긴장 강도를 높여 사람들을 더 화나게 만들고 건설적으로 일하려는 의지를 약화시킨다.

지출 감소와 소득 감소의 고리를 끊는 열쇠는 정부에 있다. 경기 침체기에 소비자와 기업이 한 발짝 물러설 때 정부가 나서지 않으면 악순환을 멈출 수 없다. 정부는 본질적으로 최후의 수단을 쓰는 자이다.

경기 침체기에 정부가 어떻게 지출해야 하는가는 우선 경기가 침체된 이유에 달려 있다. 앞서 논의한 바와 같이 대공황(Great Depression) 및 2008년의 대침체(Great Recession)와 같은 대부분의 경기침체는 사람들의 지출이 갑자기 감소하는 "수요충격"에 기인한다. 코로나바이러스로 인한 것과 같은 경기침체는 경제의 생산 능력을 감소시키는 물리적 영향인 "공급충격"으로 인한 것이다. 다음 페이지에서 각 충격에 대한 정부의 최선의 대응에 대해 개별적으로 논의할 것이다.

수요충격 경기침체에 정부는 어떻게 대응해야 하는가?

역사가들은 일반적으로 케인즈가 소비자 및 기업 지출 감소로 인한 경기침체에 대한 정부 구제책을 내놓은 공로를 인정하고 있다. 케인즈의 아이디어가 완전히 독창적인 것은 아니었지만 많은 유명인들처럼 아이디어를 대중화하고 현실 세계에서 구현함으로써 아이디어에 대한 공로를 인정받았다. 케인즈는 정부가 지출을 늘리고/늘리거나 세금을 줄여 경제를 다시 움직이게 해야 한다고 주장했다. 정부의 세금 및 지출 정책을 "재정정책"이라고 한다. 경기침체에 대처하기 위해 지출을 늘리고/늘리거나 세금을 줄이는 것을 "재정정책 부양책(fiscal policy stimulus)" 또는 더 간단히 "부양책(stimulus)"이라고 한다.

이것이 왜 경제에 도움이 될까? 민간부문의 모든 새로운 지출이 누군가에게는 새로운 달러의 수입으로 이어지듯이 정부나 세금 감면을 받은 개인이 지출하는 모든 새로운 달러는 누군가에게 새로운 달러의 수입으로 이어진다. 그리고 사람들이 더 많은 소득을 얻으면 어떻게 될까? 그들은 더 많이 소비한다. 그리고 그들이 더 많이 소비하면 어떻게 될까? 그들은 더 많은 소득을 얻게 된다(당신은 지금 이 현상에 대한 전문가이다). 사람이 소득이 더 많은 새 직업을 가지게 됨으로써 우울한 기분을 떨쳐버릴 수 있는 것처럼 경제의 암울함이 걷히고 경제는 새로운 성장 국면에 진입한다.

경기 침체기에 새로운 지출 및/또는 세금 감면 중 일부는 실제로 자동으로 발생하는데, 이는 의회가 문제에 얼마나 효율적이고 건설적으로 대응하는 경향이 있는지를 고려하면 훌륭한 일이다.[1] 구체적으로 경기침체기에는 실업보험, 푸드 스탬프(food stamps),[2] 건강보험 보조금, 기타 복지 프로그램과 같은 기존 프로그램에

---

1 경기침체에 대응하는 의회의 효율성은 2002년 3월 8일 뉴욕타임스에 실린 "Fed Chief, Decline Over, House Passes Recovery Bill"이라는 헤드라인에 요약되어 있다.

2 미국의 대표적인 복지 프로그램으로 푸드 스탬프(food stamp)가 있다. 미국 정부가 정하는 빈곤선의 100~165%(가족 중 노약자 유무에 따라 달라짐) 이하에 속하는 개인이나 가정이 식품 구입을 위해 정부로부터 받는 복지 지원책이다(역자 주).

대한 정부 지출이 증가한다. 이는 더 많은 사람들이 기존 프로그램에 따라 혜택을 받을 수 있는 자격을 충족하기 때문이다. 또한 사람들이 일자리를 잃거나 소득을 잃으면 내야 할 세금도 줄어든다. 이러한 "자동 안정화 장치(automatic stabilizers)"는 정부 관리나 다른 사람들이 경기가 침체됐다는 사실을 인지하기도 전에 작동할 수 있다. 그 결과 자동 안정화 장치는 경제 전반의 안정에 도움을 주기 때문에 어려움에 처한 서민뿐 아니라 모든 국민에게 도움을 주고 있다. 경제적 어려움에 처한 사람들이 재정 지원을 받으면 신속하게 돈을 사용하여 즉시 일자리 창출과 기업활동을 지원한다.

버니 샌더스(Bernie Sanders) 상원의원과 몇몇 다른 정치인들은 훨씬 더 강력한 자동 안정화 장치인 보장된 연방 일자리(guaranteed federal job)를 제안했다. 이러한 연방 일자리는 경기 침체기에 사람들이 몰려들면서 그 수가 증가할 것이고, 경제가 개선되고 사람들이 민간부문으로 복귀함에 따라 감소할 것이다. 이러한 직업을 가진 사람들은 우리의 노후 기반 시설을 수리하고 가난한 동네의 교육 기회를 개선하며 노인 돌봄에 대한 수요 증가를 돕고, 미국을 더 깨끗하게 하고 친환경적으로 만들 수 있다. 이것은 우리 경제뿐만 아니라 새로운 연방 일자리를 얻는 사람들이 지속적인 실업 상태에 있게 하는 것보다 훨씬 나을 것이다. 그러한 프로그램은 비용이 많이 들 수 있지만 경기 침체기에 정부 지출을 걱정하는 것은 집에 불이 났을 때 수도 요금을 걱정하는 것과 같다.

정부가 부양책으로 얼마나 많은 돈을 경제에 투입해야 하는지는 경제학자들에게도 대답하기 어려운 질문이다. 그것이 그렇게 어려운 이유는, 이미 짐작할 수 있듯이, 경제의 많은 부분이 심리학에 의해 좌우되기 때문이다. 우울함을 극복하고 사람들을 다시 낙관적으로 만드는 데 필요한 정부 지출의 양도 예외는 아니다. 의기소침한 친구를 예전의 모습으로 되돌리려면 얼마나 많은 좋은 일이 일어나야 하는지 정확히 수치화해보라. 그러면 경제를 정상 궤도로 되돌리기 위해 얼마나 많은 부양책이 필요한지 정확하게 말하는 것이 얼마나 어려운지 이해하게 될 것이다. 가장 좋은 방법은 지출을 늘리고 세금을 적게 내며 경제 상황을 주시하고 필요에 따라 조정하는 것이다.

대공황(Great Depression)에 대한 대응은 침체기에 얼마나 많은 부양책이 필요한지를 결정하는 것이 어렵다는 것을 보여준다. 1930년대에 정부는 뉴딜 프로젝트에 많은 돈을 지출함으로써 경기침체에 대응했다. 뉴딜 프로젝트는 미국 시골 지역에 전기를 공급하고, 도로를 업그레이드하고, 공공사업진흥국(Works Progress Administration)[3]을 통해 예술을 창조하고, 후버댐(Hoover Dam) 및 헨리 허드슨 파크웨이(Henry Hudson Parkway)와 같은 전국적인 기반 시설을 구축한 것이다. 그러나 경제는 미국이 제2차 세계대전에 참전하기 전까지는 제대로 작동하지 않았으며, 일부 사람들은 전쟁이 경제에 좋다는 문제가 있는 결론을 내렸다.

사실 전쟁은 경제에 매우 나쁘고 경제가 봉사해야 하는 인간에게 정말 나쁘다. 전쟁은 사람을 죽이고 기반 시설을 파괴하며 사람들이 원하는 것으로부터 전쟁에서 승리하는 데 필요한 것으로 생산을 전환한다. 제2차 세계대전에 참전했을 때 미국 경제는 나치의 무수한 생명에 대한 위협이 정부하에서 불을 지폈기 때문에 도약했다. 이로 인해 정부는 평시에는 상상도 할 수 없는 금액을 지출하게 되었다. 정부가 전쟁 무기를 만들기 위해 지출한 돈은 소비자를 위해 아무것도 하지 않았지만 전쟁 무기를 만들기 위해 고용된 노동자들이 번 돈은 소비자를 위해 지출하도록 만들었다. 이 노동자들은 번 돈을 써서 소득과 지출을 늘리고 경제를 성장의 길로 되돌려 놓았다.

다행스럽게도 대부분의 경기 침체기에는 전쟁에서 승리하는 것과 같이 해결해야 할 큰 위협이 없다. 따라서 경기 부양 자금을 어떻게 지출하고/하거나 세금을 줄여야 하는지에 대한 선택권이 있다. 이러한 선택권은 다음 두 섹션의 주제이다.

---

3 공공사업진흥국(WPA: Works Progress Administration)은 대공황의 가장 어두운 세월 동안 1935년 미국의 프랭클린 D. 루스벨트 대통령에 의하여 창출된 고용과 기본적 시설 프로그램이다. 공공사업진흥국은 약 8.5백만 명의 미국인들을 일하게 만들었다. 공공사업진흥국은 수천명의 배우, 음악가, 작가와 화가들을 고용한 예술 분야에서의 계획들을 후원하였다(역자 주).

고소득자 대 저소득자에 대한 자극

저소득층이나 실직자의 주머니에 돈을 넣어 주는 것은 부유층의 주머니에 돈을 넣어 주는 것보다 훨씬 더 즉각적인 경기 부양 효과를 가져올 수 있다. 우리가 논의한 바와 같이 저소득층, 특히 경제적 어려움을 겪고 있는 사람들은 자신들이 추가로 벌어들인 여분의 돈을 사용하여 즉시 경기를 자극할 가능성이 있다. 공원, 도로, 기타 공공시설을 건설하기 위해 엄청난 수의 노동자(대부분 실직자)를 고용한 뉴딜 프로젝트는 경기 부양 지출의 완벽한 예이다. 돌이켜보면 뉴딜 프로젝트에 대한 유일한 후회는 무엇일까? 뉴딜 프로젝트는 극심한 경기침체를 종식시킬 만큼 충분히 크고 야심차지 않았다는 것이다.

2008년 대침체에 대응하여 정부는 고군분투하는 주택소유자보다 은행과 금융기관에 경기 부양 지출에 수천억 달러를 집중했다. 정부가 주택소유자에게 지원을 집중했다면 퇴거 위기에 처한 주택소유자와 빈집으로 황폐해진 지역사회 모두는 엄청난 고통을 피할 수 있었을 것이다. 또한 주택소유자에 대한 지출은 정부가 금융 부문을 절약하는 또 다른 목표를 달성하는 데 도움이 되었을 것이다. 지급 능력을 보장하기 위해 은행에 직접 현금을 투입하는 대신 정부는 어려움을 겪고 있는 주택소유자들에게 현금을 투입할 수 있었고 그럼으로써 처음부터 은행이 돈을 낭비하게 만든 손실을 제거할 수 있었다. 왜 이런 일이 일어나지 않았는가?

지원 패키지를 구성하는 정부 관리들은 어려움을 겪고 있는 주택소유자가 아니라 은행가와 지속적으로 접촉했다. 사실 이들 관리들 중 상당수는 전직 은행가이거나 은행가가 되고자 갈망하는 사람들이었다. 어려움을 겪고 있는 주택소유자는 거의 없었다. 이것은 제2장에서 논의한 규제 포획(regulatory capture)의 또 다른 예이다. 정부 관리는 일반적으로 접촉이 적고 공통점이 적은 일반 대중보다 규제 대상 기업과 더 많이 일체감을 느낀다. 2008년 대침체에 대응하여 정부 관리가 시행한 정책은 이러한 관계를 반영했다.

기업 구제금융

일반적으로 민주당과 공화당 정치인 모두로부터 열렬한 지지를 받는 경기 부양 지출의 한 유형은 기업 구제금융이다. 이러한 구제금융에는 기업에 돈을 주거나 특히 유리한 조건으로 돈을 빌려주는 것이 포함된다. 사업체가 클수록 일반적으로 더 많은 돈을 받는다. 이러한 결정에 대한 근거는 항공사가 파산하거나 서비스 산업이 파산하거나 보잉이 파산하거나 또는 다른 주요 산업이 파산하면 우리 경제가 황폐화될 것이라는 것이다.

이게 말이 되는가? 이 질문에 답하려면 이 책의 기본 전제로 돌아가야 한다. 즉 당신은 현실 세계에서 일어나는 일을 이해하기 위해 상식을 사용할 수 있다는 것이다. 델타 항공(Delta Airlines)이 부양 자금을 받을 때 그들의 비행기는 현금을 받지 못한다. 활용도가 낮은 비행기는 활주로에 앉아 여행 수요가 돌아오는 순간 서비스가 재개되기를 기다린다. 구제금융이 없다면 이 비행기는 땅속으로 가라앉거나 떠나는 경영진에 의해 운반되지 않을 것이다. 구제금융이 없어 델타 항공이 파산할 경우 잃을 수 있는 것은 델타 항공의 경영진이다. 구제금융은 델타의 비행기를 구하지 않는다. 구제금융은 델타의 경영진과 주주를 구할 뿐이다. 델타 항공이 파산하면 비행기, 공항 슬롯, 기타 자산이 매각되어 궁극적으로 다른 사람이 관리하고 소유하게 된다.

코로나바이러스 대유행 기간 동안 항공사는 비행기에 대한 큰 거래 외에도 일자리에 대한 큰 거래를 했다. 구체적으로 그들은 구제금융이 일자리를 구할 수 있게 해준다고 주장했다. 납세자로서 우리가 그 "좋은 것"에 대해 얼마를 지불했는지 질문(그리고 당신은 항상 질문해야 한다)하기 전까지는 이것은 좋은 것 같다. 코로나바이러스 대유행 기간 동안 항공사는 500억 달러 이상을 받았다. 이는 항공사가 구했다고 주장하는 75,000개의 일자리 각각에 대해 우리가 거의 700,000달러를 지불했음을 의미한다. 따라서 정부가 그 돈을 기업 경영진에게 넘기지 않고 직원 임금을 직접 지급하고(많은 유럽 국가에서 그랬던 것처럼) 그 돈을 경영진 자신의 일자리가 아닌 다른 일자리를 구하는 데 사용하기를 희망했다면 수백억 달러를 절약하거나 수만 개의 일자리를 추가로 구할 수 있었을 것이다.

구제금융의 오류는 보잉과 같은 제조 회사를 포함한 모든 회사에 해당된다. 공장, 장비, 지적 재산, 기타 가치 있는 자산은 기업이 정부로부터 한 푼도 받지 못하더라도 사라지지 않을 것이다. 사라질 수 있는 것은 회사의 현 경영진과 주주들이다.

당신은 구제금융이 없을 경우 델타 및 보잉과 같은 회사가 자산을 유지하지 않고 자산이 악화되기 시작할 것이라고 걱정할 수 있다. 그러나 일반적으로 회사 자산의 가치는 단순히 유지하는 데 드는 비용의 몇 배이므로, 자산을 유지하지 않기로 하는 결정은 비합리적이고 가치를 파괴하는 것이다. 그러한 나쁜 결정을 내리는 회사는 장기적인 잠재력과 주가를 떨어뜨릴 것이다. 회사 경영진이 자산을 모두 잃는 데 드는 훨씬 더 큰 비용을 피하기 위해 자산을 유지하기 위한 지출이나 차입의 간단한 결정을 내리지 못한다면, 유익한 결정을 기꺼이 내릴 수 있는 다른 사람이 있을 것이다. 회사의 급락한 주가는 귀중한 자산에 대한 건전한 접근 방식을 가진 새로운 회사의 인수 대상이 되기 쉽다.

따라서 구제금융이 없으면 회사가 파산하고 새로운 회사에 인수될 수 있다. 아마 이러한 새로운 소유자는 기존 경영자를 대체할 것이다. 이 새 경영자가 이전 경영자보다 더 나을 수도 있고 더 나쁠 수도 있다(2대의 비행기를 추락시켜 총 346명의 목숨을 앗아간 결함 있는 소프트웨어에도 불구하고 처음에 737 Max를 공중에 유지하도록 옹호한 회사인 보잉의 경우에는 상상하기 어렵다).

결론은 기업 구제금융이 없다면 실제 상품이나 서비스의 생산 능력과 국가의 생산 능력이 손실되지 않는다는 것이다. 델타(Delta), 포드(Ford), 매리어트(Marriott), 디즈니(Disney)에 구제금융을 제공하지 않더라도 우리나라에는 여전히 지금처럼 많은 항공기, 공장, 호텔 객실, 리조트가 있을 것이다. 그러나 우리는 해당 회사에 대해 다른 관리를 할 수 있다.

구제금융이 없으면 잘 관리되는 회사는 경기침체 후에도 생존하고 계속 번영할 가능성이 높다. 제대로 관리되지 않은 자산은 경기침체에 의해 파산 상태에 빠지고 가치 있는 자산은 새로운 소유자가 구입하게 된다. 새로운 소유자는 이전 회사가 가졌던 상품과 서비스를 효율적으로 제공하기 위해 정확히 동일한 인센티브를 갖게 된다.

회사가 인수되면 일자리를 잃을 가능성이 높은 고위 관리자와 달리 공장 노동자, 엔지니어, 회계사, 사무원, 기타 많은 다른 직원과 같은 회사의 다른 직원 대부분은 영향을 받지 않는다. 경기 침체기에 구 경영진이 계속 고용할 수 있을 만큼 그들이 일을 잘하고 있었다면, 특히 새 경영진은 가능한 한 순조로운 전환을 원할 것이기 때문에, 새 경영진이 그들을 계속 고용하지 않을 것이라고 믿을 이유가 없다. 또한 더 나은 경영진은 회사의 매출을 향상시킬 수 있고, 그럼으로써 구 경영진하에서 존재했던 것보다 훨씬 더 많은 일자리를 창출할 수 있다.

그러나 새로운 소유주는 파산한 회사를 대폭 할인된 가격에 매입할 것이 거의 확실하기 때문에 파산한 회사를 소유한 주주들은 타격을 입을 가능성이 높다. 이 주주들은 누구일까? 2019년 미국 가구 중 가장 부유한 10%가 전체 주식의 84%를 소유하고 있었다. 2019년과 코로나바이러스 대유행이 시작된 이래로, 부의 불평등은 증대하기만 했고, 가장 부유한 미국인들 사이에 주식 소유가 더욱 집중되었다. 부의 손실은 안타까운 일이지만 경기침체로 인한 고통을 감안할 때 기업 주주들에게 정부 지원을 집중하는 것은 우리 돈을 가장 효율적으로 사용하거나 인도적으로 사용하는 것은 아니다.

기업에 갔을 돈을 고통받는 미국인에게 돌리는 것은 더 강력하고 즉각적인 자극을 가져올 것이다. 아이러니하게도 이렇게 하면 궁극적으로 미국 기업에도 큰 이익이 될 것이다. 그것은 소비자들이 그 회사들이 생산하는 많은 상품과 서비스를 계속해서 살 수 있게 해줄 것이다. 수익을 추구하는 회사가 선물을 바라는 워싱턴 관료들에게 아첨하기보다는 소비자의 요구를 충족하도록 자극을 받는다면 우리 모두는 훨씬 더 나아질 것이다.

단순히 기업 경영진과 그 주주들에게 전달되는 경기 부양 달러는 직원 급여를 유지하거나 실직 노동자를 다시 일하게 하는 길을 찾지 못할 수 있는 경기 부양 달러이다. 그리고 고용은 파이를 재분배하는 부유한 사람의 은행 계좌에 달러를 추가하는 것과 달리 경제적 파이를 키우는 것이다.

경기 침체기에 우리는 어려움을 겪고 있는 사람들에게 현금을 제공하여 그들이 소비하고 경기를 부양할 수 있도록 하거나, 기존 경영진과 주주들이 어려운 시기를 이겨낼 수 있도록 기업에 현금을 제공할 수 있다. 정부는 대침체(Great Recession)기에 이러한 트레이드 오프에 직면했고 주택소유자가 아닌 은행을 구제하기로 결정했다. 본질적으로 우리는 아래에서 위로 또는 위에서 아래로 경제를 구할 수 있다. 불행하게도 이 과정에서 상위에 있는 사람들이 하위에 있는 사람들보다 더 많은 발언권을 가지고 있다.

공급충격 경기침체에 정부는 어떻게 대응해야 하는가?

전쟁, 전염병, 자연재해로 인한 피해와 같이 상품 및 서비스 생산 능력을 크게 감소시켜 경기침체를 초래하는 국가에 대한 직접적인 물리적 피해는 매우 드물다. 그럼에도 불구하고 코로나바이러스는 이러한 유형의 피해와 그 영향을 그 어느 때보다 관련성 있게 만들었다.

우리가 논의한 것처럼 이러한 공급충격이 발생하면 사람들의 전망에 영향을 미치고, 일반적으로 수요충격도 유발한다. 경제에 대한 이 원투펀치(one-two punch)는 물건 공급을 줄어들게 할 뿐만 아니라 종종 물건 수요도 줄어들게 한다. 이러한 상황은 일반적인 수요충격 경기침체(예: 실업, 낮은 임금 및 지급불능)와 관련된 모든 나쁜 결과와 한가지 추가 나쁜 결과인 많은 상품과 서비스의 가격 상승을 초래한다. 이 추가 문제가 발생하는 이유는 무엇인가?

수요충격 경기 침체기에 기업은 일반적으로 소득과 일자리 전망이 감소함에 따라 고객을 붙잡기 위해 가격을 낮춘다. 공급충격 침체기에 국가의 생산 능력이 손상되었기 때문에 기업은 팔 수 있는 것이 적다. 전쟁으로 기반 시설이 파괴되었을 수 있고 금수 조치로 석유나 가스 부족이 초래되거나 전염병으로 인해 노동자가 업무를 수행하지 못할 수도 있다. 따라서 대부분의 상품을 생산하는 것이 더 비싸거나 어려워지며, 결과적으로 더 적은 상품이 생산되고 소비자에게 더 높은 가격이 책정된다. 물가상승과 함께 생산량이 감소하는 현상을 "스태그플레이션(stagflation)"이라고 하는데, 1970년대 OPEC이 부과한 유가 급등 이후 심각한 문제였다.

수요충격 경기침체와 관련하여 논의한 재정정책 수단(정부 지출 증가 및 세금 감소)은 여기에서 훨씬 덜 유용하다. 공급충격 경기 침체기에 생산량 감소의 주요 원인은 사람들이 돈을 쓸 기분이 아니기 때문이 아니라 더 많은 생산이 단순히 불가능하거나 너무 비싸기 때문이다. 세상의 모든 응원은 폭격당한 공장, 석유 부족, 또는 전염병으로 인한 생산 제한을 해결하지 못할 것이다. 기업이 더 많은 물건을 생산할 수 없기 때문에, 그러한 상황에서 사람들의 주머니에 더 많은 돈을 넣어 주는 것은 더 많은 물건을 생산하도록 유도하지 않을 것이다. 더 많은 돈은 더 적은 상품을 쫓아다니며 인플레이션을 일으킬 것이다.

상황을 개선하기 위해 정부는 우선 경제의 생산 능력을 손상시킨 피해를 해결해야 한다. 제2차 세계대전은 유럽의 기반 시설과 그에 따른 경제를 황폐화시켰다. 미국 정부의 마셜 플랜(Marshall Plan)은 전쟁 후 유럽을 재건할 수 있는 자금을 제공했고 경제성장이 빠르게 뒤따랐다. OPEC의 석유 금수 조치 이후 새로운 에너지원 탐색이 본격화되면서 국내 석유 생산량이 크게 증가하고 새로운 에너지원이 개발되었다. 공급 문제를 성공적으로 해결하면 수요 문제도 해결된다. 경제를 강타한 피해를 치료하면 일반적으로 사람들의 사기도 고양되기 때문이다.

그러나 코로나바이러스에 대한 정부의 초기 대응 중 하나는 역사상 가장 큰 기업 구제금융이었다. 수요충격과 관련하여 우리가 논의한 바와 같이 기업 구제금융은 경기침체에 대한 가장 비효율적인 대응일 수 있다. 대부분의 현금은 기업 경영자와 주주에게 전달된다. 이들은 돈이 가장 적게 필요하고 실제로 돈을 경제에 다시 쓸 가능성이 가장 적은 사람들이다. 기업 구제금융은 애초에 공급충격을 야기한 사건을 해결한다는 중요한 목표에서 자원을 전용하기 때문에 공급 충격 경기침체에 대한 훨씬 더 나쁜 대응이다.

바이러스로 인한 경기침체의 경우, 최선의 대응은 치료(treatment), 치료법(cure), 또는 백신을 찾는 데 돈을 쏟아붓는 것이며 대중에게 알리는 것이다. 그동안 모든 사람에게 광범위한 테스트, 접촉 추적, 보호 장비 등을 제공했다.[4] 바이러스로 인한 피해를 해결하기 위해 가능한 모든 조치를 취하지 않으면 경기침체와 그와 관련된 모든 문제가 연장된다. 다행히 코로나바이러스에 대한 대응이 완벽하지는 않았지만 백신이 빠르게 개발돼 경기회복에 일조했다. 또한 CARES 법으로도 알려진 코로나바이러스 원조(Coronavirus Aid), 구호(Relief), 그리고 경제 보장법(Economic Security Act)은 소득을 잃은 사람들에게 광범위한 지원을 제공하여 그들이 지출을 계속하고 경기침체를 제한할 수 있도록 했다.

공급충격은 말 그대로 그리고 비유적으로 화재와 매우 흡사하다. 그것은 파괴하고 사기를 떨어뜨린다. 최선의 대응은 가능한 한 빨리 끄기 위해 모든 노력을 아끼지 않는 것이다.

경기침체와 싸우기 위한 지급

경기가 침체될 때 개인과 기업이 예산을 줄이는 간단한 이유가 있다: 그들은 가진 돈이 적기 때문이다. 사람들은 적게 벌고 덜 쓴다. 정부도 마찬가지다. 소득 감소로 인해 세금 징수는 감소한다. 한편 푸드 스탬프(food stamps) 및 실업보험과

---

4 이것은 그러한 치료, 치료법, 또는 백신이 합리적인 시간 내에 개발될 수 있다고 가정한다. 그러나 공급충격을 제거할 수 없다면 그 영향을 최소화하기 위해 모든 노력을 기울여야 한다.

같은 이전에 논의된 자동 안정화 장치로 인해 지출이 증가한다. 따라서 한 가지 중요한 질문이 남아 있다: 정부의 새로운 지출이나 감세를 위해 지급할 돈은 어디서 가져와야 하는가?

정부가 돈을 조달할 수 있는 방법은 세 가지뿐이다. 세금을 부과하거나, 빌리거나, 또는 돈을 창출하는 것이다. 각 항목은 다음 섹션에서 설명한다.

새로운 정부 지출을 위한 과세

정부는 세금을 인상하여 새로운 지출을 위한 자금을 조달할 수 있다. 그러나 이것은 일정 범위에서 자기 파멸적일 것이다. 경기침체와 싸우기 위해 정부는 경제의 신규 지출 총액을 크게 늘려야 한다. 새롭고 더 높은 세금은 소비자 지출과 기업 지출을 감소시켜 정부 지출 증가 효과를 적어도 부분적으로 상쇄할 것이다. 내가 "부분적으로"라고 말한 이유는, 예를 들어 새로운 세금이 새로운 임금을 충당할 때 노동자는 새로운 임금의 전액만큼 지출을 늘릴 가능성이 높지만 납세자는 새로운 세금의 전액만큼 지출을 완전히 줄이지 않을 가능성이 높기 때문이다.

그러나 고소득 납세자들은 세금 인상으로 인해 지출을 줄일 가능성이 적다. 따라서 다른 사람들에게 초점을 맞춘 경기 부양책에 자금을 지원하기 위해 그들에 대한 세금을 인상하면 총지출이 상당히 긍정적으로 증가하여 경제가 활성화될 것이다. 그러나 정치인들은 세금 인상을 꺼린다. 이는 경기 침체기에 특히 사실이며 세금을 더 내야 한다면 모든 종류의 지출(선거 기부금 포함)을 줄여야 한다고 주장하는 선거의 최고 기부자들과 관련하여 특히 그렇다. 따라서 경제적 어려움에 처한 사람들을 위한 프로그램에 자금을 지원하기 위해 부유층에 대한 세금을 인상하는 것이 경기 침체기에 새로운 정부 지출에 자금을 지원할 수 있는 실행 가능한 방법이지만, 이것은 우리 정치 체제가 선택한 방법은 아니다.

새로운 정부 지출을 위한 차입

다음의 제14장에서 정부 부채에 대한 논의는 인프라 구축 및 자녀 교육과 같은 건설적인 목적으로 발생한 부채와 세금 인상을 피하고 현재 서비스 비용을 낮추는 것과 같은 낭비적인 목적으로 발생한 부채를 구분할 것이다. 경기침체에서 벗어나기 위해 정부 지출을 늘리는 것은 차입의 가장 좋은 이유 중 하나이다. 생산 감소, 임금 손실, 그리고 복지 감소를 몇 개월 또는 몇 년 동안 피하는 것이 가치 있는 목표의 전형이다. 그 상황은 불완전 고용 노동자가 새로운 기술을 습득하고, 더 나은 일자리를 얻고, 그리고 훈련을 위해 빌린 금액보다 훨씬 더 많은 수입을 늘리기 위해 돈을 빌리는 것과 유사하다.

경기 침체기에 정부가 차입하는 것은 또 다른 이유에서 의미가 있다. 주어진 시간에 경제에 한정된 양의 돈만 있기 때문에 주어진 시간에 대출을 제공하는 사람이 사용할 수 있는 돈의 양은 한정되어 있다. 경제가 성장하면 개인, 기업, 정부가 모두 자금을 빌리기 위해 경쟁한다. 경제가 성장할 때 정부가 돈을 더 많이 빌릴수록 새로운 사업을 시작하거나 기존 사업을 성장시키려는 사람들과 같은 모든 사람들이 빌릴 수 있는 돈은 더 줄어든다. 경제학자들은 이것을 "구축효과(crowding out effect)"라고 부른다. 경제가 성장하고 기업이 성장을 위해 자금을 빌리려고 할 때 정부 차입은 민간 차입을 밀어낸다. 정부의 적자를 메우기 위해 더 많은 자금이 정부로 흘러가고 있기 때문에, 민간부문은 경제의 생산 능력을 확대하거나 유지하는 새로운 공장, 장비, 사무실, 기타 자본시설에 자금을 조달하는 데 필요한 돈을 찾는 데 어려움을 겪는다.

정부가 민간 차용인으로부터 자금을 유치하는 방법은 무엇일까? 정부는 단순히 현재 지급하고 있는 이자보다 더 높은 이자를 지급할 것을 제안한다. 정부가 지급하는 이자율이 높을수록 정부에 더 많은 자금이 대출되고 민간부문에 더 적은 자금이 대출된다.

어떤 민간 차용인이 나머지 더 적은 대출을 받을까? 더 높은 이자율을 지급할 능력과 의지가 있는 사람들이다. 예를 들어 아마존이 새로운 창고를 짓기 위해 돈을 빌리고자 한다면, 새로운 높은 이자율로 기꺼이 돈을 빌려줄 대출기관이 부족하지 않을 것이고 아마존은 새로운 높은 이자를 지급하는 데 문제가 없을 것이다. 그러나 누군가가 새 식당을 열기 위해 돈이 필요하지만, 자원이 거의 없고 수익성에 대한 불확실한 경로가 있는 경우 대출기관으로부터 동일한 반응을 받을 가능성이 훨씬 적다. 대출기관을 이용할 수 있지만, 그러한 많은 차용인은 더 높은 이자율로 차용하는 것을 단념하고 차용하지 않기로 결정할 것이다. 본질적으로 정부가 좋은 시기에 돈을 빌릴 때, 민간부문이 빌렸을 돈의 일부(상대적으로 소규모 기업을 시작, 확장 및 업데이트하는 데 가장 중요함)는 정부로 전용된다.

그러나 경기침체가 닥치면, 기업과 소비자는 지출을 줄이고 차입은 감소하며 대출기관은 신용도 높은 차용인을 찾는 데 어려움을 겪는다. 따라서 경기 침체기에 민간부문 차입이 감소하면, 정부 차입이 그 부진을 메우고 있는 것이다. 경기 침체기에는 정부 차입이 민간 차입을 밀어내지 못한다. 반대로 정부 차입을 통해 정부는 상품과 서비스에 지출하고, 민간부문을 축소하지 않고도 일자리를 창출하고 경기회복의 순환을 시작할 수 있다. 이 두 가지는 최고의 세계이다.

자신의 기술을 업그레이드하기 위해 돈을 빌리고 새로운 더 많은 소득의 일부만으로 대출금을 반환할 수 있는 새 직장을 얻은 불완전 고용 노동자를 기억하는가? 경기 침체기에 정부 차입이 하는 일이 바로 이것이다. 따라서 부채는 경기 침체기에 정부 적자로 자금을 조달하는 전통적인 방법이었다. 이를 통해 정부는 민간부문 투자에서 자금을 전환하거나 세금 인상으로 얻을 수 있는 정치적 비난에 직면하지 않고도 경기 침체기에 지출을 늘릴 수 있다.

새로운 정부 지출을 위한 화폐 창출

정부 적자를 충당하기 위해 단순히 새로운 돈을 창출하는 것이 유혹적일 수 있지만, 오늘날 어떤 주요 국가도 이렇게 하지 않는다. 당신이 기억할 수 있듯이 통제 불능의 지출과 하이퍼인플레이션의 위험 때문에 우리 정부는 화폐공급에 대한 통제권을 연준에 위임했다.

우리의 현재 시스템에서 정부가 지출을 늘리려면 정부는 세금 인상이 정당하다고 유권자들을 설득하거나 투자자들에게 국채를 더 사도록 설득해야 한다. 이론적으로 이러한 제약은 정부에 더 큰 재정 규율을 부과한다. 또한 이러한 제약은 새로운 프로그램의 비용이 세금 또는 정부 부채의 증가와 일치해야 하기 때문에 새로운 프로그램의 비용을 투명하게 한다. 재정 규율이 없으면 우리는 인플레이션의 위험에 처하게 되는 것이 아니라(인플레이션은 약간만 있어도 괜찮다), 폭주하는 지출, 하이퍼인플레이션, 전체 통화 시스템 붕괴의 위험에 처하게 될 수 있다.

그러나 많은 경제학자들은 정부가 새로운 돈을 창출하여 프로그램에 자금을 지원할 수 있어야 한다고 생각한다. 그들은 자신들의 생각을 "현대 통화 이론(modern monetary theory)" 또는 MMT라고 부르며, 정부가 적자를 메우기 위해 세금을 부과하거나 돈을 빌려야 할 필요성이 너무 소심하게 지출하게 만든다고 믿는다. 이 경제학자들은 일반적으로 새로운 돈으로 직접 자금을 조달하는 정부 혜택 및 사회 프로그램의 확장을 지지한다. 버니 샌더스와 알렉산드리아 오카시오－코르테즈(Alexandria Ocasio－Cortez)와 같은 정치 지도자들은 이러한 아이디어를 지지했다.

이 경제학자들은 내가 이 책 전반에 걸쳐 지적한 점을 지적하고 있다: 새로운 화폐는 새로운 생산량과 일치하지 않는 경우에만 인플레이션을 유발한다. 따라서 정부의 지출 능력은 현행법에서와 같이 세금을 내고 차입(즉 금융경제에 의해)되는 금액에 의해 제한되어서는 안 된다. 그들은 의회가 화폐를 창출할 수 있는 권리를 부여해야 하며 실물경제, 즉 국가의 실제 자원과 생산량에 의해서만 제약을 받아야 한다고 주장한다. 구체적으로 정부가 실직 노동자를 다시 일하게 하고, 어린이가 성인이 되면 더 많은 기여를 할 수 있도록 교육하고, 노동자가 병가를 덜 낼 수 있도록 의료 서비스를 제공하는 것과 같은 프로그램에 자금을 지원하기 위해 자금을 조성한다면, MMT 지지자들은 새로운 돈은 새로운 생산량과 일치할 것이라고 주장한다. 그렇게 함으로써 우리는 인플레이션을 유발하지 않으면서 우리나라를 더 부유하고 공정하게 만들 수 있다.

현대 통화 이론가들은 인플레이션이 연방정부가 지출할 수 있는 것에 대한 유일한 실질적인 제약을 부과한다고 말한다. 새 화폐를 창출함으로써 단순히 균형을 맞출 수 있는 예산이 아니다. 당신이 샌드위치 하나를 살 수 있는 10달러를 추가로 만들어 결과적으로 국가 경제 생산량에 샌드위치 하나가 추가된다면 그것은 그야말로 공짜 점심이다. 반면에 10달러를 만들어도 경제에 새로운 샌드위치가 추가되지 않으면 10달러로 인해 기존 샌드위치의 가격이 상승하게 된다. (같은 수의 상품을 쫓는 돈이 많을수록 가격이 높아지는 경매 사례를 기억하는가?) 따라서 이 경제학자들은 생산량 이득이 프로그램 비용을 충당하고, 따라서 인플레이션을 초래하지 않는 프로그램에 지출할 돈을 창출하는 것을 옹호한다.

그런 점에서 MMT는 많은 의미가 있다. 또한 그것은 그 이름에도 불구하고 특별히 "현대적"이거나(케인즈와 우리의 재정정책 논의를 기억하라) 단순한 "이론"이 아니다(법정화폐에 대한 우리의 논의와 정부가 허공에서 돈을 창출할 수 있다는 사실을 기억하라). 그럼에도 불구하고 그 지지자들은 우리의 선출직 공직자들이 문자 그대로 무제한의 돈에 접근할 수 있다면 적절한 자제를 보일 것이라고 생각하는 데 지나치게 낙관적일 것이다. 또한 그들은 우리의 선출직 공직자들이 그들이 창출한 돈을 궁극적으로 그에 상응하는 생산량 증가를 야기하는 방식으로 사용할 것이라고 생각하는 데 있어 지나치게 낙관적일 것이다. 선출직 공직자들은 세금을 낮추어 많은 돈을 낭비하거나 단순히 정치헌금 기부자에게 넘겨줄 큰 위험이 있다.

통제 불능의 정부 지출에 대한 우려는 정치인이 아닌 연준이 화폐공급을 통제하는 오늘날의 중앙은행 시스템으로 이어졌다. 우리 정치의 현재 상태를 감안할 때 지금은 선출직 공직자가 지출할 수 있는 것과 세금을 얼마나 삭감할 수 있는지에 대한 제약을 제거하는 실험을 하기에 좋은 시기가 아닐 것이다. 우리 정부가 해야 할 일은 이 책의 다음 부분의 주제이다.

PART V

정부

14

국가부채

정부 불균형 예산의 비용은 얼마인가?

국가부채는 과도하지 않다면, 우리에게 국가의 축복이 될 것이다.

– 알렉산더 해밀턴(Alexander Hamilton)

정부 지출

2019년 미국의 정부 총예산(연방정부, 주정부, 지방정부가 상품과 서비스에 지출하는 것뿐만 아니라 개인이 지출할 수 있도록 개인에게 돈을 이전하는 것)은 GDP의 38.3%로 추산되었다. 대부분의 다른 부유한 국가에서는 정부가 지출하는 GDP의 비율이 더 높다. 예를 들어 2019년 프랑스 GDP의 55.3%, 덴마크 GDP의 49.5%, 독일 GDP의 44.9%가 각 정부에서 지출되었다. 이러한 백분율 차이는 달러 기준으로 표시하기 전까지는 크게 다르지 않을 수 있다. 미국 정부가 GDP의 1% 지출을 늘리면

2019년 푸드 스탬프에 지출한 총금액의 약 3배인 2,090억 달러를 추가로 지출하게 된다.

GDP에서 공공부문과 민간부문이 지출하는 부분은 자연법이나 정교한 분석결과에 의해 결정되지 않는다. 집단적 의사결정과 개인적 의사결정 사이의 균형과 마찬가지로 그것은 단순히 정치 시스템의 결과이다. 특히 연방, 주 및 지방 정부가 지출하기로 선택한 금액에 따라 결정된다. 당신이 사회보장제도(Social Security)를 "파산" 중이라거나 또는 "감당할 수 없는" 정부 프로그램으로 읽을 때 그것은 경제적 주장이 아니라 정치적 주장이다. 정부는 항상 세금을 부과하고 채권을 발행하여 필요한 자금을 조달할 수 있는 능력이 있다. 부족할 수 있는 것은 자금을 조달하려는 의지이다.

주정부와 지방정부는 화폐를 창출할 수 없고, 의회가 연준에 부여한 화폐 창출 권한을 되찾지 않는 한, 연방정부는 예산을 충당할 화폐를 창출할 수 없기 때문에 정부 예산에 대한 제약은 개인의 예산에 대한 제약과 매우 유사하다. 정부와 개인 모두 연간 소득이 있다. 정부의 연간 소득은 세금에서 나오고 개인의 연간 소득은 임금소득과 투자소득에서 나온다. 정부와 개인 모두 연간 지출이 있다. 정부와 아마 너무 많은 개인은 연간 지출이 연간 소득을 초과한다. 지출이 소득을 초과하는 금액(예산적자라고 함)은 차입을 통해 조달된다. 개인은 주로 은행 대출, 신용카드 대출, 또는 가족으로부터 돈을 빌린다. 연방정부, 주정부, 그리고 지방정부는 모두 채권을 발행하여 차입한다.

연방정부 채권(국채)[1]은 T−bonds, T−notes, T−bills, 그리고 기타 채권과 같은 다양한 이름을 가지고 있으며, 그것은 다양한 이자율, 기간, 상환 일정, 기타 조건을 가진 다양한 금액으로 거의 셀 수 없이 다양한 형태로 발행된다. 그럼에도 불구하고 그것은 모두 다른 채권과 같다. 한 당사자(이 경우 정부)가 다른 당사자(이

---

1 미국 국채는 일반적으로 연방정부채 중 시장성국채인 T−Bills(만기 1년 미만의 단기국채), T−Notes(만기 1년 이상 10년 미만의 중기국채), T−Bonds(만기 10년 이상의 장기국채) 등 재무부채권을 말하며 단일 종목의 발행잔액으로는 세계 최대규모이다(역자 주).

경우 채권을 구입한 사람)에게 빚진 돈이다. 앞서 논의한 바와 같이 정부 채권을 사는 사람들은 본질적으로 정부에 대출을 하는 것이므로, 정부가 막대한 적자를 낼 수 있다.

정부 채권을 사서 이러한 적자를 가능하게 하는 사람들은 누구일까? 글쎄요, 이 책을 읽는 대부분의 독자들은 "고마워요"라는 말을 해야 한다. 당신은 머니 마켓 계좌(money market account)나 은행 계좌가 있다면, 그 돈의 상당 부분이 당신의 돈을 보유하고 있는 금융기관에 의해 미국 정부 채권에 투자되었다. 사실 (국채 매입을 통해) 정부에 돈을 빌려주는 것은 은행 준비금의 가장 일반적인 용도 중 하나이다.

국가부채는 위협인가?

부채의 규모

2021년 9월 연방정부의 부채(즉 다른 사람에게 빚진 금액)는 약 22,300,000,000,000달러(22.3조달러)였다. 이 금액은 질병과 관련된 세금 및 추가 비용 감소로 인해 코로나바이러스 대유행 이전보다 훨씬 높다(예를 들어 팬데믹 직전인 2019년 중반 부채는 약 16조 5,000억 달러였다). 우리 정부는 어떻게 그렇게 큰 금액을 빌렸을까? 이것은 무엇을 의미하는가? 그것은 미국에 대한 위협인가?[2]

2021년에 미국 정부는 세금으로 벌어들인 것보다 3조 6,000억 달러 이상을 지출할 것으로 예상했다. 이는 주로 코로나바이러스 대유행으로 인한 기록적인 적자이다. 그러나 향후 적자는 훨씬 줄어들 것으로 예상된다. 그럼에도 불구하고 지난 수십 년 동안(클린턴 대통령 행정부의 몇 년을 제외하고) 정부는 지속적으로 번 것보

---

2 사람들이 더 친숙한 수치인 미국의 "총 공공부채(total public debt outstanding)"는 28조 4천억 달러에 가깝다. 이 더 큰 수치는 기술적으로 정확하지만 미국 정부의 다른 부서가 보유하고 있는 6조 달러 이상의 미국 정부 부채를 포함한다. 그것은 정부의 한 부분이 정부의 다른 부분에 빚진 돈이므로 정부가 외부 당사자에 대해 갖는 순 채무가 아니다. 그것은 한 정부 계좌에서 다른 정부 계좌로 돈을 이체하는 것만으로도 완전히 갚을 수 있다.

다 더 많이 지출했다. 이 추세는 계속될 것이 확실하다. 예를 들어 팬데믹 이전 5년 동안 예산 적자는 연간 평균 6,900억 달러였다. 적자를 메울 수 있는 유일한 방법은 차입이기 때문에 적자 증가는 부채 증가를 의미한다.

여기서 맹백한 문제는 22조 3,000억 달러의 부채 부담이 과한 게 아니냐는 점이다. 이렇게 많은 돈을 빌려 빚지고 있는 것이 이해가 안 되는 것처럼 보일 수도 있지만, 당신이 자신에게 얼마만큼의 빚이 괜찮은지 이해한다면 당신은 정부에게 얼마나 많은 빚이 괜찮은지 쉽게 이해할 수 있다. 다시 말해 각 미국인의 부채 몫이 합리적이라면 모든 미국인의 총부채도 합리적이어야 한다.

당신이나 내가 22조 3,000억 달러의 빚을 졌다면 괜찮지 않을 것임이 분명하다. 그러나 그것은 올바른 비교가 아니다. 누군가의 부채 부담이 너무 부담스러운지 여부를 평가하는 유일한 방법은 소득과 관련하여 부채를 평가하는 것이다. 나에게는 파멸적인 부채가 제프 베조스에게는 주머니 속의 잔돈처럼 보일 수 있다. 따라서 22.3조 달러가 국가 전체(3억 3천만 미국인 모두)의 총부채이므로 우리는 모든 미국인의 총소득을 알아야 한다. 우리가 앞서 논의한 바와 같이 미국 GDP는 약 20조 9,000억 달러이므로 총소득은 약 20조 9,000억 달러이다.

따라서 진짜 문제는 소득 20조 9,000억 달러의 국가에 22조 3,000억 달러의 부채가 너무 많은가 하는 점이다. 우리 대부분에게 이 수치는 너무 커서 이해하기 어렵다. 나를 포함한 많은 사람들에게 10억은 1조와 매우 비슷하게 들리며 그 차이를 이해하기 어렵다. 특히 나는 한 국회의원이 특정 지출에 대해 논의할 때 이둘을 혼동했던 것을 기억하고 있다. 그가 10억 달러를 의미하는지 1조 달러를 의미하는지 물었을 때 그는 확신할 수 없다고 말했다. 당신이 점심으로 먹은 샌드위치에 대해 누군가에게 이야기하고 그것이 10달러인지 10,000달러인지 확신하지 못하는 것을 상상할 수 있는가? 그것은 10억과 1조의 차이와 정확히 같은 크기이다. 따라서 이 문제를 이해하려면 우리 자신의 재정을 다시 고려해야 한다.

우리는 누군가의 부채 부담을 평가할 때 세 가지 주요 사실에 대해 생각한다.

즉 소득, 부채 금액, 그리고 부채에 대한 이자 지급액이다. 우리는 국가부채의 각 미국인 몫에 대해 이들 각각을 계산하여 개인 몫이 합리적인지를 결정할 수 있다.

첫째, 2020년 미국의 총소득이 20조 9,000억 달러이고 인구가 약 3억 3천만 명이라는 것을 알고 있으므로 총소득을 총인구 수로 나누어 미국인 1인당 평균 소득은 약 63,333달러이다. 당신은 2.53명으로 구성된 미국의 중위 가구 소득이 160,232달러(미국인 1인당 평균 소득의 2.53배)에 훨씬 못 미치기 때문에 너무 크다고 생각할 수 있다. 미국인 1인당 63,333달러의 평균 소득에는 직원의 과세 소득에 포함되지 않은 고용주가 지불하는 모든 혜택, 기업이 소유주에게 분배하지 않는 모든 이익, 그리고 사람들이 받는 많은 정부 혜택과 같은 대부분의 사람들이 소득에 대해 정의하지 않는 모든 종류의 기타 혜택이 포함되어 있기 때문에 당신의 말이 맞을 것이다. 또한 소득 불평등의 증가(상위 소득 집중)는 이 평균을 더욱 왜곡시킨다. 예를 들어 빌 게이츠가 동네 술집에 들어갔을 때 술집 손님의 평균 소득은 치솟지만, 아무도 더 부자가 되지 않으며 손님의 중간 소득은 변하지 않을 것이다.

둘째, 연방정부의 총부채가 22조 3,000억 달러라는 것을 알고 있기 때문에 총부채를 1인당 부채를 부담할 총인구로 나누면 대략 67,576달러이다.

셋째, 연방정부가 2020년 이자 지급에 3,450억 달러를 지출한 것으로 알고 있으므로 미국인 1인당 연간 이자 지급액은 약 1,045달러이다.

이제 우리는 국가부채에 대한 각 개인의 몫과 연간 이자의 몫을 살펴봄으로써 국가부채가 너무 많은지 여부를 확인할 수 있다. 그렇다면 매년 63,333달러의 평균 소득을 가진 사람에게 연간 1,045달러의 연간 이자 지급액에 총부채 67,576달러는 너무 많은 것인가?

이에 대한 당신의 의견은 다른 사람의 의견만큼 타당하지만 결론에 도달할 때까지 두 가지 사항을 염두에 두어야 한다. 첫 번째는 평균적인 미국인은 정부 부채(정부의 모기지 부채)의 몫을 훨씬 초과하는 부채를 가지고 있다는 것이다. 사실 주택 구입에 사용되는 일반적인 모기지론은 차용인의 연간 소득을 훨씬 초과하며 우리는 그러한 차입을 무책임하다고 보는 경우는 거의 없다. 또한 평균적인 미국인은 개인 부채가 약 38,000달러이고 평균적인 학생 차용인은 학자금 대출이 약 30,000달러이다. 사업을 시작하거나 의과대학에 진학할 만큼 야심이 있는 사람들은 일반적으로 훨씬 더 많은 부채가 있다. 따라서 이 맥락에서 67,576달러의 부채는 더 이상 평범해 보이지 않는다.

부채 총액보다 더 중요한 것은 실제로 매년 이자로 지급해야 하는 금액이다. 이것이 사람들의 재정에 대한 실질적인 부담이다. 연간 63,333달러의 평균 소득을 가진 사람에게 연간 1,045달러(국가부채 이자에 대한 평균 미국인 몫)의 이자 지급은 유쾌하지 않을 수 있다. 그러나 그것은 일부 사람들이 주장하는 국가부채와 같이 경제적으로 파탄나고 파산을 유발하는 실존적 문제는 확실히 아니다. 또한 코로나바이러스 대유행 중에 발표된 피터슨국제경제연구소(PIIE: Peterson Institute for International Economics)와 하버드의 로렌스 H. 서머스(Lawrence H. Summers of Harvard)의 분석은 국가 예산에서 이자 지급이 차지하는 비중은 향후 몇 년 동안 감소할 것이며 그 이후에는 아주 완만하게 증가할 것임을 전망했다.

개별적으로 부채를 살펴보면 당신은 부채가 무엇인지에 대해 그것을 둘러싼 많은 과장을 볼 수 있다. 정치적으로 동기가 부여된 연설은 일반적으로 사람들이 정부 지출을 삭감하는 데 동의하도록 하는 목표를 가지고 그러한 많은 숫자에 대해 머리를 숙이는 데 있어 대부분의 사람들의 무능력(의원과 같은)을 이용할 수 있다. 연간 63,333달러에 접근할 수 있는 사람의 연간 이자 지급액 1,045달러는 단순히 그 정도의 위기가 아니다. 그리고 미국인 개개인의 위기가 아니라면 미국인 전체의 위기도 아니다.

부채의 이유

부채가 문제인지 여부는 부채가 처음 발생한 이유에 따라 크게 달라진다. 어떤 사람이 특히 사치스러운 일련의 휴가 비용을 지불하거나 약품 추가 비용을 지불하기 위해 빚을 졌다면, 당신은 지출이 낭비이며 장기적인 복지에 대한 위협이라고 쉽게 결론을 내릴 수 있다. 그 사람이 집을 사거나 의대에 가거나 사업을 시작하기 위해 빚을 졌다면 어떤가? 나는 당신의 결론이 매우 다를 것이라고 생각한다.

국가부채도 마찬가지다. 정부가 중요한 기반 시설에 자금을 지원하거나 자녀를 교육하거나 경기침체에서 벗어나는 등 경제성장을 위해 차입한다면 부채를 발생시키는 것이 합리적이다. 사실 생산의 이득은 발생한 부채보다 월등하게 더 클 수 있으며 결과적으로 경제적 홈런이 될 수 있다. 실업자가 연 10%의 이익(전형적인 적당히 성공적인 비즈니스의 이익률)을 내는 사업을 시작하기 위해 5%의 이자율로 대출을 받는 것과 같다. 이전에 실직했던 사람은 이제 사업 수익의 일부로 생계를 유지하고 경제에 기여하며 쉽게 대출금을 갚고 있다.

그러한 투자의 완벽한 실제 사례는 시카고 대학(University of Chicago)의 연구원들이 분석한 불우한 어린이를 위한 몇 가지 조기 아동 계발 프로그램(early childhood enrichment programs)이다. 그들이 검토한 투자는 연간 13%의 수익을 올렸으며 이는 대부분의 투자 기회에 비해 유리한 수익이다. 또한 조기 아동 계발 프로그램에 대한 다른 연구에서도 높은 수익을 발견했다.

그러나 불행하게도 우리 정부의 모든 지출이 그렇게 현명한 것은 아니다. 정부가 일상적인 정부 지출을 충당하기에 충분한 세금 인상을 피하기 위해 빚을 지게 된다면 부채는 나쁜 것처럼 보인다. 오늘날의 납세자들이 국방, 건강보험, 농민 지원, 기타 프로그램에 대한 비용을 지불하는 대신, 정부는 미래의 납세자들에게 그 부담을 지우고 있다(나는 중위 연령 이상의 사람으로서 이 기회를 빌어 정부 서비스에 보조금을 지급하는 중위 연령 미만인 모든 사람에게 감사의 인사를 전한다).

마찬가지로 가치가 있는 프로젝트라도 정부가 이를 구현하는 데 과도한 비용을 낭비한다면 정당화될 수 없다. 예를 들어 뉴욕시는 최근 맨해튼의 2번가(Second Avenue)를 따라 지하철 시스템 확장을 완료했다. 프로젝트(1972년에 시작된 건설) 비용은 마일당 25억 달러였다. 정확히 알려지지 않은 파리(Paris)시의 매우 유사한 프로젝트는 마일당 4억 5천만 달러의 비용이 소요될 것으로 추정된다. 최고의 프로젝트라 할지라도 부풀려진 가격에는 더 이상 의미가 없다.

제2장에서 논의한 것처럼 정치 과정은 궁극적으로 선출된 대표가 무엇을 하고 무엇에 관심을 기울이는지를 결정한다. 우리는 그들이 지지한다고 말하는 정책뿐만 아니라 능률적이고 비용 효율적인 방식으로 정책을 구현하는 그들의 능력에 대해 우리를 대변하려는 사람들을 평가해야 한다. 위험을 줄이는 것은 돈 낭비일뿐만 아니라 우리 국가와 국민에 대한 합리적인 투자를 할 수 있는 집단적 능력에 대한 냉소주의를 더욱 심화시킨다.

민간 차입과 마찬가지로 일부 정부 차입은 성장을 가능하게 하고 사람들을 더 잘 살게 하며 본질적으로 그 자체로 비용을 지불한다. 반면에 일부 차입은 수익성 있는 사업에 보조금을 지급하거나 군대가 원하지도 않는 군비 자금을 조달하기 위해 차입하는 것과 같이 결과적으로 부채 부담만 남기고 돈을 낭비한다. 둘 사이의 구별이 어렵고 관련된 숫자의 엄청난 크기로 인해, 정치적으로 동기가 부여된 오해의 소지가 있는 주장에 대해 정부 차입을 가능성이 높은 영역으로 만든다. 나는 당신이 이러한 문제를 올바르게 보고 그것들을 이해하기 위해 이 책의 수단을 사용할 수 있기를 바란다.

국가부채로 누가 이익을 보는가?

국민소득의 약 107%에 달하는 국가부채가 우리 경제의 안녕에 위협이 되지 않는다고 결론을 내린다고 해도, 그렇게 큰 부채를 갖게 되면 정확히 어떤 영향을 미치게 될까? 국가부채를 언제, 어떻게, 누구에게 갚느냐에 따라 결론이 달라진다. 먼저 이자 지급에 대해 논의한 다음 원금의 상환에 대해 설명한다.

이자 지급

앞서 논의한 바와 같이 2020년 정부의 총이자 비용은 3,450억 달러였으며 그 금액의 미국인 개인 몫은 약 1,045달러에 달한다. 그 이자 지급은 당신과 나 같은 납세자들이 자금을 댄다. 누가 이자를 받을까? 짧은 대답은 다음과 같다: 그것의 대부분은 당신과 나 같은 납세자들에게 돌아간다. 자세한 답변은 아래와 같다.

2021년 6월 현재 미국 국가부채의 약 32%는 외국인이 보유하고 있다. 이것은 68%가 미국인이 보유하고 있으므로 이자 지급액의 68%가 미국인에게 지급된다는 의미이다. 당신이 국채를 소유하고 있지 않더라도 정부가 부채에 대한 이자로 지급한 돈의 일부는 당신의 은행 계좌의 이자로, 당신의 연금 자산에 대한 수익으로, 또는 당신의 머니마켓펀드(MMF: money market fund)에 대한 이자로 지급되었다. 결론은 국가부채에 대한 모든 이자의 68%를 미국 납세자들이 다른 미국인들에게 지급한다는 것이다.

한 그룹의 미국인이 이 이전으로 혜택을 받을까? 아마 그다지 혜택을 받지 않을 것이다. 저소득자는 국채를 거의 보유하지 않고, 이자 수입도 적고, 연금 자산도 거의 없지만, 일반적으로 세금도 적게 낸다. 고소득자는 더 많은 채권을 소유하고, 더 많은 이자부 계좌를 보유하고, 더 많은 연금 자산을 보유하지만, 대부분(제16장에서 살펴보겠지만 전부는 아님) 세금 부담이 상대적으로 더 크다. 따라서 부채에 대한 이자의 68%는 부채를 사들인 거의 동일한 미국인이 (세금을 통해) 지급한다. 여기서 진행되는 주요 부의 이전은 없다.

외국인에게 지급되는 이자 지급액의 32%는 미국인의 소비력(spending power)을 외국인에게 이전한다. 2020년에 소비력은 미국인 1인당 약 334달러였다. 미국에서 연간 1인당 생산되는 상품과 서비스의 63,333달러 중 334달러(또는 0.53%)를 내놓는 것이 얼마나 나쁜 일인가? 그 질문에 대한 당신의 대답이 무엇이든 우리는 이것이 흔히 말하는 경제위기가 아니라는 데 동의할 수 있다. 그것에 대해 가장 큰 불만을 토로하는 정치인들조차도 예산 적자를 줄이는 데 거의 관심을 보이지 않는다.

미국 채권을 소유한 외국인은 누구일까? 지구상의 거의 모든 국가의 개인, 기업, 정부이다. 우리는 종종 미국이 중국에 얼마나 많은 빚을 지고 있는지에 대해 듣는다. 미상환 총부채 중 약 4.8%는 중국이 보유하고 있다(그 비율이 훨씬 높다고 생각했을 것이다. 그리고 일본과 유럽이 각각 중국보다 더 많은 부채를 안고 있다는 사실을 몰랐다는 점에 더욱 의의를 둔다). 미국과 미국 경제의 성공 또는 적어도 미국과 미국 경제의 지속적인 존재에 관심을 가진 중국과 다른 많은 잠재적 적들에게 할 말이 있다. 또한 제6장에서 논의한 바와 같이 외국인에게 가는 대부분의 달러는 미국산 상품 및 서비스 구매로 미국으로 다시 돌아온다.

부채 상환

22조 3,000억 달러의 부채는 큰 숫자이다. 그럼에도 불구하고 이 총액의 작은 부분만을 매달 지급해야 하며 정부에서 지급한다. 미국 채권은 항상 투자자들에게 돈을 보관할 수 있는 가장 안전한 투자처 중 하나로 여겨져 왔으며, 따라서 미국은 매우 낮은 이자율로 채권을 발행할 수 있다. 미국 정부는 다른 부유하고 신용할 만한 차용인처럼 보일 수 있지만 훨씬 우월하다. 다른 차용인과 달리 미국 정부는 항상 채무를 갚을 능력이 있다. 의회는 만기가 도래하는 채권을 충당하는 데 필요한 돈을 간단히 만들 수 있다. 당신이 알다시피 그것은 현행법에 따라 돈이 만들어지는 방식이 아니다. 그러나 의회는 법을 바꿀 수 있는 능력이 있고 돈을 만드는 일을 스스로 맡을 수 있다. 또한 의회는 항상 새로운 채권을 발행하고 연준이 채권을 사도록 요구하며 그 수익금을 기존 채권을 상환하는 데 사용할 수도 있다. 다른 채무자는 이러한 일을 할 수 없다.

미국은 정부가 발행할 수 있는 부채(채권) 총액에 제한이 있다는 점에서 이례적이다. 정부가 징수한 세금이 지출을 충당하기에 충분하지 않기 때문에 정부는 생계를 유지하기 위해 지속적으로 더 많은 채권을 발행해야 한다. 따라서 의회는 이 부채 한도를 정기적으로 늘려야 한다. 여러 경우에 의회의 당파적 다툼으로 인해 미국이 돈이 바닥나고 채무를 불이행하는 것을 방지하기 위해 적시에 부채 한도를 올리는 것을 거의 놓칠 뻔했다. 의회가 먼저 지출 프로그램을 승인한 다음 몇 달 또는 몇 년 후에 실제로 비용을 지급하기 위해 기금을 모금할지 여부에 대해 별도의 투표를 하는 이 시스템은 문제를 일으키고 있다.

2011년에 채권평가기관인 스탠다드 앤 푸어스(Standard & Poor's)는 의회가 부채 한도를 높이고 채무불이행을 피하기 위해 적시에 조치를 취할 것인지에 대한 불확실성 때문에 미국의 채권을 최고 등급보다 한 단계 낮추었다(독일과 캐나다를 포함한 다른 여러 국가의 채권은 최고 등급을 받았다). 미국 채권의 신용등급 강등은 우리 경제 상황에 대한 설명이 아니다; 그것은 우리의 정치적 상황에 대한 설명이다.

다행스럽게도 이 책을 쓰는 시점에 미국 채권은 여전히 매우 안전한 투자로 간주되며 정부는 매우 낮은 이자율로 채권을 발행할 수 있다. 이는 신용등급의 강등 및 정부가 이전에 승인한 지출에 대해 지급하는 데 필요한 자금을 차입하는 것을 허용하지 않는 많은 의회 의원들의 지속적인 위협을 고려하면 놀라운 일이다. 어느 시점에 그러한 불확실성이 계속된다면 우리가 새로운 채권에 대해 지급해야 할 이자율은 증가할 것이다.

실제로 부채 한도 인상 시한을 놓치고 정부가 채무불이행을 하게 된다면, 국채 금리는 거의 확실하게 치솟을 것이고 정부의 자금 조달이 어려워질 것이다. 그러한 상황에서는 어떤 일이 일어날지 예측하기 어렵다. 그러나 이해를 돕기 위해 돈이 바닥나고 청구서 지불을 중단하면 어떤 일이 일어날지 생각해 보라 ― 그런 다음 대부분의 미국인도 그렇게 하기 시작하면 어떤 일이 일어날지 생각해 보라.

2021년 말 의회는 필요한 부채 한도 증가를 승인할지 여부에 대해 일반적인 논쟁을 벌이고 있었고, 무디스 애널리틱스(Moody's Analytics)는 제때 조치를 취하지 않을 경우 잠재적인 결과를 평가했다. 그들은 의회가 미국의 채무불이행을 허용하면 그 결과는 "대재앙"이 될 것이라고 예측했다. 구체적으로 그들은 실질 GDP가 거의 4%(8,000억 달러 이상) 감소하고, 일자리는 거의 600만 개가 사라질 것이며, 실업률이 거의 9%로 치솟고, 주가는 거의 33% 하락(15조 달러 손실)할 것이며, 모든 금리가 급등할 것으로 예측했다. 그들은 "미국 재무부 증권이 더 이상 무위험 상태가 아니기 때문에 미래 세대의 미국인들은 엄청난 경제적 대가를 치를 것"이라는 결론을 내렸다.

대통령 재임 초기에 도널드 트럼프는 또 다른 생각을 가지고 있었다. 그는 미국이 "우리의 채권을 재융자(차환)하기 시작해야 한다"고 트윗했다. 채권 재융자 (차환)란 채권의 만기가 되기 전에 하나 이상의 오래된 대출을 상환하기 위해 하나 이상의 새로운 대출을 받는 것을 의미한다. 신규 대출이 기존 대출보다 이자율이 낮기 때문에(따라서 이자 지급액도 낮음) 이자율이 떨어졌을 때 대출을 재융자하는 것이 합리적이다. 그럼에도 불구하고 이 신중한 재정적 움직임은 더 높은 이자율의 기존 대출이 특히 만기일 이전에 그러한 상환을 허용하는 경우에만 가능하다. 국가부채 다음으로 큰 부채 범주인 대부분의 모기지론은 일반적으로 조기 상환을 허용한다. 따라서 주택소유자는 이자율이 하락할 때 모기지론을 재융자(차환)하여 월 납입금을 낮추는 경우가 많다.

그러나 연방정부가 발행한 채권은 단순히 조기 상환을 허용하지 않기 때문에 차환할 수 없다. 일반적인 국채는 정부가 채권 보유자에게 매년 일정 금액의 이자를 지급하고 채권 만기일에 원금을 반환하도록 요구한다. 정부의 이자 채무를 줄이기 위한 조기 상환은 허용되지 않는다. 따라서 트럼프 대통령이 제안한 것은 불가능할 것이다. 아마 그는 실패한 사업(예: 카지노)이 더 이상 부채를 갚을 수 없고 빚진 금액을 줄이기 위해 대출기관과 거래를 하는 상황을 생각하고 있었을 것이다. 이러한 방식으로 실패한 기업과 대출기관은 파산법원에서 회사 자산을 놓고 다투는 시간과 비용을 피할 수 있다. 당신이 짐작할 수 있듯이 미국은 실패한 기업과는 매우 다른 위치에 있으며 나는 이 상태가 유지되기를 진심으로 바란다.

미국은 기존 부채를 차환할 수 없지만, 본질적으로 매달 상환해야 하는 부채 부분을 차환한다. 당신은 국가부채를 회전 부채(revolving debt)로 볼 수 있다: 즉 오래된 부채의 만기가 도래하면 새로 발행된 부채의 수익금이 비용을 충당하기 때문에 결코 보상을 받지 못한다. 그러나 총부채는 계속 증가하고 있는데 이는 정부가 발행하는 신규 채권(부채)의 양이 상환되는 기존 부채와 정부의 지속적인 적자 지출을 모두 충당할 수 있을 만큼 충분히 크기 때문이다. 분명한 질문은 이것이다: 즉 국가부채가 지속적으로 증가한다면 결국 무너질 카드로 만든 집이나 폰지 사기(Ponzi scheme)[3] 같은 것인가?

부채 구조가 무너질 것인지에 대한 질문에 대한 대답은 항상 부채를 뒷받침하는 소득의 양에 달려 있다. 폰지(Ponzi)씨[4]는 현대판 버니 매도프(Bernie Madoff)[5]와 마찬가지로 기본 수입이 없었다. 즉 그는 가치를 창출하지 못했다. 그는 단순히 새 돈을 사용하여 이전 돈을 갚았다. 새 돈이 바닥나자 불가피한 붕괴가 뒤따랐다. 그러나 미국은 2020년에만 20조 9,000억 달러 상당의 상품과 서비스를 창출했으며 향후 몇 년 동안 더 많이 창출할 가능성이 높다.

오늘날의 저금리와 국가 경제의 호황을 감안할 때 우리는 더 많은 돈을 빌리고

---

3 폰지사기(Ponzi scheme)란 실제로는 이윤을 거의 창출하지 않으면서도 단지 수익을 기대하는 신규 투자자를 모은 뒤, 그들의 투자금으로 기존 투자자에게 배당(수익금)을 지급하는 방식으로 자행되는 다단계 금융사기 수법을 말한다(역자 주).

4 찰스 폰지(Charles Ponzi, 1882년 3월 3일~1949년 1월 18일)는 북아메리카 지역에서 활동한 이탈리아인 사기꾼이다. 1920년대에 널리 알려졌으며 외국에서 구매한 만국우편연합 국제반신권(International Reply Coupon)을 미국에서 내다 팔 때의 차익을 이용해서 투자자들에게 45일내에 50%의 수익률을, 그리고 90일 내에 100%의 수익률을 낼 수 있다고 하며 투자금을 모았다. 그러나 이는 신규 투자자들의 투자금을 기존 투자자들에게 지급해주는 사기였다. 이 수법을 처음 이용한 사람은 아니었지만 찰스 폰지의 사례가 가장 유명하기 때문에 "폰지 사기"라는 이름이 붙여졌다. 이러한 기법으로 1년간 투자자들에게 2천만 불의 손해를 입혔다(역자 주).

5 버니 매도프(Bernie Madoff, 1938년 4월 29일~2021년 4월 14일)는 전직 미국 증권 중개인, 투자상담사, 나스닥 이사를 역임하였으며 역사상 최대 규모의 폰지사기 주동자로 알려져 있다. 2009년 3월 매도프는 연방법 중 11가지를 위반했다는 혐의와 수천명의 투자자들에게서 650억 달러(한화 약 72조원)에 이르는 돈을 폰지사기를 통해 경영 자산으로 만들었다는 혐의에 대해 유죄 판결을 받았다. 2009년 6월 29일 그는 최고 150년형을 선고받았다. 2021년 4월 14일 연방교도소에서 복역 중 82세의 나이로 사망했다(역자 주).

지출해야 한다고 믿는 사람들이 많이 있다. 뉴욕타임스 칼럼니스트이자 노벨상을 수상한 경제학자 폴 크루그먼(Paul Krugman)은 우리 경제에 추가되는 성장보다 비용이 적게 들 것이라고 믿는 대규모 인프라 계획을 옹호했다.

2021년 말 의회는 교통 프로젝트, 고속 인터넷 액세스, 환경 개선과 같은 "하드" 인프라에 약 1조 2천억 달러를 지출하는 인프라 투자 및 일자리 법(Infrastructure Investment and Jobs Act)을 통과시켰다. 의회는 이후에 많은 사람들이 인적 인프라라고 부르는 아동, 교육, 사회 프로그램 및 의료 서비스에 대한 투자를 늘리는 훨씬 더 큰 계획을 고려했지만 통과시키지는 못했다. 하드 인프라 프로젝트와 마찬가지로 이러한 프로그램은 비용을 훨씬 초과하는 혜택을 제공할 수 있다.

불행하게도 이러한 현명한 투자 중 많은 부분이 부채가 악명을 떨치고 있기 때문에 이루어지지 않는다. 아이러니한 것은 그 부채에 나쁜 이름을 붙인 많은 정치인들이 애초에 그렇게 많은 빚을 지게 된 책임이 있는 정치인들과 똑같다는 것이다. 하원의장을 지낸 폴 라이언(Paul Ryan)은 적자 지출과 그것을 조달하기 위해 발생한 부채를 악마로 만들었다. 그럼에도 불구하고 그는 2017년 의회예산처가 10년 동안 정부 적자를 1조 9,000억 달러 추가할 것으로 예상한 막대한 세금 감면을 통과시키는 데 중요한 역할을 했다. 그와 다른 많은 사람들은 차세대 납세자들의 지원을 받아 부유층을 위한 세금 감면 자금을 조달하기로 결정했다. 이 위선은 우리 국가와 경제 건전성에 막대한 비용을 초래해 왔으며 앞으로도 그럴 것이다.

우리 국가의 경제적 건전성을 향상시킬 수 있는 정책은 다음 두 장의 주제이다.

15

정부정책과 소득

우리 경제는 어떻게 더 공평하고 생산적이 될 수 있을까?

밀물은 배가 없는 사람을 일으키지 않는다. 우리는 그들을 위해 배를 만들어야 한다. 우리는 그들에게 조수와 함께 상승할 수 있는 기본 기반 시설을 제공해야 한다.   – 라훌 간디(Rahul Gandhi), 인도 국회의원

형평성 및 생산성 향상

더 큰 불평등, 더 적은 기회, 더 큰 불만을 향한 현대 경제의 행진을 막기 위해 무엇을 할 수 있을까? "부자와 다른 사람 사이에는 차이가 있다. 부자가 더 많은 돈을 가지고 있다."고 말해진다(나는 아니지만 많은 사람들이 이 영리한 대사에 공을 돌린다). 나는 우리나라의 현재 경제적 불평등 수준이 자연적으로 정해진 것이 아니라는 점을 강조하기 위해 이 말을 인용했다. 그것은 사회로서 우리가 내리는 선택의

결과이다. 우리는 자원의 다른 배분을 가져오고 다양한 다른 긍정적이고 부정적인 결과를 가져올 다른 선택을 할 수 있다(우리가 경제시스템에 대해 얼마나 많이 다루었는지를 감안할 때 그 중 많은 부분을 예상할 수 있다).

이러한 선택을 할 때 우리는 엘리자베스 워렌(Elizabeth Warren) 상원의원의 다음과 같은 지적을 명심해야 한다.

"이 나라에서 누구도 혼자 힘으로 부자가 된 사람은 없다. 아무도. 당신(사업가)이 공장을 세웠다고? 좋다. 분명히 해두고 싶은 것은, 당신은 당신의 상품을 시장에 가져가는 데 우리가 낸 세금으로 만든 도로로 운송하고, 당신은 노동자를 고용하는 데 우리가 교육시킨 이들을 데려다 쓰고, 당신은 우리가 낸 세금으로 유지한 경찰과 소방관들이 공장을 지켜주니까 안전하다. 약탈대가 와서 공장에 있는 모든 것을 약탈할까봐 걱정할 필요가 없다... 자 보세요, 당신은 공장을 지었고, 그것은 무언가 대단하거나 훌륭한 아이디어로 바뀌었다. 신의 축복이 있기를! 그것의 큰 덩어리를 유지하세요. 그러나 근본적인 사회계약의 일부는 당신이 그것의 큰 덩어리를 취하고, 동행하는 다음 세대의 아이를 위해 돈을 지불한다는 것이다."

당신이 정치적 스펙트럼의 왼쪽에 있든(워렌 상원의원처럼) 오른쪽에 있든(다음 장에서 음의 소득세 제안을 높이 평가하는 경제학자 밀턴 프리드먼처럼), 주장이 이치에 맞는지 판단하는 가장 좋은 방법은 누가 말하고 있는지가 아니라 주장 자체를 평가하는 것이다. 그리고 위의 인용문에서 지적한 요점의 타당성은 우리 모두가 이전 세대가 구축한 인프라와 다른 사람들의 기술 및 노력에 얼마나 의존하고 있는지에 의해 확인된다. 그것 없이는 우리는 단지 석기 시대에 사는 사람처럼 익숙해진 안락함과 안전함을 누리게 될 것이다. 이것은 사람들에게 세금을 내어 돌려주도록 요구하고 그 돈을 사용하여 가능한 한 많은 사람들에게 많은 기회를 제공하는 데 대한 강력한 정당화이다.

마지막 두 장에서 우리의 목표는 어떤 세금, 지출, 정부정책이 소득 불평등을 줄이고 생산성을 높여 경제적 파이를 키울 수 있는지를 확인하는 것이다. 왜 우리의 목표에는 두 가지 목표가 있을까? 단순히 돈을 이전하는 것만으로 불평등을 쉽게 줄일 수 있지만 노동 인센티브를 줄이고 경제적 파이를 축소하여 모두에게 더 적은 결과를 가져올 수 있기 때문이다. 마찬가지로 예를 들어 노동 절약 기술 개발에 대한 세금 우대를 제공하면 생산성이 향상될 수 있지만 불평등과 그에 따른 모든 피해도 증가할 수 있다.

형평성 및 생산성 향상이라는 목표를 달성할 수 있는 잠재력이 있는 정책은 두 가지 범주로 나뉜다. 첫 번째는 사람들이 자신의 일을 통해 더 많은 돈을 벌 수 있을 뿐만 아니라 처음부터 일을 시작할 수 있도록 하는 정책으로 이 장에서 논의된다. 두 번째는 세금, 지출, 이전을 통해 소득분배를 변경하는 정책으로 다음 장에서 논의된다.

정부정책과 소득

정부는 사람들의 노동소득(즉 세금을 납부하거나 정부 혜택을 받기 전에 노동을 통해 벌어들인 총소득)을 늘리는 데 도움을 줄 수 있다. 이것을 어떻게 할 수 있을까? 이것은 주로 최저임금, 정부 일자리 프로그램, 그리고 교육 및 훈련 지원을 정하는 법률을 통해 이루어진다. 각각은 다음 페이지에서 논의된다.

소득을 증대시키는 법률

소득 불평등이 심화되면서 급여 스펙트럼의 최하위 계층에 대한 임금 인상을 목표로 하는 연방정부의 정책은 거의 바뀌지 않았다. 실제로 연방정부 최저임금은 10년 넘게 시간당 7.25달러에 고정돼 있다(많은 주와 지방 정부에서 더 높은 최저임금을 제정했지만). 또한 노동자들의 임금을 밀어 올리는 노동조합의 힘도 쇠퇴했다. 노조 가입률은 1950년대 중반 35%에서 10.8%로 떨어졌고 민간부문 노조 가입률은 6.3%로 떨어졌다. 그렇다면 최저임금을 대폭 인상하지도, 노동교섭력을 강화할 수 있는 법률을 제정하지도 않은 데에는 그럴만한 이유가 있을까? 그 이유는 전적으로 고용주의 정치적 영향력인가?

대답은 사실 고용주의 정치적 영향력과 많은 관련이 있다. 그러나 그들의 영향력이 극복되더라도 최저임금 인상이나 노동조합 강화를 통해 임금을 인상하는 것이 소득이 상위에 집중되는 강력한 경향을 완화하는 효과적인 방법이 될 수 있을까? 대답은 "예"이지만 제한된 범위에서만 가능하다.

더 높은 임금은 직원 비용을 증가시키므로 고용주는 작업을 자동화하거나 임금이 낮은 국가에 아웃소싱하여 미국 노동자의 고용을 회피할 수 있는 더 큰 인센티브를 제공한다. 정치적 스펙트럼의 "보수적" 측면에 있는 대부분의 경제학자들 (그리고 수년 동안 경제학을 가르친 대부분의 사람들)은 이 주장을 최저임금 인상에 반대하는 데 사용했다.

그러나 현실 세계에서는 상대적으로 소폭의 최저임금 인상이 실직으로 연결되지 않았고, 저임금 노동자의 주머니에 더 많은 돈을 성공적으로 넣어 주었으며, 실제로 이러한 노동자의 지출 증가로 인해 전체 지역 경제에 긍정적인 영향을 미쳤다. 한 유명한 연구는 1992년 뉴저지(New Jersey)에서 시간당 최저임금이 4.25달러에서 5.05달러로 인상된 효과를 조사했다. 구체적으로 시간당 4.25달러의 최저임금을 유지하고 있는 뉴저지와 인근 펜실베니아(Pennsylvania)의 패스트푸드점 고용 수준을 분석했다. 뉴저지의 패스트푸드점 고용이 펜실베니아의 유사한 식당에 비해 13% 증가한 것으로 나타났다.

그러나 어느 시점에 최저임금 입법이나 노동조합의 압력을 통한 임금 인상은 일자리를 자동화하거나 임금이 낮은 국가로 옮길 가능성 때문에 전환점에 도달할 것이다. 이것은 제2차 세계대전 이후 수십 년 동안 자동차 제조업체들이 더 저렴한 노동력을 다른 곳에서 이용하기 위해 생산을 도시 밖으로 이전하면서 많은 디트로이트 자동차 노동자들이 힘든 방법으로 배운 교훈이다. 청소나 정원 가꾸기와 같은 많은 서비스 작업은 자동화할 수 없는 것이 분명하다. 그러나 기술을 향상하면 전체적으로 또는 부분적으로 더 많은 것을 가능하게 할 것이다(수백만 대의 택시, 트럭, 버스 운전에 대한 자율주행 차량의 잠재적인 영향에 대해 생각해 보라). 더 높은 임금은 이러한 추세를 가속화할 수 있다. 자동화로 일자리를 잃은 노동자들과의 경쟁 심화로 자동화가 불가능한 노동자들도 피해를 입을 수 있다.

또한 모든 일자리가 해외 저임금 국가로 이전될 수는 없지만 많은 일자리가 이전될 수 있다. 예를 들어 미국 의류 및 신발 협회(American Apparel & Footwear Association)에 따르면 현재 미국에서 판매되는 의류의 97% 이상과 신발의 98% 이상이 해외에서 생산된다. 많은 미국 회사를 위한 고객 서비스를 전화 통화로 확인할 수 있으므로, 많은 서비스 직업도 해외로 내보낼 수 있다. 그러나 이것이 모두 나쁜 것은 아니다. 앞서 논의한 바와 같이 아웃소싱은 개발도상국의 극심한 빈곤에 처한 사람들에게 일자리를 제공하고 국가를 더 가깝게 만들며 국제협력을 촉진할 수 있다. 그러나 아웃소싱은 미국에서 저숙련(그리고 그다지 저숙련이 아닌) 노동자의 일자리 수를 감소시키므로 미국의 경제적 불평등 수준 측면에서 큰 대가를 치르게 된다.

자동화나 아웃소싱으로 인해 노동자들이 일자리를 잃지 않더라도, 결국 누가 이 높은 임금을 지불할지 ― 이윤 감소를 통해 기업이 지불하는지, 아니면 더 높은 가격을 통해 기업 고객이 지불하는지 ― 에 대한 문제가 있다. 맥도날드(McDonald) 레스토랑에 대한 최근 연구에 따르면, 최저임금의 소폭 인상이 더 많은 노동 절약형 터치 스크린 주문 기술로 이어지지는 않았지만 맥도날드 고객에게는 더 높은 가격이 책정되었다. 더 높은 임금 비용이 고객에게 전가되면 노동자도 더 높은 물가에 직면하게 되므로 노동자의 소득증대 혜택이 줄어든다. 또한 자본과 노동 사이의 소득 분배, 그리고 우리의 주요 관심사인 대다수의 노동자와 최상층 노동자 사이의 소득분배는 거의 영향을 받지 않는다.

그러나 많은 경우 기업은 너무 많은 고객을 잃을 수 있기 때문에 더 높은 임금을 충당하기 위해 단순히 가격을 인상할 수 없다. 일반적으로 기업이 가격을 인상하면 일부 고객을 잃게 되지만 남아서 더 높은 가격을 지불하는 고객으로부터 더 많은 이익을 얻는다. 기업이 더 높은 임금을 지불하기 위해 가격을 인상하면 소유자의 이익이 감소할 뿐이다 — 더 높은 가격은 일부 고객을 잃게 만들고 나머지 고객이 지불하는 추가 금액은 단순히 더 높은 임금 비용을 충당한다.

더 높은 임금 비용을 고객에게 전가할 수 없을 때 추가 비용은 수익성을 감소시키고 새로운 사업 형성을 방해하거나 한계 이익이 있는 사업을 파산시킬 수 있다. 예를 들어 높은 임대료 때문에 사업을 접은 뉴욕시의 레스토랑 주인들은 많은 레스토랑 실패의 원인으로 지역 최저임금이 시간당 15달러로 인상된 것을 언급하기 시작했다. 매우 수익성이 높은 기업은 최저임금 인상으로 인해 다소 수익성이 떨어질 수 있지만, 생존을 위해 고군분투하는 기업, 특히 소규모 기업은 이로 인해 밀려날 수 있다. 실패한 기업은 소유주와 직원에게 피해를 줄 뿐만 아니라 남아 있는 기업이 낮은 가격을 유지하고 경쟁력을 유지하도록 하는 소비자의 선택권, 일자리, 인센티브도 줄어든다.

소득과 부의 불평등에 큰 타격을 줄 만큼 충분히 최저임금을 인상하면 총 일자리 수에 타격을 입히게 되어 경제 전반에 타격을 줄 수 있다. 또한 저임금 직업을 가진 사람들은 나머지 직업에 대한 추가 경쟁으로 인해 고용 기회가 감소하여 가장 큰 피해를 입을 수 있다. 그러한 상황은 일부 노동자들이 불법적으로 낮은 임금이나 다른 형태의 착취를 받아들이도록 강요할 가능성이 있다.

최저임금을 소폭 인상하면 이러한 문제의 대부분을 피할 수 있고 저임금 노동자의 주머니에 필요한 여분의 돈을 일부 넣어 줄 수 있는 것이 분명하다. 당신은 최저임금의 "소폭" 인상이 얼마나 높을지 궁금할 것이다. 나 역시 궁금하다. 예측에 관한 경제학자들의 실적을 감안할 때 그들이 정확한 답변을 제공할 수 있을지 확신할 수 없다. 그럼에도 불구하고 이 책에서 제기된 많은 문제와 마찬가지로 현실 세계가 답을 제공할 수 있다. 정부는 이러한 부작용이 혜택을 능가하기 시작할 때까지 점진적으로 최저임금을 인상할 수 있다. 우리는 이미 경제학자들이 특히 잘하는 이런 종류의 "비용 – 편익" 분석에 대해 논의했다.

다행스럽게도 특히 가능성이 있는 수익을 높일 수 있는 두 가지 추가 방법이 있다. 그 방법은 다음 단락에서 논의된다.

정부 일자리와 산업기반시설

우리는 경기침체와의 싸움과 관련하여 보장된 정부 일자리를 증명하는 것에 대해 이야기했다. 그것이 항상 의미가 있다는 좋은 주장이 있다. 정부 일자리는 피용자를 위한 민간부문과의 경쟁을 강화하고 임금을 인상함으로써 소득을 높일 수 있다. 연방정부 일자리 보장 프로그램은 정부가 지불하는 임금(예: 시간당 12달러 또는 물가가 비싼 도시에서 더 높은 금액)이 실질적인 최저임금이 되도록 한다 — 12달러에 일자리를 구할 수 있다면 고용주는 더 적은 금액을 지불하는 데 어려움을 겪을 것이다.

최저임금 인상과 달리 연방 일자리 보장 프로그램은 일자리 수를 줄이지 않는다. 임금 인상으로 민간부문에서 일자리를 잃은 노동자는 공공부문에서의 일자리가 그를 기다리고 있을 것이다. 많은 사람들이 일자리를 찾을 수 없거나 현재 임금이 일자리를 구하는 데 충분한 유인이 되지 않기 때문에, 이 프로그램은 실제로 고용을 증가시킬 것이다.

사람들이 정부 일자리에서 정확히 무슨 일을 할까? 우선, 그들은 인프라에 대한 국가 투자의 부족분을 보충하는 데 도움이 될 수 있다. 미국토목학회(ASCE: American Society of Civil Engineers)는 2020년에서 2029년 사이에 미국이 도로, 교량, 수도 시스템, 기타 공공시설에 2조 5,900억 달러를 투자하지 않을 것으로 추정하고 있다. 2021년에 계획된 인프라 지출의 증가는 필요한 것의 일부만 충당할 것이다. 우리의 노후화된 인프라 요구사항을 변경하는 데 드는 비용은 막대하다. 예를 들어 ASCE 보고서에 따르면 평균 운전자는 도시 지역의 열악한 도로 상태로 인한 추가 수리 및 운영 비용으로 연간 599달러를 지출하고 있다.

당신의 지역에 있는 공공시설과 서비스(특히 어린이 및 노인용)를 간단히 살펴보면 더 많은 연방 노동자가 가능하게 할 수 있는 개선의 여지가 충분히 있음을 확인할 수 있다. 특히 정부에 무료 또는 저비용 보육을 제공하는 직원이 있다면 더 많은 부모가 노동인구에 진입하여 경제성장을 도울 수 있다. 우리는 인프라가 물리적일 필요는 없다는 점을 명심해야 한다. 사람들에게 교육, 훈련, 또는 기타 도움을 제공하기 위해 노동자를 고용하는 것은 콘크리트 및 강철과 관련된 프로젝트만큼 우리의 복지를 향상시킬 수 있다.

루즈벨트(Roosevelt)의 뉴딜은 더 많은 연방 노동자로 무엇을 달성할 수 있는지에 대한 좋은 예를 보여준다. 거의 90년이 지난 지금도, 우리는 뉴딜이 가능하게 한 공원, 도로, 교량, 기타 공공 편의시설을 즐기고 혜택을 누리고 있다. 오늘날 우리나라를 개선하기 위한 새로운 프로젝트를 생각해 내는 데 많은 상상력이 필요하지 않을 것이다. 이전 세대가 제공한 이점을 유지하고 업데이트해야 하는 필요성에 새 프로젝트를 추가하면 수행해야 할 작업이 충분하다.

이러한 일자리 프로그램에 대한 지원을 구축하려면, 우리는 모든 정부 지출이 낭비라는 개념을 극복하는 것부터 시작해야 한다. 민간부문 지출과 마찬가지로 일부는 가능하고 일부는 그렇지 않다. 민간부문에 상당한 낭비가 없다고 생각하는 사람들은 민간 보험사와 의료 서비스 제공자가 관리에 매년 지출하는 수천억 달러에 대해 생각해야 한다(총지출의 백분율로 볼 때 정부 의료 프로그램이 행정에 지출하는 것보다 훨씬 높다). 아니면 사람들이 담배를 피우고 단 음료를 마시게 하거나 연료 효율이 가장 낮은 차량을 운전하도록 하기 위해 민간부문이 지출하는 수많은 비용에 대해 생각할 수도 있다. 또는 단순히 많은 헤지펀드 매니저에게 지급되는 수십억 달러에 대해 생각할 수도 있다.

여전히 정부 지출이 낭비라고 생각하는 사람들에게 그들의 지원을 얻는 요령은 더 큰 연방 인력과 이상적으로는 우리가 지불할 합리적인 가격으로 가능한 공공 편의시설 및 경제에 대한 구체적인 개선에 초점을 맞추는 것일 수 있다. 그렇게 하면 다른 반응을 얻을 수 있다.

노동력의 향상

정부가 사람들이 더 많은 돈을 벌 수 있도록 할 수 있는 가장 건설적인 방법은 경제학자들이 "인적 자본(human capital)"이라고 부르는 양질의 교육과 직업 훈련을 지원하는 것일 것이다. 효과적이고 신뢰할 수 있는 정부와 결합된 높은 수준의 교육 및 훈련은 스위스, 일본, 이스라엘과 같이 천연자원이 거의 없는 국가를 부유하게 만들었다. 양질의 교육 및 훈련과 효과적이고 신뢰할 수 있는 정부의 부재로 인해 콩고, 나이지리아, 베네수엘라와 같이 천연자원이 풍부한 국가는 상대적으로 빈곤했다. 부, 소득, 총생산량 또는 단순히 행복으로 측정되든 간에 국민의 교육수준과 기술보다 국가의 복지를 더 잘 예측하는 것은 없다.

이것이 사실인 이유는 무엇일까? 사람에 대한 투자는 그들에게 직접적인 혜택을 줄 뿐만 아니라 생산성을 높이고 더 많은 생산량을 창출할 수 있게 해주기 때문이다. 노동자 1인당 더 많은 생산량은 더 부유한 국가의 정의이다. 그리고 인적 자본은 다른 유형의 자본과 달리 학습과 기술을 가지고 있는 사람에게서 빼앗거나 세금을 부과할 수 없기 때문에 가장 강력한 자본 형태이다. 또한 인적 자본의 확보는 온 가족이 삶을 개선하고 더 나은 교육을 받으며, 더 건강하게 생활하며, 결과적으로 경제에 더 많이 기여할 수 있도록 하는 선순환 구조를 만들 수 있다(또한 더 나은 교육은 사람들이 경제시스템을 개선할 정책과 정책을 실행할 가능성이 있는 정치인을 식별하고 지원하는 데 도움이 된다. 이는 나의 주요 목표 중 하나이다). 우리 모두는 교육정책이 의제로 포함될 때 교육정책보다 훨씬 더 많은 것이 위태롭다는 것을 명심해야 한다.

교육 결과를 효과적으로 개선하려면, 교육의 질을 개선하고 인종과 민족에 따라 많은 미국인의 기회를 거부하는 유산을 해결하기 위해 더 많은 지출이 필요하다. 모든 사람이 자신의 능력의 최대 범위까지 경제에 참여할 수 있을 때 우리 모두는 혜택을 받는다. 우리가 논의한 바와 같이 국제 시장에서 경쟁할 수 있는 교육과 기술을 갖춘 미국인들은 그러한 기회를 가지고 있으며 그 어느 때보다 잘하고 있다. 그러나 이러한 국제 시장은 교육수준이 낮거나 숙련도가 낮은 많은 미국인들에게 상처를 주고 우리 경제에서 이들의 역할을 거부했다. 공정성과 개인의 경제적 이익은 우리가 이러한 불평등을 해결하고 인간의 잠재력을 낭비하지 않도록 좌우한다.

어떤 교육 프로그램이 더 큰 혜택을 제공하는가는 교육정책 분석가를 위한 주제이다. 우리가 논의한 것처럼 비용 이상의 혜택을 제공하는 저소득 아동을 위한 다양한 교육, 건강, 영양 프로그램이 있다. 그리고 명백한 사실을 언급하는 위험을 무릅쓰고, 젊은이들이 보다 생산적인 삶을 영위하고 경제에 기여할 수 있도록 하는 프로그램은 그들이 나중에 인생에서 경제에 고갈될 가능성을 줄여준다. 결국 이러한 프로그램은 우리에게 이익을 가져다 주지만 자금의 상당한 증가를 요구할 것이다. 이는 정부가 경제적 불평등을 완화할 수 있는 또 다른 주요 방법, 즉 다음 장의 주제인 소득분배에 초점을 맞춘 지출 및 세금 정책으로 이어진다.

16

세금, 지출 및 소득분배

소득분배에서 정부의 역할은 무엇인가

우리는 이 나라에서 민주주의를 가질 수도 있고, 소수의 손에 막대한 부를 집중시킬 수도 있지만, 둘 다 가질 수는 없다.

– 루이스 D. 브랜다이스(Louis D. Brandeis), 미국 대법원 판사

소득 재분배 정책

정부는 항상 소득을 재분배해 왔으며(때로는 의도적으로, 때로는 비의도적으로) 재분배할 금액(얼마나 세금을 부과할지, 누구에게 세금을 부과할지, 얼마를 지출할지, 어떻게 지출할지)을 항상 선택할 수 있다. 과세 및 지출에 대해 자세히 논의하기 전에 먼저 이러한 맥락에서 간과되는 한 가지 중요한 사항, 즉 어떤 정부가 무엇을 제공하는지 논의해야 한다.

미국인들은 미국에서 원하는 곳 어디에서나 살 권리가 있으며, 특히 부유한 미국인들이 그 권리를 가장 잘 누릴 수 있다. 한 곳에서 소득세가 너무 높으면(예: 뉴욕시에는 소득의 12%를 초과할 수 있는 주 및 시 합산 세율이 있음) 다른 곳으로 이전할 수 있다(예: 플로리다에는 소득세가 없음). 따라서 소득세를 대폭 인상하여 고소득자로부터 저소득자 또는 무소득자에게 소득을 재분배하려는 지역은 고소득자에게는 떠날 유인을 제공하고 저소득자 또는 무소득자에게는 들어올 유인을 제공할 것이다.[1] 극단적인 경우 고소득자의 이탈로 인해 해당 지역에서 더 높은 세율로 더 적은 달러의 세금을 징수할 수 있다.

이것은 상대적으로 적은 수의 납세자 그룹에 의존하여 예산의 상대적으로 많은 부분을 지원하는 많은 지방자치단체에 특히 해당된다. 예를 들어 2018년에 뉴욕시 거주자의 최고 소득 1%는 시 소득세의 43.5%를 납부했고, 뉴욕주 소득세에 대한 시 기여금의 50.5%를 납부했으며, 시 납세자 중 최저 소득 95% 전체보다 더 많은 세금을 냈다. 이러한 유형의 통계는 번창하는 많은 지방자치단체에 해당된다.

세금을 피하기 위해 "거주(residency)"를 변경하는 것은 어렵지 않다. 부유한 사람들은 종종 여러 채의 집을 소유하고 있으며, 소득세의 대상이 되는 곳을 결정하는 "주 거주지(primary residence)" 또는 "주소(domicile)"로 식별하는 주택에 대해 어느 정도 선택권이 있다. 한 곳에서 반년 이하를 보내는 사람들의 경우 주소 변경은 "주소 신고서(Declaration of Domicile)" 양식을 제출하는 것처럼 간단할 수 있다. 이것이 바로 도널드 트럼프가 주 거주지를 뉴욕에서 플로리다로 옮겨 세금을 낮추기 위해 한 일이다(그 세금이 무엇이든 간에). 세금 목적으로 "떠나고자" 원하는 주에서 반년 이상을 보내려는 사람들에게는 이주절차가 더 복잡할 수 있다. 그럼에도 불구하고 지방소득세가 높을수록 세금이 낮거나 존재하지 않는 곳에 새로

---

1 주 및 지방 세율 인상이 부유한 거주자의 이주에 미치는 영향을 문서화하는 것은 매우 어렵다. 사람들은 온갖 종류의 이유로 주에 들어오고 나가고(그리고 일반적으로 이동하는 이유에 대해 질문하지 않음), 부유한 사람들의 소득은 해마다 크게 다를 수 있기 때문이다. 스탠포드 대학교(Stanford University)의 두 연구원은 1%에서 3% 범위의 약간의 세금 인상이 이주를 유발한다는 증거는 많지 않지만, 더 큰 세금 인상은 "당연히 더 두드러지고 영향을 미칠 수 있다"는 사실을 발견했다.

운 "주 거주지"를 마련하려는 사람들에 대한 인센티브가 커진다.

모든 세금(지방 정부의 소득세보다 훨씬 큰 연방 소득세 포함)을 피하기 위해 미국을 떠나는 것은 단순히 미국 내에서 거주지를 바꾸는 것보다 훨씬 더 어렵다. 모든 연방 세금을 피하려면 공식적으로 미국 시민권을 포기하고 여권을 넘겨주고 미국을 떠나야 한다. 이 행위는 시민권을 포기하기 전에 내야 할 세금이나 임대 부동산, 사회보장 또는 연금소득과 같이 미국에서 벌어들인 소득에 대한 향후 세금에 대한 책임을 소멸시키지 않는다. 또한 그것은 그 사람이 미국에서 다시 보낼 수 있는 시간을 제한하고 다른 곳에서 이미 국적을 취득하지 않은 경우 무국적자로 만들 수 있다. 미국 내에 새로운 주 거주지를 정하는 것은 시민권을 포기하고 여권을 포기하는 것보다 훨씬 쉽고 덜 극단적인 행위임이 분명하다.

주 및 지방 정부는 연방 정책을 구현하고 도움이 필요한 사람들을 돕기 위한 혁신적인 접근 방식을 실험하는 역할을 한다. 그럼에도 불구하고 세금 인상을 통해 소득을 재분배하려는 노력은 세금이 낮고 피하기 쉬운 지방 차원에서보다 세금이 높고 피하기 어려운 국가 차원에서 수행되는 경우 훨씬 더 성공적일 수 있다. 따라서 우리는 국가 차원에서 조세 및 지출 정책의 잠재적인 변화에 초점을 맞출 것이다.

세금

연방정부는 소득에 세금을 부과하여 막대한 돈을 거둬들인다. 2020년에는 3조 4,200억 달러의 수익 중 85.4%가 개인의 소득에 대한 세금에서 나왔고 6.2%는 법인세에서 나머지는 소비세, 부동산 및 기타 세금에서 나왔다. 연방 소득세율은 정부가 정하며 시간이 지남에 따라 크게 달라졌다. 2021년 현재 개인에 대한 미국 연방 최고 소득세율은 37%이다.[2] 1950년대 공화당이었던 아이젠하워 대통령 치

---

2 이것은 최고 한계 세율이라고도 하며 누군가의 소득 중 마지막(또는 가장 높은) 달러에 부과되는 세율이다. 이 37%의 세율은 개인의 경우 518,401달러 이상의 소득과 부부 공동 보고의 경우

하에서는 91%였다(이것은 오타가 아니다). 또한 공화당원인 닉슨 대통령하에서도 70%였다. 종종 "사회주의자"라는 비난을 받았던 민주당 소속 오바마 대통령하에서 임기 초에는 35%, 임기 말에는 39.6%였다(그런 정치적 꼬리표의 쓸모 없음을 다시 한번 증명).

마찬가지로 법인 소득에 대한 세율은 시간이 지남에 따라 다양해졌다. 트럼프 대통령하에서 최고 세율이 35%에서 21%로 낮춰져 기업의 수익성이 향상되고 소유자의 소득이 증가하며 주가가 상승했다. 제5장에서 논의한 바와 같이 세법의 허점으로 인해 대부분의 기업은 이보다 훨씬 낮은 요율(대부분의 경우 0)을 납부할 수 있다.

어떤 세금이 소득 불평등에 미치는 영향을 알기 위해서는 먼저 세금이 누진세인지, 역진세인지, 또는 균일세(flat tax)인지를 결정해야 한다. 누진세는 소득이 높은 납세자에게 더 높은 비율의 세율을 부과하므로 세후 소득이 더 평등하다. 역진세는 소득이 높은 납세자에게 더 낮은 비율의 세율을 부과하므로 세후 소득이 덜 평등하다. 균일세는 모든 납세자에게 동일한 비율의 세율을 부과하므로 소득 평등에 영향을 미치지 않는다.

대부분의 미국인은 미국 세금이 전체적으로 누진적이며 고소득층이 저소득층 또는 중산층보다 소득의 더 많은 부분을 세금으로 납부한다고 생각한다. 이러한 인식은 미트 롬니(Mitt Romney)가 2012년 대선에 출마하면서 "미국인의 47%가 소득세를 내지 않는다"고 주장한 것과 일치한다. 롬니에게 미국인의 거의 절반이 정부에 의존하고 있으며, 그들은 자신이 피해자라고 믿고, 정부가 자신을 돌볼 책임이 있다고 믿고, 그들은 건강 관리, 음식, 주택 등을 받을 자격이 있다고 믿는다. 그의 통계는 정확했지만, 그의 결론은 틀렸다.

롬니는 특정 세금인 "연방 소득세"에 대해 이야기하고 있었다. 이 세금은 미국에서 부과되는 단일 세금 중 가장 많은 수입을 올리지만, 그것은 우리가 납세하는

622,051달러 이상의 소득에만 적용된다.

겉보기에 셀 수 없이 많은 세금 중 하나일 뿐이다. 예를 들어 우리는 급여세 (payroll tax: 사회보장에 자금을 지원하고 연방 소득세와 마찬가지로 전적으로 소득에 기반함), 판매세, 재산세, 증여세, 양도세, 사용세, 관세, 기타 많은 세금도 납부한다. 모두 합치면, 연방, 주 및 지방 정부가 부과하는 다른 세금(대부분 소득에 기반함)은 롬니가 말한 "연방 소득세"보다 훨씬 더 많은 돈을 거둬들인다. 따라서 롬니는 그들이 납세하는 다른 모든 세금을 고려하지 않기 때문에 이 특정 세금을 내지 않는 사람은 낙오자라고 암시하는 것은 옳지 않다.

UC Berkeley의 엠마누엘 사에즈(Emmanuel Saez)와 가브리엘 주크만(Gabriel Zucman)은 이 모든 다른 세금을 고려했다. 이 두 사람은 미국의 각 소득 그룹이 납세하는 전체 연방, 주 및 지방 정부 세금을 조사했다. 그들은 모든 세금을 고려할 때 대부분의 미국인이 총소득의 3분의 1에서 4분의 1을 세금으로 납부한다는 사실을 발견했다. 그러나 또한 그들은 억만장자들이 납부하는 세율이 이 범위가 아니라 그 이하라는 것을 발견했다. 그들은 억만장자들이 총소득의 약 23%를 세금으로 냈다고 판단했다. 사에즈와 주크만은 미국 조세 제도가 역진적이 되는 최상층을 제외하고는 기본적으로 단일 조세(균일세)라고 결론지었다. 제프 베조스, 엘론 머스크(Elon Musk), 마이클 블룸버그(Michael Bloomberg), 기타 억만장자들이 최근 몇 년 동안 말 그대로 세금을 전혀 내지 않았고 대부분의 다른 사람들도 거의 내지 않았음을 보여주는 세금 데이터의 공개로 얼마나 역진적인지 강조되었다.

저소득층이 초부유층보다 소득의 더 높은 비율을 세금으로 내는 것이 어떻게 가능할까? 많은 저소득층 사람들이 실제로 롬니가 인용한 "연방 소득세"에 따라 아무것도 내지 않고 있지만, 그들은 다른 많은 역진 세금의 폭격을 받고 있다. 예를 들어 저소득층은 부유층(이전에 논의한 바와 같이 소득의 더 많은 부분을 저축하고 투자함)보다 소득의 더 많은 부분을 소비하기 때문에 판매세로 소득의 더 많은 부분을 납부하게 된다. 사회보장기금을 지원하는 급여세는 최대 132,900달러까지 소득의 12.4%이다(반은 직원이 납부하고 절반은 고용주가 납부). 132,900달러를 초과하는 소득에 대해서는 0%로 떨어지므로 역진적이다. 주택에 대한 재산세는 주택 평가 가치의 백분율과 동일하다. 그것은 주택소유자의 소득에 관계없이 계산된다. 따라서 고소득자는 비슷한 주택을 소유한 저소득자보다 재산세에서 소득의 더 적은 비율을 납부하게 된다.

세금이 사람들의 가처분소득(즉 모든 세금을 납부하고 남은 지출 금액)에 어떤 영향을 미치는지 평가할 때, 개인이 개별 세금과 관련하여 납부한 금액이 아니라 각 개인이 납부한 전체 세금과 관련이 있다. 가처분소득에 대한 세금의 정확한 영향에 대한 결론을 도출하는 것은 다양한 세금, 포괄적인 데이터를 얻는 어려움, 데이터의 복잡성을 고려할 때 어려운 일이다. 예를 들어 연방 소득세 법령만 해도 수천 페이지에 달하며, 세법을 해석하는 규정, 사례 및 해설(commentary)은 몇 배나 더 길다. 소득 불평등(또는 적어도 일관된 정부 정책)이 우려된다면 이 제도의 개편이 필요하다. 이를 염두에 두고 다음 섹션에서는 네 가지 주요 세금에 대해 설명한다.

연방 소득세

1913년에 시행된 연방 소득세는 일반적으로 세금 전문가가 아닌 대다수의 사람들에게 확고한 누진세로 간주된다. 2020년 과세 연도에는 연 소득이 24,800달러 미만인 부부 또는 12,400달러 미만인 개인은 연방 소득세를 납부하지 않았으며 세금 신고서를 제출할 필요조차 없었다. 앞의 금액을 초과하는 소득이 있는 개인은 세금 신고서를 작성하고 세법에서 허용하는 특정 공제액을 뺀 총소득인 "과세 소득"을 계산해야 했다. 과세 소득이 높을수록 부과되는 "과세 등급" 또는 세율이 높아진다 — 바로 누진세의 정의이다.

그러나 실제로 연방 소득세는 얼마나 누진적일까? 이 책의 많은 부분은 경제에서 일어나는 일에 대한 큰 그림을 논의하고 불필요한 세부사항을 피하려고 한다. 그러나 세금과 관련하여 악마는 실제로 디테일에 있으며,[3] 연방 소득세 법령은 이

---

3 참고: 미국 격언(The devil is in the detail: 문제점은 디테일에 숨어 있다).

에 대한 가장 좋은 예 중 하나이다. "과세 소득" 계산은 실제로 부유한 납세자들이 주로 번 소득의 상당 부분을 제외하므로, 연방 소득세가 표면에 보이는 것보다 훨씬 덜 누진적이다. 과세 소득이 계산되면 투자수익에 대해 낮은 자본이득세율이 적용된다. 당신이 아마 제5장에서 기억할 수 있듯이, 노동자가 번 임금은 거의 항상 투자자가 번 자본이득보다 더 높은 세율로 과세된다.

나는 연방 소득세가 보이는 것보다 누진적이지 않은 이유에 대한 수많은 다른 예를 자세히 설명하는 전체 책을 쓸 수 있지만, 몇 가지 예를 들어 이 한 단락으로 제한하겠다. 헤지펀드[4] 임원을 포함한 투자 매니저는 소득의 대부분을 임금소득이 아닌 자본이득으로 규정할 수 있으므로, 자신의 비서 및 대부분의 납세자보다 낮은 세율로 납세할 수 있다. 돈이나 다른 자산을 상속받을 행운을 가진 사람들은 투자 매니저보다 훨씬 낮은 세율(구체적으로는 0%)로 납부한다.[5] 주택담보대출에 대한 대부분의 이자는 과세 소득을 감소시켜 임차인보다 주택을 살 여유가 있는 사람들과 덜 비싼 주택만 살 여유가 있는 사람들보다 더 비싼 주택을 살 여유가 있는 사람들에게 혜택을 준다. 우리가 논의한 바와 같이 주주는 더 큰 투자 가치를 기반으로 대출 및 기타 혜택을 받을 수 있더라도 배당금이나 주식 매각을 통해 이익을 챙기기 전까지는 회사 이익에 대해 세금을 내지 않아도 된다. 2021년 백악관 보고서에 따르면, 세법의 이러한 조항과 다른 많은 조항을 통해 미국의 가장 부유한 400가구는 2010년부터 2018년까지 기간 동안 평균 8.2%의 소득세율을 납부할 수 있었다.

이러한 불평등에 기여하는 것은 부유층을 위한 "조세 피난처"를 개발하는 데 전념하면서 충분한 보상을 받는 변호사와 회계사 전체 산업이다. 그들의 목표는 사람들이 다양한 종류의 신탁, 역외 투자, 기타 복잡한 계약을 통해 세금을 합법적

---

4 "헤지펀드"라는 용어는 일반적으로 상당한 레버리지와 함께 파생 증권에 대한 투자와 같이 보다 복잡하거나 난해한 투자 전략을 사용하는 투자회사를 지칭하는 데 사용된다. 이 펀드의 원래 목표는 기존 투자에 대한 대안 또는 헤지 수단을 제공하는 것이었다.

5 상속세와 유산세(estate tax)는 이 장의 뒷부분에서 설명한다.

으로 최소화하도록 돕는 것이다. 때때로 그들은 합법적으로 세금 계산서를 최소화하는 것을 의미하는 조세회피로부터 불법적으로 정부를 속이는 것을 의미하는 탈세로 미끄러진다. 이러한 유형의 불법행위는 국세청(IRS: Internal Revenue Service)의 인력 감축으로 인해 적발, 기소 및 억제하기가 더 어려워졌다.

펜실베이니아 대학교 로스쿨의 나타샤 사린(Natasha Sarin)과 하버드 대학교의 로렌스 H. 서머스(Lawrence H. Summers)는 세금 과소납부 및 집행에 대한 광범위한 연구를 수행했다. 그들은 현재 추세로 볼 때 정부가 10년 동안 법적으로 납부해야 할 세금 7조 5,000억 달러를 징수하지 못할 것이며 소득 상위 1%가 미납 세금의 최소 70%를 책임져야 한다고 추정한다. 그럼에도 불구하고 저소득 미국인들은 상위 1%에 있는 사람들만큼 회계감사를 받을 가능성이 높다. 또한 그들은 500만 달러 이상의 소득을 올리는 납세자의 5%만이 회계감사를 받는다는 점에 주목한다 — 단속을 위해 1달러를 지출할 때마다 더 많은 세금 징수에서 11달러 이상을 발생시키더라도 말이다.

더 많은 미국인들이 자신들의 세금을 속이도록 허용함으로써 생기는 피해는 정부의 세수를 강탈하는 것 이상이다 — 그것은 더 많은 부정행위를 조장한다. 사회과학자들은 이 현상을 "행동 전염"이라고 부르는데, 이는 사람들이 다른 사람의 행동을 모방하는 경향이 있다는 것을 의미한다. 그러나 당신은 다른 사람들이 세금을 속이는 것을 더 많이 볼수록, 그 사람들도 속일 가능성이 더 높다는 결론을 내리기 위해 사회과학자가 될 필요는 없다.

은행 강도인 윌리 서튼(Willie Sutton)은 왜 그가 은행을 강탈했는지 질문을 받은 적이 있다. 그는 "돈이 거기 있으니까."라고 대답했다. 우리가 소득 불평등에 대해 뭔가를 하고 싶다면, 소득에 대한 세금을 올리는 것이 아마 가장 직접적이고 효율적이며 오랜 시간 검증된 방법일 것이다. 소득세에 대한 모든 인프라가 갖추어져 있다. 우리는 단순히 세율을 높이고 투자 소득에 대한 특별 인하 세율을 제거하고 많은 소득과 상속이 세금을 내지 않도록 허용하는 허점을 막으면 된다.

이것은 급진적인 제안과는 거리가 멀다. 미국은 높은 소득세율의 오랜 역사를 가지고 있으며(실제로 앞서 언급한 바와 같이, 이러한 세율은 일부 공화당 대통령하에서 훨씬 더 높았다), 그럼에도 불구하고 국가는 번영했다. 예를 들어 최고 세율이 91%였던 1950년대에 미국 경제는 오늘날보다 훨씬 더 빠르게 성장했고 중산층은 규모와 경제적 복지 모든 면에서 성장했다. 고소득층에 대한 오늘날의 최고 세율인 37%는 제2차 세계대전과 1980년대 중반 로널드 레이건 대통령 재임 기간 사이에 최고 세율이 50% 아래로 떨어진 적이 없다는 점을 감안할 때 상대적으로 온건한 것으로 볼 수 있다 — 40년에 걸친 미국 경제의 엄청난 성장.

제2장에서 내가 물었듯이 마크 저커버그, 빌 게이츠, 제프 베조스와 같은 정말 비범한 소득자들에 대한 상당히 높은 세율이 그들이 그렇게 많은 것을 성취하지 못하도록 단념시켰을까? 마찬가지로 상위 소득에 대한 훨씬 더 높은 세율로 인해 회사는 유능한 CEO를 찾는 데 어려움을 겪고 스튜디오는 주요 프로덕션의 스타를 찾는 데 어려움을 겪고 기술 회사는 혁신적인 제품을 개발할 리더를 찾는 데 어려움을 겪게 될까? 우리나라의 모든 유치원 교사를 합친 것(약 158,000명)보다 더 많은 수입을 올린 상위 25명의 헤지펀드 매니저에 대한 세금 인상이 해당 헤지펀드에서 유능한 리더십 부족을 초래할까? 아마 그렇지는 않을 것이다.

또한 미국에서 연봉이 가장 높은 직업 중 상당수가 금융 분야에 있기 때문에, 가장 유망한 대학 졸업자들 중 일부가 금융회사로 몰려드는 선택을 재고하게 만들 정도로 높은 세율이 정말 나쁜 것인가? 기존 세율이 518,401달러(개인에 대한 최고 세율 37%에 대한 현재 임계값)를 약간 넘는 소득에 대해 적당히 인상되고 그 금액을 훨씬 초과하는 소득(심지어 아이젠하워 대통령 치하에서도 91%에 육박함)에 대해 크게 인상된다면, 업무 의욕 저하로 인한 피해가 경제적 형평성과 보다 균형잡힌 연방 예산의 이점보다 더 클까? 1950년대의 증거와 최고 소득자들의 행동에 대한 일부 성찰은 그렇지 않다는 것을 강력하게 시사한다.

고소득자에 대한 세율을 높이고 저소득자에게 세금 면제 또는 신용를 제공하면 소득 불평등이 심각해질 수 있다. 소득 불평등과 같은 일부 문제를 완화하는 효과적인 방법은 때때로 현상 유지를 선호하는 사람들(그리고 그들의 로비스트)이 믿는 것보다 더 간단하고 더 가까이에 있다.

부유세

불평등을 줄이기 위해 일부 국가에서는 또 다른 세금을 부과한다: 즉 부(부동산, 미술품, 주식, 채권, 기업 등 개인이 소유한 모든 자산의 총액)에 대한 작은 비율의 세금이다. 미국에는 부유세가 없지만 미국의 거의 모든 지방자치단체는 개인이 소유한 부동산의 평가 가치에 대한 재산세라는 사람들의 부의 특정 구성요소에 대해 세금을 부과하고 있다. 이는 가장 광범위하게 소유된 주요 자산인 부동산의 가치는 매년 과세된다는 것을 의미하지만, 주식, 채권 및 기타 금융자산과 같이 부유층이 더 많이 소유하고 있는 다른 자산의 가치는 매년 과세되지 않는다는 것을 의미한다.

버니 샌더스는 개인의 순자산이 3,200만 달러를 초과하는 경우 1%의 연방 부유세를 부과하고 100억 달러를 초과하는 순자산에 대해서는 8%를 부과할 것을 제안했다. 엘리자베스 워렌과 같은 다른 정치인들도 비슷한 제안을 했다. 부유한 사람이 소유할 수 있는 모든 많은 자산(예: 민간기업의 주식, 보석, 예술 및 지적 재산권)의 정확한 평가를 매년 추적하고 파악하는 것은 중요하다. 반면에 대부분의 부유세 제안(예: 샌더스 상원의원)은 가계의 상위 1% 중 극히 일부만이 대상이 될 정도로 높은 수준에서 시작된다.

부유세의 또 다른 문제는 부유한 사람들이 적어도 자산의 일부를 미국 당국이 추적하기 어려운 다른 국가로 옮기도록 장려한다는 것이다. 또한 사업체나 농장의 가치에 세금을 부과하면 돈이 사업에 묶여 있고 세금을 낼 현금이 부족한 소유주에게 문제가 발생할 수 있다. 이러한 어려움을 극복할 수 있었지만, 그들은 대다수의 국가들이 그러한 세금을 입법하는 것을 막았고 그것을 제정한 소수의 몇몇 국가들이 그것을 폐지하도록 했다. 예를 들어 프랑스는 2017년 정부 연구에서 매일 최소 1명의 백만장자가 프랑스를 떠나 부자 친화적인 국가에 거주하기 위해 높은 세금 청구서를 뒤로 하고 있다는 사실을 발견한 후 부유세를 폐지했다.

이러한 어려움에도 불구하고 부유세는 경제적 불평등을 줄이는 데 도움이 될 수 있다. 부는 소득보다 덜 균등하게 분배되므로 그러한 세금은 비록 불완전하지만 가장 많은 부를 가진 사람들에게 집중될 것이다. 롬니와 다르고 우리의 전체 조세 시스템이 가장 부유한 사람들에게 유리하다고 생각하는 사람들에게 부유세는 우리의 조세 시스템이 조작되었다는 인상을 없애는 데 도움이 될 수도 있다. 사람들이 부자들이 세금을 더 공평하게 낸다고 느끼면, 그것은 세법 준수, 새로운 정부 프로그램 지원, 일반적으로 더 높은 수준의 만족도를 촉진할 수 있다. 인식은 물리학과 생물학에서는 중요하지 않을 수 있지만 경제학과 같은 사회과학에서는 매우 중요하다.

상속세 및 유산세

사람의 사망에 대해 부과될 수 있는 세금에는 두 가지 유형이 있다. 하나는 자산을 상속받은 사람이 내는 세금인 상속세이다. 이 책을 쓰는 시점에 미국 정부에는 상속세가 없다. 누군가가 상속으로 받는 모든 달러는 연방정부에 의해 완전히 세금이 부과되지 않는다(몇몇 주는 상속에 세금을 부과하지만).

세금 제로(zero tax)는 상속을 받는 사람들에게 좋게 들릴 수 있지만 그들에게 현실은 훨씬 더 좋다. 상속을 통해 받은 후 나중에 매각한 자산은 사람들이 자신의 돈으로 구입한 자산보다 세금이 낮은 경우가 많다. 어떻게 그런 일이 일어날까? 우리가 논의한 바와 같이 우리 모두는 자산을 매각할 때 발생하는 모든 이익에 대해 자본이득세를 납부한다 ― 즉 판매가격이 구매가격을 초과하는 금액이다. 물려받은 자산을 파는 사람은 아무런 대가도 지불하지 않았으니 전체 매각 대금이 그들에게는 이익이 되어야 하지 않을까? 세법에 따르지 않는다. 연방정부는 상속 후 발생하는 가치 상승분에 대해서만 자본이득세를 부과한다.

이 중요한 이점을 명확히 하는 데 도움이 되는 예는 다음과 같다: 당신과 누군가가 10년 전에 각각 100달러에 주식을 샀다고 가정해 보자. 올해 그 사람이 죽고 그 주식을 조카에게 물려준다. 장례식 당일 당신과 조카는 각각 현재 가격인 1,000달러에 주식을 매도한다. 당신은 900달러(판매가격에서 구매가격을 뺀 가격)에 대해 자본이득세를 내야 한다. 세법은 상속 이후 가치 증가에만 세금을 부과하기 때문에 조카는 세금을 내지 않을 것이다(조카가 주식을 물려받아 같은 날 팔았는데 그 당시 가치는 1,000달러였다). 따라서 조카는 자산을 공짜로 받고 취득할 때 세금을 내지 않으며 그것을 팔 때 당신이 지급했거나 그의 삼촌이 살아 있다면 그것을 팔기 위해 지급했을 것보다 더 낮은 세금을 납부한다.

다른 세금인 유산세(estate tax)는 사망한 사람의 자산 총액에 대한 세금으로 상속재산을 분배하기 전에 유산에서 직접 납부한다. 2021년 현재 연방법은 재산의 첫 1,170만 달러에 대해 세금을 면제했다. 그 면제액은 기혼 부부의 경우 2,340만 달러로 2배가 된다. Urban Institute & Brookings Institution의 조세 정책 센터는 이러한 관대한 면제와 다양한 허점으로 인해 가장 부유한 미국인(특히 2019년 상위 0.07%)만이 유산세를 납부했다고 추정한다.

2018년에서 2042년 사이에 약 70조 달러가 상속을 통해 물려받을 것으로 예상된다. 뉴욕대학교 법학 교수인 릴리 배첼더(Lily Batchelder)는 상속에 대한 평균 세율이 2.1%인 반면 노동소득에 대한 평균 세율은 15.8%라고 추정한다. 또한 제2장에서 논의한 것처럼 미국 전체 부의 약 60%가 상속되며 무언가 변화가 없는 한 그 비율은 계속 증가할 것이다. 따라서 상속세와 유산세는 상속이 부를 최고층에 집중시켜 점증하는 역할을 완화하는 강력한 도구이다.

또한 상속세 및 유산세는 거의 모든 다른 유형의 세금에 비해 뚜렷한 이점이 있다: 즉 건설적인 활동을 방해하지 않는다는 것이다. 소득세는 노동을 위축시킬 수 있고 판매세는 상품 구매를 위축시킬 수 있으며 재산세는 더 많고 더 나은 주택

개발을 저해할 수 있다. 상속세와 유산세는 무엇을 방해할 수 있을까? 사망을 방해하는가?

결론은 사람들이 오직 두 가지 범주, 즉 죽은 자와 산 자로 나뉜다는 것이다. 따라서 죽은 자에 대한 낮은 세금은 산 자에 대한 높은 세금을 의미한다. 부와 소득이 점점 더 상위 계층에 집중됨에 따라 이 분야는 개혁을 위한 무르익은 영역임이 분명하다.

법인세

연방정부는 2020년에 2,120억 달러, 즉 앞서 언급한 바와 같이 기업 이익에 대한 세금으로 전체 수입의 6.2%만을 거둬들였다. 조세재단(Tax Foundation)[6]은 기업이 세금 환급을 제출하고 사업 소득세에 관한 특히 복잡한 규칙을 준수하는 데 연간 1,470억 달러 이상(실제 세금 납부액 외에)을 지출하는 것으로 추정했다. 그들의 숫자가 정확하든 그렇지 않든 간에 나는 납세 준수는 많은 시간과 노력과 돈을 소비한다는 것을 개인적인 경험을 통해 확인할 수 있다. 세금을 최소화하는 데 능숙한 세무 변호사뿐만 아니라 이 업무에 전념하는 전임 회계사를 감당할 수 있는 능력이 부족한 중소기업의 부담은 더욱 가중된다.

우리는 이미 얼마나 많은 대기업이 세법의 복잡성과 수많은 허점을 이용하여 세금을 크게 낮추는지, 많은 경우에 0으로 낮추는지 논의했다. 그렇다면 법인세를 올려야 할까? 법인세 인상은 더 많은 세수 증가를 가져올 수 있을 뿐만 아니라 납세 준수 및 회피에 더 많은 자원을 투입할 수 있다. 또한 기업이 비용을 고객에게 전가하는 범위 내에서 기업에 대한 세금 인상은 우리가 구매하는 상품 및 서비스의 가격 상승을 의미한다.

그 대신 정부는 기업 이익에 대한 모든 세금을 없애고 단순히 개인 투자소득에

---

6 조세재단(Tax Foundation)은 워싱턴 DC에 본사를 둔 미국 싱크탱크이다. 이 재단은 정부 기관의 세금 및 지출 정책을 모니터링하기 위해 사업가 그룹에 의해 1937년에 설립되었다. 이 재단은 연방 및 주 차원에서 미국 세금 정책에 대한 데이터를 수집하고 연구 조사를 발표한다(역자 주).

대한 세금을 인상하여 손실된 수익의 100% 이상을 충당할 수 있다. 그렇게 하면 기업은 수십억 달러를 절약할 수 있다; 법인세법으로 인한 왜곡된 인센티브는 사라질 것이다; 대기업 로비스트가 얻은 특별 세금 혜택은 끝날 것이다; 그리고 미국은 사업을 수행하기에 훨씬 더 간단하고 수익성이 높은 곳이 될 것이며, 그럼으로써 더 많은 일자리를 창출하고 해외에서 기업을 유치할 것이다 ─ 미국 정부가 세금 수입을 잃지 않는(또는 실제로 얻는) 동안 내내. 부유층은 더 높은 세금을 내야 할 수도 있지만 경제 활동과 사업 수익성의 성장은 이를 상쇄하고도 남을 것이다.

이 책은 우리 경제에 대한 이해하기 쉬운 개요를 제공하려고 하기 때문에 이 복잡한 문제를 완전히 논의하는 것은 너무 많은 지면을 차지하고 너무 많은 전환이 될 것이다. 따라서 내가 왜 그것을 제기했을까? 법인세를 없애고 손실된 세입을 다른 곳에서 늘리는 것은 우익 또는 "보수적" 정책으로 간주될 가능성이 높으므로 이 책의 일부 독자들은 즉석에서 거부한다(일반적으로 좌익 또는 "진보적" 정책으로 간주되는 내가 논의한 정책 중 일부를 다른 독자들이 즉석에서 거부했을 수 있는 방식). 그래서 나는 이 책의 핵심을 강조하기 위해 법인세 문제를 제기한다: 어떤 정책을 좌익 정책으로 보느냐 우익 정책으로 보느냐는 무관해야 한다. 중요한 것은 그것이 좋은 정책인지 나쁜 정책인지, 즉 그것이 이치에 맞고 경제를 개선하며 기회를 촉진하는지 여부이다. 법인세 부담을 기업에서 투자자에게 전가하는 것은 특히 소기업의 경우 확실히 그렇게 할 수 있는 잠재력을 가지고 있다. 따라서 잠재적으로 좋은 정책과 마찬가지로 그것이 어디에서 왔는지 또는 어떤 정치적 꼬리표가 붙어있는지에 관계없이 추가 고려가 필요하다.

지출

1900년대 초반 이전에는 연방정부의 지출이 적었고 안전망 프로그램이 없었다. 예를 들어 1930년대에 연방정부는 GDP의 4.9%를 지출했지만 2010년대에는

16.4%를 지출했다. 지난 100년 동안 정부는 저소득 및 중산층 미국인을 돕기 위한 광범위한 프로그램을 시행해 왔다. 특히 20세기의 20년은 그러한 지출의 상당한 증가를 가져왔다. 1930년대에는 사회보장제도(연간 지출 1조 달러 이상을 차지하는 정부 단일 최대 지출 프로그램)와 루즈벨트 대통령의 뉴딜 프로그램이 도입되어 대공황 이후 사회기반시설(그로 인해 일자리와 급여가 창출됨)에 대한 지출이 크게 증가했다. 1960년대에는 메디케이드(Medicaid: 빈곤층을 위한 의료 서비스)와 메디케어(Medicare: 65세 이상 노인을 위한 의료 서비스)가 포함된 "빈곤과의 전쟁"이 일어났다. 이러한 건강 프로그램은 정부의 두 번째로 큰 지출원을 구성한다(또한 1조 달러 이상).

연방정부 지출에 대한 관점을 제공하기 위해 코로나바이러스 전염병이 예산에 영향을 미치기 전인 2019년에 연방정부는 총 4조 4천억 달러를 지출했다. 총지출의 47%는 사회보장, 메디케이드 및 메디케어(마지막 단락에서 논의된 프로그램), 16%는 국방 및 국제 안보 지원, 8%는 이자, 8%는 연방 퇴직자 및 재향군인 혜택, 8%는 안전망 프로그램(실업 보험, 푸드 스탬프, 학교 급식, 저소득 주택 및 보육 지원 포함), 그리고 다른 모든 것(교통 인프라, 과학 및 의료 연구, 교육에 대한 연방정부의 기여 포함)에 13%가 지출되었다.

우리가 논의한 바와 같이 기업 구제금융 및 보조금과 같은 일부 지출은 불평등을 증가시키고 생산성 향상에 아무런 도움이 되지 않는 반면, 의료 보험 및 교육 프로그램과 같은 다른 지출은 형평성과 생산성을 촉진하여 잠재적으로 자체 비용을 지급한다. 형평성을 증진하는 지출의 대부분이 기업에도 직접적으로 도움이 될 것이라는 점은 거의 언급되지 않는다. 모든 생산은 자본(장비)과 노동이라는 두 가지 투입물에 의존하기 때문에, 보편적 의료 서비스와 더 나은 교육은 노동의 질을 향상시키고, 따라서 생산성을 향상시킬 것이다. 어떤 똑똑한 기업가도 장비를 좋은 상태로 유지하거나 구식이 되도록 방치하지 않을 것이다. 그들이 노동력과 관련하여 동일한 행동을 지지하지 않는다면, 즉 노동자가 건강하고 유용한 기술을 갖도록 보장하는 것을 지지하지 않는다면, 당신은 그들이 실제로 얼마나 똑똑한지 의문을 제기해야 한다.

몇몇 정치인들은 조건 없이 모든 시민에게 기본 소득을 제공하는 "보편적 기본소득(UBI: universal basic income)을 제안했다. 2019년 민주당 대통령 예비선거에 출마한 앤드류 양(Andrew Yang)은 모든 성인 미국인에게 연간 12,000달러의 UBI를 제안했다. 이것은 연간 약 2조 8천억 달러의 비용이 들 것이다. 이는 연방정부가 사회보장, 메디케어, 메디케이드를 제외한 모든 것에 지출하는 것보다 훨씬 더 많은 것이다. 이 세 가지 프로그램이 삭감되지 않으면 정부는 세금을 대폭 인상하지 않는 한 도로, 교육, 연구, 주택, 외교, 법 집행 또는 국방을 위한 돈이 남지 않을 것이며, 광범위한 의무 경비(예: 부채 상환 및 퇴역 군인 및 연방 노동자에 대한 연금)를 위한 돈도 남지 않을 것이다. 정부가 법적으로 삭감할 수 있는 모든 지출을 문자 그대로 삭감하더라도, 연간 UBI에 12,000달러를 지원하는 데 필요한 자금은 여전히 절반도 안 된다.

앤드류 양은 판매세의 한 형태인 주요 신규 부가가치세와 같은 일련의 새로운 세금을 제안했다. 앞서 논의한 바와 같이 판매세는 일반적으로 저소득층이 부유한 사람들보다 소득의 더 많은 부분을 지출하기 때문에 더 큰 타격을 받는다. 또한 앤드류 양은 대규모 신규 지출 프로그램을 옹호하는 대부분의 사람들이 하는 것처럼 성장 증대에 대한 가정을 한다. 그럼에도 불구하고 UBI로 인한 성장 이득은 대부분의 다른 정부 프로그램, 특히 교육, 연구 및 기반 시설을 지원하는 프로그램을 삭감함으로써 발생하는 낮은 성장으로 인해 상쇄될 가능성이 높다. 일부 사람들이 보장된 지급으로 인해 일을 줄일 수 있기 때문에 성장에도 타격을 줄 수 있다. 결론은 계획에 대한 자금이 합산될 가능성이 매우 낮다는 것이다.

합산하더라도 재정적으로 괜찮은 대다수의 성인에게 12,000달러 수표를 보내는 것이 정부가 돈을 쓰는 현명한 방법일까? 이러한 프로그램에 대한 지출 중 약 1조 4천억 달러는 중위 소득 이상의 가구에 사용된다. 반면에 재정적으로 어려움을 겪고 있는 성인들에게 12,000달러 수표는 특히 UBI에 자금을 지원하기 위해 다른 정부 지출이 대폭 삭감된 환경에서 그들의 문제를 거의 해결하지 못할 것이다. 일반적으로 앤드류 양과 UBI의 제안에 대한 모든 공평함에서, 자동화가 너무 많은 일자리를 대체하여 국가가 우리에게 익숙한 모든 상품과 서비스를 생산하는 데 훨씬 적은 인력이 필요한 날이 올 수 있다. UBI 프로그램은 인적 노동의 필요성이 상당히 감소한 경제에서 타당할 것이다. 그 동안 가장 도움이 필요한 사람들과 그들이 가장 큰 영향을 미칠 수 있는 곳에 자금을 집중하는 것이 가장 합리적이다.

중저소득자를 대상으로 하는 프로그램의 한 예는 2017년 세금 시스템을 통해 거의 630억 달러의 혜택을 제공한 연방 노동소득 세액공제이다. 세액공제를 받으려면 사람이 고용되어 있어야 한다. 2020년 세액공제 범위는 538달러에서 6,660달러이며 주로 개인의 급여와 부양가족 수에 따라 달라진다. 세액공제액이 세금으로 납부해야 할 금액을 초과하면 초과분에 대한 수표를 받는다. 놀랍게도 저임금 노동자에게 보조금을 지급하고 소득 불평등의 영향을 완화하는 데 도움이 되는 이러한 연방 자원의 사용은 공화당과 민주당 모두의 지지를 받았다. 따라서 공제의 확대는 이러한 노동자들에게 도움이 될 뿐만 아니라 정치적으로도 가능하다는 이점을 가질 수 있다.

1960년대 초 공화당 대통령 로널드 레이건과 보수파 영국 총리 마가렛 대처(Margaret Thatcher)의 경제 고문인 밀턴 프리드먼은 소득 불평등을 직접적으로 해결하기 위한 훨씬 더 중요한 프로그램을 제안했다. 프리드먼의 "마이너스 소득세(negative income tax)" 제안에 따르면, 사람들이 일정 수준 이하의 소득을 가지면 세금을 내지 않고 정부로부터 수표를 받게 된다. 소득이 낮을수록 더 많은 수표를 받는다. 수표 금액은 수입이 이 소득 수준보다 얼마나 낮은지에 대한 백분율과 같다. 예를 들어 프로그램의 소득 수준이 50,000달러로 설정되었고 마이너스 소득세 비율이 25%로 설정되었다고 가정한다. 30,000달러를 번 사람은 50,000달러 소득 수준보다 20,000달러 미만이므로 5,000달러(20,000달러 부족분의 25%에 해당)에 대한 수표를 받게 된다. 소득이 없는 사람은 컷오프 50,000달러 미만이므로

12,500(50,000달러 부족액의 25%에 해당)달러의 수표를 받게 된다. 그리고 50,000달러를 초과하는 소득이 있는 사람은 누구나 평소처럼 세금을 내야 한다(대부분의 UBI 프로그램에서처럼 정부로부터 수표를 받지 않는다).

마이너스 소득세는 필요에 따라 자금을 배분한다는 점에서 UBI 프로그램과 다르다 — 필요가 많을수록 더 많은 자금이 필요하다. 또한 직업이 있는 사람뿐만 아니라 모든 성인 미국인이 자격이 있다는 점에서 연방 노동소득 세액공제와 다르다. 프리드먼은 사람들이 일하고 경제에 기여할 수 있는 강력한 인센티브를 유지하면서 빈곤을 완화하는 행정적으로 간단한 방법으로 마이너스 소득세를 장려했다. 위의 예에서 저소득자는 추가로 벌어들인 1달러의 75%를 갖게 된다 — 중상위 소득 노동자가 세후에 유지하는 것과 비슷한 비율이며 예산이 더 제한된 사람들에게 훨씬 더 강력한 근로 인센티브가 될 것이다.

자신의 계획이 오늘날의 기준으로 볼 때 "진보적"으로 보여지지만 "보수적"이라고 정체화하는 사람들에게 엄청난 인기를 얻고 있는 밀턴 프리드먼은 정치적 꼬리표가 시간이 지남에 따라 너무 왜곡되어 일관된 견해에 대한 설명으로서 실질적으로 쓸모가 없다는 것을 증명한다. 또한 그는 자신이 처음 글을 썼을 때인 1960년대 초부터 우리 정치가 바뀌었다는 증거이기도 하다. 명백한 사실을 언급하는 위험을 무릅쓰고, 정치는 불평등을 해결하는 능력에 큰 영향을 미친다.

소득분배의 정치

누군가가 특정 정책을 지지해 달라는 요청을 받았을 때 사용되는 언어에 따라 응답이 편향될 수 있다. 예를 들어 사람들에게 낙태 권리에 대해 물었을 때 자신의 몸에 대한 선택권을 지지하느냐가 아니라 태어나지 않은 아기의 생명권을 지지하느냐는 질문을 받는다면 다르게 대답할 수 있다. 사람들이 동성 결합에 대해 질문을 받았을 때 배우자 선택에 대한 정부의 간섭을 지지하느냐가 아니라 동성애 결혼을 지지하느냐는 질문을 받는다면 다르게 대답할 수 있다. 사람들이 상속세에 대해 질문을 받았을 때 부자들이 수백만 달러를 면세로 물려받을 수 있다면 노동자들이 납부해야 할 더 높은 세금을 지지하느냐가 아니라 사망세를 지지하느냐는 질문을 받는다면 그들은 다르게 대답할 수 있다.

이 책은 "자본주의", "사회주의", "공산주의" 및 기타 모든 "주의(isms)"와 같은 용어가 가정과 선입견으로 가득 차 있어서 이러한 용어를 사용하는 것이 실제로 어떤 정책이 현실 세계에서 가장 잘 작동할 것인가를 이해하고 평가하는 능력을 방해할 수 있는지에 대해 논의하는 것으로 시작했다. 여기에서 소득의 "재분배"라는 용어와 소득을 "벌은(earned)" 사람들로부터 "취득(taking)"하고 그렇지 않은 사람들에게 "주는(giving)" 과정을 언급하는 경우에도 마찬가지이다. 이 단어를 사용하면 어떤 사람들은 우리 경제가 소득을 분배하는 방식에 대해 본질적으로 공정하고 자연스러우며 적절하다고 (의식적이든 무의식적이든) 추론할 수 있다. 사람들이 소득이 공정하게 분배된다고 생각할수록 다른 사람들에게 더 많은 것을 제공하기 위해 일부 사람들에게 세금을 인상하는 것을 지지할 가능성이 줄어든다.

이것은 특히 대부분의 정책 입안자들에게는 사실인데, 정책 입안자들은 현재의 규칙하에서 성공한 사람들이며, 정책 입안자들의 선거운동(campaign)에 기부하는 기부자들도 현재 규칙하에서 확실히 성공한 사람들이다. 따라서 그들은 규칙이 만들어내는 결과에 대해 더 높은 관심과 존중을 갖는 경향이 있다. 특히 그들은 자신의 성공을 자신의 노력으로 돌릴 가능성이 더 크며 인생에서 우연히 직면한 상황 탓으로 돌릴 가능성은 더 적다. 반대로 그들은 누군가의 성공 부족을 그 개인의 실패 탓으로 돌릴 가능성이 더 크며 그 사람이 직면한 상황 탓으로 돌릴 가능성은 더 적다. 성공한 사람들은 실제로 좋은 선택을 했을지 모르지만 그들은 선택할 수 있는 좋은 옵션이 많았다.

경제적 성공은 객관적으로 공정하고 자연스러운 과정에서 근면과 현명함에 비례하여 분배되지 않는다. 제2장에서 논의한 바와 같이 개인의 소득은 자신이 다니는 학교, 우연히 성장한 지역, 부모의 자원, 그들이 받는 건강 관리, 매우 중요한 운과 같은 개인이 거의 또는 전혀 통제할 수 없는 다양한 개별적 요인에 의해 막대한 영향을 받는다. 또한 사람이 버는 것도 정부 정책, 고용 시장에 진입할 때의 경제 상태, 다양한 유형의 기술에 대한 수요, 소비자 선호도, 인종/민족/종교/성별 편견, 그리고 다시 매우 중요하게도 운과 같은 다양한 사회적 요인에 의해 막대한 영향을 받는다.

정부 세금과 지출 정책이 소득의 "재분배"를 유발한다고 지적하기보다는, 이러한 정부 정책이 애초에 소득이 "분배"되는 매우 어려운 과정의 일부임을 이해해야 한다. 단순화를 위해 나도 세금 및 지출 정책을 소득 "재분배"로 언급하는 관례를 사용했다(이 섹션의 제목과 이 장의 제목에서는 피했지만). 그럼에도 불구하고 소득 불평등을 완화하기 위한 더 많은 세금에 대한 지원은 이러한 유형의 언어와 여기에 포함된 가정에 의해 미묘하게 약화될 수 있다. 이것은 이러한 정책이 많은 사람들에게 부정적인 의미를 내포하는 단어인 "사회주의자"라는 낙인이 일부 사람들에 의해 찍힐 때 특히 그렇다. 이 모든 언급은 정책과 정책이 자신과 다른 사람들에게 미치는 영향을 객관적으로 평가하는 사람들의 능력을 잠재적으로 약화시킨다.

누군가가 하루 일과가 끝날 때 수입으로 집에 가져가는 것은 수많은 요인의 최종 결과이다. 근면 및 현명함과 같은 것들 중 일부는 공평하다고 볼 수 있다. 우리는 가족의 부, 인종, 운과 같은 일부를 불공평하게 여길 것이다. 그리고 우리는 세금과 같은 일부는 판단을 유보할 수 있다. 그러나 우리가 합리적이고 유익한 경제적 결정을 내리려면 이러한 모든 요인이 소득분배로 이어지는 복잡한 과정의 일부인지를 살펴봐야 한다.

그들 중 하나를 격하시키는 언어를 사용하면, 일부 신성한 과정의 결과를 "재 (redo)"하기 위해 고안된 사후 고려로서 세금은 소득에 대한 한 가지 효과를 다른 것보다 덜 합법적으로 보이게 한다. 과세와 소득세의 이전을 통해서만 소득이 결정되는 과정의 유효한 부분으로 이 책의 목표, 즉 기회를 늘리고, 경제를 성장시키

며, 경제시스템에 대한 신뢰를 고취하기 위한 최선의 정책을 결정하는 것을 달성
할 수 있다.

에필로그

이제 이것이 끝이 아니다. 그것은 끝의 시작도 아니다. 그러나 그것은 아마 시작의 끝일 것이다.

                                              – 윈스턴 처칠(아직도)

원래 이 책의 제목은 *Economics for Activists*이었다. 그것의 초점은 우리의 경제시스템으로 어려움을 겪고 있지만 변화가 가능할 뿐만 아니라 변화를 실현하는 데 역할을 할 수 있다는 믿음으로 행동주의에 참여할 만큼 충분히 낙관적인 사람들이었다.

나는 코로나 위기 기간 동안 책 이름을 *Understandable Economics*으로 바꿨다. 전염병은 우리 경제시스템이 얼마나 기능 장애가 있는지를 더욱 크게 드러냈다. 정부는 기업에 수십억 달러의 지원을 확대했지만 많은 어린이들이 교육을 계속하는 데 필요한 인터넷 접속이 부족했다. 수백만 명이 실직하는 동안 주식시장은 급등했다. 도널드 트럼프는 부유층에 초점을 맞춘 세금 감면을 추진했고, 수천만 명의 노동자는 동료와 고객을 죽일 수 있는 질병에 걸렸는지 여부를 판단하는 의료 서비스 및 진단 테스트에 접근할 수 없었다. 나는 의미 있고 긍정적인 변화가 일어나기 위해서는 자칭 활동가들의 지원만으로는 충분하지 않다는 것을 깨달았다. 우리는 경제시스템에 대해 배우고 이를 개선하기 위해 노력할 훨씬 더 광범위한 사람들이 필요하다.

이러한 문제에 대한 미디어의 논의는 종종 경제의 미래에 대해 거들먹거리고 매우 자기 확신에 찬 예측을 바탕으로 정책을 추천하는 모든 종류의 매우 진지해 보이는 사람들에 의해 지배된다. 그들 중 최악은 대부분의 사람들의 경제 이해 부족을 이용하기 위해 자신의 개인적인 의제를 경제 복음으로 가장한다. 다른 사람들은 충분한 데이터를 분석하고 충분한 공식에 입력하면(그리고 충분한 미디어 관심을 받으면), 당신이 최상의 솔루션을 얻을 수 있다고 암시한다.

우리가 논의한 바와 같이 경제학에서 예측하는 것은 다른 사회과학에서 예측하는 것과 같다. 둘 다 인간의 행동을 예측하는 것과 관련이 있다 ― 사람들이 말하는 것, 사람들이 생각하는 것, 그리고 사람들의 행동이 그들이 실제로 생각하고 있음을 시사하는 것은 세 가지 다른 것일 수 있고 각각은 상황에 따라 바뀔 수 있기 때문에 특히 어려운 작업이다. 경제학자 존 케네스 갤브레이스(John Kenneth Galbraith)가 솔직하게 말했듯이 "경제학자는 알기 때문에 예측을 하는 것이 아니라 질문을 받기 때문에 예측을 한다."

어려움에도 불구하고, 우리가 현재보다 더 나은 미래를 만들기 위해서는 미래에 대해 최선의 판단을 내려야 한다. 최소한 이것은 (내가 이 책에서 제공한) 시스템이 어떻게 작동하는지에 대한 특정 지식이 필요할 뿐만 아니라 (이 책이 일부 제공한) 현실 세계에 대한 예리한 관찰이 필요하다. 나는 당신이 지식과 관찰을 직접 만들고 앞으로도 계속 만들기를 바란다.

2016년 도널드 트럼프는 잠재적인 유권자들에게 "무엇을 잃어야만 합니까?"라고 물었다. 역사의 흐름에 따라 경제가 무너지고 혼돈에서 대량 살인에 이르기까지 모든 것이 뒤따르면서 사망한 수많은 사람들은 오늘날 살아 있는 소수의 미국인들이 할 수 있는 방식으로 그 질문에 답할 수 있었다. 내 희망은 그 잃어버린 목소리가 잊혀지지 않는 것이다 ― 우리 사회의 귀청이 터질 듯한 소음이 그들을 몰아내지 않고, 사람들이 세상이 실제로 어떻게 작동하는지 이해하고 세상을 개선하기 위해 자신의 지식을 사용하도록 동기를 부여한다는 것이다.

우리가 현재의 길을 계속 갈 것인지 아니면 더 좋고 더 공정한 길을 선택할 것인지는 이 책을 읽는 독자 여러분에게 달려 있다. 당신이 세상에서 실제로 일어나고 있는 것과 거짓 미사여구를 구분할 수 있도록 계속 읽고, 배우고, 그리고 주의 깊게 관찰하라. 건설적인 변화를 위한 효과적이고 자신감 있는 옹호자가 되기 위해 당신이 배운 것을 사용하라. 잘못된 해결책을 조장하거나, 훌륭한 아이디어를 가진 후보자를 지원하거나, 명분을 위해 항의하거나, 또는 직접 선출직에 출마하는 사람들에 과감하게 맞서라. 우리가 가만히 앉아서 통찰력과 이해력이 부족한 사람들이 결정하도록 내버려 둔다면 지속적인 번영은 불가능할 것이며 우리가 소중히 여기는 많은 것을 잃을 수도 있다.

찾아보기

저자 소개

하워드 야루스(Howard Yaruss)는 경제학자, 교수, 변호사, 비즈니스맨으로 활동하고 있다. 그는 다양한 경제 및 경영 과정을 강의했으며 현재 뉴욕대학교(NYU)에서 강의하고 있다. 그는 브라운대학교(Brown University)를 졸업하고 런던정치경제대학교(LSE)에서 공부했으며 펜실베니아대학교(UPen) 로스쿨에서 JD를 받았다.

역자 소개

이상복

서강대학교 법학전문대학원 교수. 연세대학교 경제학과를 졸업하고, 고려대학교에서 법학 석사와 박사학위를 받았다. 사법연수원 28기로 변호사 일을 하기도 했다. 미국 스탠퍼드 로스쿨 방문학자, 숭실대학교 법과대학 교수를 거쳐 서강대학교에 자리 잡았다. 서강대학교 금융법센터장, 서강대학교 법학부 학장 및 법학전문대학원 원장을 역임하고, 재정경제부 금융발전심의회 위원, 기획재정부 국유재산정책 심의위원, 관세청 정부업무 자체평가위원, 한국공항공사 비상임이사, 금융감독원 분쟁조정위원, 한국거래소 시장감시위원회 비상임위원, 한국증권법학회 부회장, 한국법학교수회 부회장, 금융위원회 증권선물위원회 비상임위원으로 활동했다.

저서로는 〈금융법 입문〉(2023), 〈외부감사법〉(2021), 〈상호저축은행법〉(2021), 〈외국환거래법〉(2021), 〈금융소비자보호법〉(2021), 〈자본시장법〉(2021), 〈여신전문금융업법〉(2021), 〈금융법강의 1: 금융행정〉(2020), 〈금융법강의 2: 금융상품〉(2020), 〈금융법강의 3: 금융기관〉(2020), 〈금융법강의 4: 금융시장〉(2020), 〈경제민주주의, 책임자본주의〉(2019), 〈기업공시〉(2012), 〈내부자거래〉(2010), 〈헤지펀드와 프라임 브로커: 역서〉(2009), 〈기업범죄와 내부통제〉(2005), 〈증권범죄와 집단소송〉(2004), 〈증권집단소송론〉(2004) 등 법학 관련 저술과 철학에 관심을 갖고 쓴 〈행복을 지키는 法〉(2017), 〈자유·평등·정의〉(2013)가 있다. 연구 논문으로는 '기업의 컴플라이언스와 책임에 관한 미국의 논의와 법적 시사점'(2017), '외국의 공매도규제와 법적시사점'(2009), '기업지배구조와 기관투자자의 역할'(2008) 등이 있다. 문학에도 관심이 많아 장편소설 〈모래무지와 두우쟁이〉(2005), 〈우리는 다시 강에서 만난다〉(2021)와 에세이 〈방황도 힘이 된다〉(2014)를 쓰기도 했다.

경제학 입문: 돈의 작동원리

초판발행	2023년 2월 20일
초판2쇄발행	2024년 8월 20일
지은이	하워드 야루스(Howard Yaruss)
엮은이	이상복
펴낸이	안종만·안상준
편 집	김선민
기획/마케팅	최동인
표지디자인	이영경
제 작	우인도·고철민·조영환
펴낸곳	(주) 박영사
	서울특별시 금천구 가산디지털2로 53, 210호(가산동, 한라시그마밸리)
	등록 1959. 3. 11. 제300-1959-1호(倫)
전 화	02)733-6771
f a x	02)736-4818
e-mail	pys@pybook.co.kr
homepage	www.pybook.co.kr
ISBN	979-11-303-1704-5 93320

copyright©이상복, 2023, Printed in Korea

정 가   18,000원